KNAUR

Über die Autorinnen:
Latifa Nabizada, geboren 1971, schloss als erste Frau Afghanistans die Ausbildung zur Hubschrauberpilotin ab und flog zahlreiche Einsätze, später auch für die Mudschaheddin. Unter den Taliban flüchtete sie nach Pakistan, kehrte jedoch nach einem Jahr zurück in ihre Heimat. Nach ihrer Heirat und der Geburt der Tochter war sie zunächst für die internationale Schutztruppe ISAF im Einsatz. Später wechselte sie aufgrund wachsender Bedrohung durch die Taliban ins afghanische Verteidigungsministerium als Leiterin der Abteilung »Human Rights and Gender Politics«. Nachdem die Taliban mehrere Anschläge auf ihr Leben verübt hatten, konnte Latifa im Winter 2015 nach Österreich fliehen, wo sie heute mit ihrer Tochter lebt.

Dr. Andrea C. Hoffmann, geboren 1973 in Marburg, ist seit über zehn Jahren die Nahostexpertin des Nachrichtenmagazins »Focus«. Von der mit zahlreichen Preisen ausgezeichneten Journalistin erschien außerdem 2009 bei Diederichs das Buch »Iran, die verschleierte Hochkultur« und bei Lübbe 2015 zusammen mit Ensaf Haider »Freiheit für Raif Badawi, die Liebe meines Lebens«. Sie bereist regelmäßig die Region.

LATIFA NABIZADA

mit ANDREA C. HOFFMANN

»Greif nach den Sternen, Schwester!«

Mein Kampf gegen die Taliban

KNAUR

Besuchen Sie uns im Internet:
www.droemer.de

FSC
www.fsc.org
MIX
Papier aus verantwortungsvollen Quellen
FSC® C083411

Vollständige und erweiterte Taschenbuchausgabe Juni 2016

Ein Imprint der Verlagsgruppe
Droemer Knaur GmbH & Co. KG, München

Alle Fotos im Bildteil: Privatarchiv Latifa Nabizada
außer S. 15 picture alliance/Demotix/Numan Qardash
Umschlaggestaltung: ZERO Werbeagentur, München
Umschlagabbildung: picture alliance/Demotix/Numan Qardash
Satz: Adobe InDesign im Verlag
Druck und Bindung: CPI books GmbH, Leck
ISBN 978-3-426-78704-5

5 4 3 2 1

Inhalt

Prolog

Kabul im Frühling 2013. Eine Stadt, die sich hinter Sandsäcken und Stacheldraht verbarrikadiert. Amerikanische Soldaten brausen in ihren Humvees durch die Straßen. Die Deutschen trauen sich nicht mehr, das Isaf-Hauptquartier zu verlassen. In weniger als zwei Jahren will die internationale Koalition aus dem Hindukusch abziehen; dann soll die afghanische Armee die Lage allein in den Griff bekommen. Der Westen ist nach fast zwölf Jahren Afghanistan-Einsatz kriegsmüde, und die ausländischen Soldaten zählen die Tage bis zum Abzug. Aber auch ihre Gegner warten nur auf diesen Moment.

Ich bin wie so oft in den vergangenen Jahren als Journalistin am Hindukusch unterwegs. Auf der Luftwaffenbasis in Kabul treffe ich diejenigen, die demnächst die Verantwortung übernehmen sollen: afghanische Militärs. Männer in Uniform, die bemüht sind, der ausländischen Presse gegenüber Zuversicht auszustrahlen. Doch es gibt nicht nur strahlende Gesichter. Vor dem Büro des zuständigen Kommandeurs vernehme ich die Stimme einer Frau, die sehr energisch und resolut klingt. Sie gehört einer zierlichen Person im Flieger-Outfit. Die Pilotin bricht gerade einen Streit vom Zaun. »Von Ihnen lasse ich mir überhaupt nichts sagen, schließlich fliege ich bereits

seit fünfundzwanzig Jahren«, faucht sie ihren Vorgesetzten an.
Seit 25 Jahren? Ich werde hellhörig. Unwillkürlich beginne ich zu kalkulieren. »Also bereits zu Sowjet-Zeiten?«, frage ich sie neugierig.
»Selbstverständlich«, bestätigt die Frau mit dem wettergegerbten Gesicht. Latifa Nabizada zieht ihr khakifarbenes Kopftuch stramm; es gehört zu ihrer Uniform. »Meine Schwester und ich haben im Jahr des Abzugs der Sowjets mit unserer Ausbildung begonnen«, vertraut sie mir an, »wir beide sind die ersten Pilotinnen Afghanistans.« Sie lächelt siegesgewiss. Die Frau weiß, dass sie in ihrem Leben etwas Besonders erreicht hat, und freut sich, dass ich mich offenbar dafür interessiere. Schnell sind wir in ein Gespräch verwickelt. Als sie mich zu sich nach Hause einlädt, um mir alte Fotos aus der Flugschule zu zeigen, willige ich sofort ein. Ihre männlichen Kollegen schauen uns missgünstig nach, als wir mit ihrem Geländewagen aufbrechen: Latifa hat ihnen die Show gestohlen, nicht zum ersten Mal. Das ist ihre Spezialität.
Als ich die Pilotin wiedertreffe, ist fast ein halbes Jahr vergangen. Die Sicherheitslage hat sich weiter verschlechtert. Trotzdem habe ich mich erneut dazu entschlossen, nach Afghanistan zu reisen. Der Grund dafür ist natürlich Latifa: Ihre Geschichte hat mich nicht mehr losgelassen. Nach langen Telefonaten von Deutschland aus sind wir beide übereingekommen, dass ich auf der Basis ihrer Erinnerungen ein Buch über sie und ihre Schwester schreiben werde. Latifa ist von der Idee begeistert. Zusammen mit ihrem Mann, der wie sie eine Armeeuniform trägt, und ihrer siebenjährigen Tochter ist sie zum Flughafen gekommen, um mich abzuholen. In den kommenden Wochen werde ich bei ihrer Familie zu Gast sein.

Während wir mit dem in Tarnfarben lackierten Armeefahrzeug durch die Straßen holpern, bekomme ich eine erste Ahnung davon, auf was für ein Abenteuer ich mich eingelassen habe. Es regnet in Strömen. Gut, dass der Wagen Allradantrieb hat. Die ungepflasterten Straßen Kabuls sind jetzt, Ende Oktober, eine einzige Rutschbahn aus aufgeweichtem Schlamm.

Wir fahren bis zu einer Neubausiedlung, die in der Nähe des Militärflughafens liegt. Es sind Angehörige der Armee, die hier Land erworben haben. Wer in die Siedlung hineinwill, muss eine Schranke passieren: Zwei Soldaten mit Sprengstoff-Detektoren kontrollieren alle Fahrzeuge. Die Grundstücke sind von hohen Mauern umgeben. Auch Latifas Haus liegt hinter einer massiven Steinmauer. Ein Eisentor schützt sie vor Blicken von außen. Nachdem wir mit dem Fahrzeug in die Einfahrt ihres Grundstücks gefahren sind, verschließt meine Gastgeberin es sofort wieder sorgfältig. Und erst jetzt darf ich aus dem Fahrzeug steigen: »Je weniger Nachbarn dich sehen und wissen, dass du hier wohnst, desto besser«, sagt sie. »Selbst bei Militärs weiß man nie, auf welcher Seite sie stehen.«

Latifa wohnt in einem Haus, dem man ansieht, dass sie es gerade erst aus dem Boden gestampft haben. Bei meinem ersten Besuch im Frühling befand es sich noch im Rohbau. Jetzt sind die drei Zimmer im Erdgeschoss verputzt und vor allem mit Matratzen und Sitzkissen ausgestattet: ein Wohnzimmer, ein Gästezimmer und ein Schlafzimmer. Im Schlafzimmer steht ein großes Doppelbett, zu dem Latifa mich zielstrebig lotst. Ich protestiere. Aber sie schwört tausend Eide, dass sie es normalerweise nicht benutze, sondern vielmehr die Angewohnheit habe, zusammen mit ihrem Mann und der Tochter im Wohnzimmer zu schlafen. Ich glaube ihr das nicht eine Minute lang. Aber Latifa gibt

nicht nach: Der Gast gehört für sie nun einmal auf der bequemsten Schlafgelegenheit im ganzen Haus untergebracht.
Sie hat an alles gedacht: Neben dem Bett steht bereits eine Batterie von Flaschen mit gereinigtem Wasser, weil sie (ganz richtig) davon ausgeht, dass ich das Kabuler Leitungswasser nicht vertragen werde. So viel Erfahrung hat sie bereits mit Ausländern. Trotzdem sind die sanitären Bedingungen des afghanischen Haushalts für mich gewöhnungsbedürftig, besonders das »Bad«, ein kahler, fensterloser Raum, in dem ganz hinten ein Loch in den Betonboden eingelassen ist: das Klosett. Aus einem Hahn in der Wand kommt kaltes Wasser, das in einem Blecheimer aufgefangen wird. Je nach Bedarf kann man es entweder zum Zähneputzen, zum Wäschewaschen oder als Toilettenspülung benutzen. Und wenn eine größere Reinigungsaktion ansteht, erhitzt Latifa einen Kessel auf ihrem Gaskocher in der Küche.
Es ist das erste Mal, dass ich auf so engem Raum mit einer afghanischen Familie zusammenlebe. Deshalb bin anfangs schüchtern, insbesondere was den Umgang mit Latifas Mann angeht. »Ist es okay, wenn ich im Haus das Kopftuch abnehme?«, frage ich sie, um keinen Fauxpas zu begehen.
»Klar. Homayun macht das nichts aus. Und mir auch nicht«, antwortet sie lachend. Nur wenn wir am Wochenende ihre Eltern besuchen oder die Verwandten bei ihr zu Hause anrücken, empfiehlt sie mir, einfach einen leichten Schal um den Kopf zu schlingen. Das verstehe ich: Latifas Mutter und ihre älteren Schwestern gehen schließlich nie ohne ihre Burka aus dem Haus.
Dann beginnen wir mit der Arbeit. Ich versuche, mich in Latifas eng getakteten Tagesablauf einzufädeln. Aber das

ist nicht einfach. Denn die Frau ist doppelt belastet, mit mir nun sogar dreifach: Morgens muss sie zum Flughafen und ihrem Beruf als Hubschauberpilotin nachgehen und nachmittags Mann und Kind versorgen. Wie in jeder afghanischen Familie ist sie ganz allein für den Haushalt zuständig, muss das Essen kochen, die Wäsche für alle Familienmitglieder waschen, das Haus sauber halten. Und nun lauere auch noch ich ihr in jeder freien Minute auf, um mich mit ihr zu unterhalten.

Latifa nimmt es gelassen. Nach dem Abwasch setzt sie eine große Kanne grünen Tee auf. Dann machen wir es uns auf den Sitzkissen neben dem Holzofen gemütlich. Geduldig beginnt sie, mir ihr Leben zu erzählen. Langsam verschwinden das Afghanistan des Jahres 2013, die Bedrohungslage vor Latifas Tür, die Isaf-Soldaten auf den Straßen Kabuls – und ich tauche in eine längst untergegangene, unbekannte Welt ein. Gebannt lausche ich Latifas Erzählung und sauge jedes Detail begierig in mich auf.

Kapitel 1:

Frei wie ein Kind

An einem bitterkalten Wintertag lag der Schnee meterhoch in unserem Garten. Auf den Straßen Kabuls marschierten sowjetische Soldaten, die einen Aufstand gegen die kommunistische Regierung verhindern sollten. Unsere Heimatstadt war zu einer Bühne der Weltpolitik geworden, auf der die großen Machtkämpfe der Zeit aufgeführt wurden. Aber von alldem wusste ich als achtjähriges Mädchen natürlich noch nichts.

Ich wusste lediglich, dass mein Vater ein Offizier in der afghanischen Armee war. Meine fast gleichaltrige Schwester Lailuma und ich schauten ihm gern dabei zu, wenn er sich morgens vor dem Spiegel die Uniform zuknöpfte. Auch an diesem Januarmorgen des Jahres 1980 hielt ich ein Tuch bereit, um seine Orden an der Brust zu polieren. Lailuma reichte ihm seine Mütze und prüfte, ob sie auch richtig saß. So aufgeputzt, fanden wir unseren Vater ungeheuer elegant. Durch das niedrige Fenster, an dem sich Frostblumen gebildet hatten, sahen wir ihm hinterher, als er durch den Tiefschnee in Richtung Gartenmauer stapfte. Am Tor drehte er sich noch einmal um – und winkte zum Abschied. Wir winkten zurück.

Im Winter haben afghanische Kinder drei Monate Schulferien, so dass wir zu Hause bleiben durften. Während meine Mutter und meine beiden ältesten Schwestern Nasima und Schapirai mit dem Kochen des Mittagessens beschäftigt waren, spielten wir anderen Kinder miteinander. Mein Lieblingsspiel war *cheschm pendakan:* Verstecken. Das spielten wir immer im Sommer, denn in unserem Garten gab es viele Apfel- und Birnbäume und reichlich Gelegenheit, sich dahinter zu verbergen. Wenn ich meine Geschwister aufspürte, schrie ich vor Stolz und Häme – und lachte sie aus. An diesem Tag aber lag der Schnee zu hoch fürs Versteckspiel. Wir tollten herum und veranstalteten eine Schneeballschlacht. Meine älteren Geschwister bauten einen Schneemann. Lailuma und ich halfen begeistert mit. Meine Mutter, die mit ihren zehn Kindern immer alle Hände voll zu tun hatte, schenkte uns keine besondere Beachtung, solange wir uns innerhalb der Gartenmauern aufhielten. Nur wenn wir hinaus auf die Straße stürmten, schimpfte sie und drohte damit, uns auszusperren.

Unser Viertel heißt Khaikhane, und meine Eltern wohnen bis heute dort in diesem ruhigen mittelständischen Wohnviertel im Norden Kabuls. Damals lebten dort Usbeken, Tadschiken, Hazara und Paschtunen Seite an Seite. Es kümmerte niemanden, zu welcher Volksgruppe die Nachbarn gehörten, da das Zusammenleben der Ethnien keinerlei Problem darstellte. Wir ahnten nicht, wie radikal sich das bald ändern sollte. Doch damals lagen vor den Gebäuden noch keine Sandsäcke zum Schutz vor Selbstmordattentätern, und die Fassaden, die heute Einschusslöcher tragen, waren noch unversehrt.

Wir Kinder waren völlig in unser Treiben im Schnee vertieft, als plötzlich das Tor aufflog. Unser Spiel erstarb. Vier Männer in Uniform stürmten mit schweren Stiefeln in unseren Garten, das Gewehr über der Schulter. Unseren

Vater, dem die Mütze schief auf dem Kopf hing, hielten zwei von ihnen wie einen Gefangenen in ihrer Mitte. Ein dritter Mann schubste ihn von hinten und trat ihn immer wieder in die Beine. Vaters Gesicht war geschwollen, er ließ den Unterkiefer hängen. Er warf uns Kindern einen traurigen, fast entschuldigenden Blick zu. Wir waren zutiefst erschrocken.

Instinktiv zogen wir uns in Richtung Haus zurück, wo meine verängstigt blickende Mutter schon in der Tür stand. Wie immer, wenn sie zu Hause war, hatte sie sich ein Tuch locker um den Kopf geschlungen. Jetzt zog sie es tiefer ins Gesicht, während wir wie eine Schar aufgescheuchter Küken unter ihren Armen hindurch ins Haus schlüpften. Nicht einmal unsere Schuhe zogen wir aus, sondern stürmten einfach so in unser Wohnzimmer mit den gewebten Teppichen und Sitzkissen. Auf dem *Bochari,* einem Holzofen aus Metall, hatte meine Mutter die Pfanne einfach stehen lassen, und es roch nach verbrannten Zwiebeln und Lauch. Aber niemand achtete darauf.

Die Soldaten folgten uns ins Haus, und meine Mutter scheuchte uns ein Zimmer weiter. Die Einrichtung ähnelte dem des Wohnzimmers, nur dass sich an der Wand seitlich unsere Schlafmatten und Decken stapelten. Zitternd vor Angst umringten wir meine Mutter, die hastig die Tür hinter sich zuzog. Angestrengt lauschten wir auf die Geräusche im Nebenzimmer. Ich hörte laute, scharfe Stimmen. Dann einen Schlag, ein Stöhnen. Erschrocken sah ich meine Mutter an. Es war das Stöhnen meines Vaters.

Meine Mutter biss sich auf die Lippen. Im Raum nebenan wurden Möbelstücke herumgeschoben. Die Soldaten durchsuchten unser Haus. Gegenstände wurden aus den Schränken gerissen und einfach wieder fallen gelassen. Dann kamen sie zu uns in den Nebenraum und durch-

wühlten dort alles. Dabei wurden sie immer wütender. Sie schrien meinen Vater an. Offenbar fanden sie nicht, was sie suchten.
Als sie sich ärgerlich zur Tür wandten, dachte ich bereits, der Alptraum sei überstanden. Da sah ich, dass sie meinen Vater erneut am Arm packten. Die Soldaten zwangen ihn in eine gebeugte Haltung und gingen mit ihm hinaus in den Garten und weiter Richtung Gartentor. Sie nahmen ihn mit! Ich verspürte den Impuls, ihnen hinterherzulaufen, aber meine Mutter fasste mich fest an der Schulter.
Wie hypnotisiert starrte ich aus dem Wohnzimmerfenster. Diesmal drehte sich Vater am Tor nicht mehr um. Kein Winken zum Abschied. Dann war er verschwunden.
Mutter hatte die ganze Zeit über keinen Ton herausgebracht, doch nun brach sie in Tränen aus und wir mit ihr. Keiner von uns verstand, was eigentlich geschehen war – und welche Konsequenzen das Ganze nach sich ziehen sollte. Im Nachhinein bin ich froh, dass wir es damals noch nicht ahnten.

Wir verbrachten einen bangen Abend und eine schlaflose Nacht, doch Vater kam nicht zurück. Am nächsten Tag schickte meine Mutter ihre beiden ältesten Töchter auf die Suche nach unserem Familienoberhaupt. Vater war wie die Lebensader der Familie: unser Versorger, unser Beschützer.
Mutter fühlte sich völlig hilflos ohne meinen Vater. Als typische afghanische Ehefrau ihrer Zeit hatte sie das öffentliche Leben ganz ihrem Ehemann überlassen. Sie war nie zur Schule gegangen und kannte die Welt außerhalb unserer Gartenmauern kaum. Meine Mutter stammt aus einem kleinen Ort namens Shirin Tagab in der nördlichen Pro-

vinz Fariab, wo sie mit sechzehn Jahren ihren Cousin, meinen Vater, heiratete.

Vater, der einige Jahre älter als meine Mutter ist, kommt aus einer relativ gebildeten Familie, in der es auch Lehrer und Bankangestellte gibt. Mein Großvater hatte entschieden, dass mein Vater eine Laufbahn bei der Armee einschlagen sollte. Dort spezialisierte er sich auf dem Gebiet der Pharmazie. Er überwachte die Ausgabe von Medikamenten an die Soldaten. In den ersten Jahren ihrer Ehe mussten meine Eltern oft umziehen, weil das Vaters Karriere förderlich war. Schließlich wurde mein Vater ins Hauptquartier nach Kabul versetzt. Er kaufte das Grundstück und baute das Haus: Es besteht aus drei ebenerdigen Zimmern, deren Fenster zum Innenhof weisen. In unserem ummauerten Garten gibt es Obstbäume, einen Brunnen mit einer Wasserpumpe und einen Schuppen mit Plumpsklo.

Meine Mutter war für den Haushalt und für die Kinder zuständig. Ich bin die Nummer sechs in der Reihe von insgesamt zehn Geschwistern. Lailuma, die nur zehn Monate jünger ist als ich, wurde als siebte geboren. Wir waren sieben Schwestern und drei Brüder.

Meine ältesten Schwestern haben – wie meine Mutter – nie die Schule besucht. Dass meine Eltern zu oft umziehen mussten, ist nur der halbe Grund: Es war zu der Zeit für Mädchen einfach nicht üblich, zur Schule zu gehen. Dieses Privileg blieb uns jüngeren Töchtern vorbehalten. Meine Mutter bedauert es heute zutiefst, dass meine älteren Schwestern Analphabetinnen geblieben sind. Aber die allgemeine Einstellung gegenüber Mädchenbildung änderte sich erst langsam.

Da meine Eltern Usbeken sind, sprachen wir daheim Usbekisch. Erst in Kabul lernte meine Mutter *Dari,* doch rich-

tig sicher fühlte sie sich nie damit. Lailuma und ich sprachen hingegen bereits in der Schule *Dari* und *Paschtu,* die beiden Landessprachen. Das Entziffern der arabischen Buchstaben, die zum Schreiben von Dari verwendet werden, musste uns dort aber niemand beibringen: Das beherrschten wir bereits vor unserer Einschulung. Als ich fünf und Lailuma vier Jahre alt war, verbrachten wir unsere Nachmittage oft in der Moschee. Ein dickleibiger Mullah erklärte uns dort die Bedeutung der Schriftzeichen. Wir lernten den Koran auswendig – und benutzten die Zeichen als Erinnerungsstütze. Auf diese Weise haben wir gleichzeitig Lesen gelernt.
Unsere Familie gehörte zur Mittelschicht, und Offiziere wie mein Vater waren recht angesehen. Er verdiente genug, um uns Puppen und Bücher zu kaufen, und beim Schneider ließ er uns hübsche Kleider anfertigen. Nicht nur an den Feiertagen empfingen wir Besuch von Verwandten, die wir reichlich bewirteten. Die älteren Schwestern halfen meiner Mutter bei der Zubereitung der verschiedenen Speisen. Meine Aufgabe war es, eine hübsch gefertigte Metallkanne zu den Gästen zu tragen, damit sie unter dem Strahl des Wassers ihre Hände waschen konnten. Meine Schwester Lailuma reichte ihnen ein Tuch zum Abtrocknen. Nach dem Essen servierten wir ihnen Tee und Zucker aus einer kleinen Silberdose. Wir wussten nicht, wie gut es uns ging, bis es all das nicht mehr gab.

Angespannt warteten wir daheim auf die Rückkehr unserer Schwestern Nasima und Schapirai, die meine Mutter ins Militärhospital geschickt hatte. Dort befand sich das Büro meines Vaters. Sie sollten sich bei seinen Kollegen und Vorgesetzten nach seinem Verbleib erkundigen und vor allem herausfinden, was der Grund war für seine Verhaftung.

Die beiden kehrten niedergeschlagen zurück: Sie hatten das Büro meines Vaters verriegelt gefunden. Keiner der Soldaten hatte es ihnen öffnen, keiner hatte ihnen Auskunft erteilen wollen. In die Stirn meiner Mutter grub sich eine tiefe Sorgenfalte. Als sie an diesem Abend wie gewohnt das Esstuch auf dem Teppich im Wohnzimmer ausbreitete, ermahnte sie uns zum ersten Mal, langsam zu essen. Sie verteilte die Spaghetti mit Joghurt, ein Gericht, das wir *Asch* nennen, auf zwei großen, flachen Tellern, von denen jeweils mehrere Kinder mit den Händen aßen, wie es bei uns üblich ist. Mutter fütterte meinen kleinsten Bruder, der auf ihrem Schoß saß. Gleichzeitig überwachte sie, dass sich keiner von uns zu viel nahm. Sie erklärte uns, wir würden alle satt werden, wenn wir uns nur disziplinierten und die Portionen gerecht teilten. Von diesem Zeitpunkt an rationierte sie unsere Vorräte: Nach ihren Berechnungen reichten sie nicht länger als ein bis zwei Wochen, und das Feuerholz etwa vier Wochen. Dann würde sie anfangen, unsere Wertsachen wie die Zuckerdose zu verkaufen. Aber von solchen Überlegungen sagte sie uns Kindern damals kein Wort. Erst sehr viel später vertraute sie mir ihre einsamen Gedanken aus den ersten Tagen von Vaters Abwesenheit an.
Mit jedem Tag, den Vater nicht nach Hause kam, wuchs die Verzweiflung meiner Mutter. Plötzlich fand sie sich als Gattin eines einst gut verdienenden Beamten allein mit zehn Kindern wieder. Tag für Tag schickte sie meine Schwestern auf die Suche nach ihm. Aber sie kamen jeden Abend unverrichteter Dinge nach Hause: Die Militärs hüllten sich in Schweigen. Niemand im Krankenhaus schien zu wissen, was mit Vater geschehen war. Zumindest behaupteten das seine ehemaligen Kollegen. Unterdessen wurden die Lebensmittel zu Hause immer knapper. Wir aßen nur noch Kartoffeln.

Ihr letztes Geld gab meine Mutter für Zucker aus. »Finger weg«, sagte sie streng, als wir um sie herumstrichen, während sie den Zucker in einem großen Topf mit etwas Wasser mischte. Wie hypnotisiert sahen wir ihr dabei zu. Sie stellte den Zuckertopf auf den Bochari und erhitzte ihn langsam. Dabei rührte sie die Masse darin immer wieder, damit sie nicht anbrannte. Bald verbreitete sich ein betörend süßer Geruch im ganzen Raum. Mutter aber ließ den Topf nicht aus den Augen. Nachdem der Zucker ganz und gar zu flüssigem, braunem Karamell geschmolzen war, nahm sie den heißen Topf vom Feuer und ließ ihn wieder abkühlen. Sie breitete eine Plastikdecke auf dem Wohnzimmerteppich aus und hockte sich daneben, wobei sie sich den Topf zwischen die Beine klemmte. Mit sauberen Fingern langte sie in die jetzt lauwarme, zähflüssige Masse und formte sie zu kleinen Kugeln, die sie sorgfältig auf dem Plastiktuch verteilte. Zuletzt steckte sie noch je einen Zahnstocher in jedes der Kügelchen. Die Lutscher waren fertig. Bei ihrem Anblick lief mir das Wasser im Mund zusammen.

Aber Mutter machte uns keine Hoffnungen, dass die Süßigkeiten in unseren Mündern landen würden: Sie bewachte sie beim Abkühlen, als lägen nicht Lollis, sondern Juwelen auf dem Tuch. Selbst als wir zu Bett gingen, verharrte sie auf dem Boden in ihrer Wachposition, die angezogenen Beine mit den Armen umschlungen. Sie bettete den Kopf auf die Knie, manchmal schloss sie wohl die Augen. Ob sie in dieser Nacht überhaupt geschlafen hat, weiß ich nicht, doch als ich nach dem Aufwachen nachsah, hockte sie noch da und hütete ihren Schatz.

Am Morgen waren die Lutscher hart, und Mutter zählte sie genau ab. Vorsichtig bettete sie die Süßigkeiten in einen Korb und bedeckte sie mit einem Tuch. Dann erteilte sie meinem fünfzehnjährigen Bruder Zainullah den Auftrag,

die Süßigkeit auf dem *Bazar* zu verkaufen. Für einen *Afghani* das Stück. Sie gab ihm genaue Anweisungen, wie er die Ware anzupreisen hatte – und schärfte ihm ein, sich nichts stehlen zu lassen. Von dem Erlös sollte er neuen Zucker besorgen. Auf diese Weise schuf sie unsere erste, winzig kleine Einnahmequelle, die natürlich keineswegs ausreichte, um uns alle satt zu bekommen.
Bald gab es bei uns daheim nur noch Suppe mit ein paar Nudeln darin. Manchmal brachte Zainullah altes Brot vom Bazar mit nach Hause, das nur einen Bruchteil von frischgebackenem kostete. Hungrig tunkten wir die harten Rinden in die Suppe, um sie wieder weich zu bekommen. Ganz schlimm wurde es allerdings, als mitten im Winter auch noch das Feuerholz ausging: Oft saßen wir schlotternd um eine Öllampe, um uns an ihr zu wärmen. Der Hunger war allgegenwärtig. In dieser Zeit hatten wir nur einen einzigen Wunsch, eine wunderschöne Fantasievorstellung: dass Vater plötzlich wiederkommen und alles werden würde wie früher.
Meine Schwestern durchkämmten immer noch die Stadt auf der Suche nach ihm. Eines Abends, es war bereits Frühling, kamen sie endlich mit Neuigkeiten für meine Mutter zurück: Ein ehemaliger Kollege meines Vaters, der im Gesundheitsministerium arbeitete, hatte ihnen verraten, dass Vater sich angeblich im Gefängnis *Pol-e Charkhi* befinden sollte. Dorthin, sagte er, brächten die Soldaten alle Mudschaheddin.
Mudschaheddin, das Wort war neu für mich. Fragend sah ich meine Schwestern an. Aber die hatten dem Bericht des Beamten lediglich entnommen, dass es etwas war, für das man ins Gefängnis gesperrt wurde. Damals besaßen wir noch kein Radio und kein Fernsehen. Und unser Vater hatte mit uns nie über Politik gesprochen.

Auch Mutter konnte nicht richtig erklären, was das seltsame Wort bedeutete. Zuerst sagte sie, ein Mudschahed sei ein frommer Mann, der an Gott glaube und die Fremden aus unserem Land vertreiben wolle. Wir nickten verständig. Die Beschreibung passte auf unseren Vater. Mutter schien das jedoch nicht zu gefallen. Sie verbesserte sich und sagte: Nein, ein Mudschahed sei ein Krieger, der gegen die Ungläubigen kämpfe. Wieder nickten wir artig. Jetzt stellten wir uns Vater als Kriegshelden vor, der sich mit den Mächten des Bösen duellierte. Die Vorstellung gefiel uns fast noch besser. Aber Mutter wirkte erneut unzufrieden. Schließlich erklärte sie, Vater sei kein Mudschahed. Wir sollten das Wort nicht mehr in den Mund nehmen. Schluss. Ende der Diskussion.

Der Kollege meines Vaters hatte meinen Schwestern allerdings auch anvertraut, dass man eine Mitgliedskarte der Mudschaheddin in seinem Büro entdeckt habe. Aus heutiger Sicht gehe ich davon aus, dass er damals einer kommunistischen Säuberungsaktion zum Opfer gefallen war: Alle politischen Abweichler, die man in den Offiziersrängen entdeckte, wurden damals verhaftet. Und das Gefängnis Pol-e-Charkhi war als Endstation für Anti-Kommunisten berüchtigt. Und dafür, dass die wenigsten Gefangenen es wieder lebendig verließen. Im Jahr zuvor hatte die von der Sowjetunion gestützte Regierung fast dreißigtausend Insassen ermorden lassen. Natürlich kannten wir keine Einzelheiten. Wir wussten auch nichts über die Massengräber, die Henker rund um das Gefängnis angelegt hatten. Aber der Ruf, der Pol-e-Charkhi vorauseilte, hätte schlimmer nicht sein können: Dort einzusitzen, kam einem Todesurteil gleich. Meine Mutter, die das alles besser verstand als wir, unterdrückte ein Schluchzen.

Am nächsten Tag kratzte sie all unser Geld zusammen, um Bustickets zu kaufen. Pol-e-Charkhi liegt im Osten von Kabul, außerhalb der Stadt. Von unserem Haus aus brauchte man mehr als eine Stunde dorthin. Schon von weitem sahen wir die massiven Mauern, Wachtürme und Sperrzäune aus Stacheldraht. Es war ein riesiger Komplex, der losgelöst wirkte aus unserer normalen Welt. Die letzten drei Kilometer mussten wir zu Fuß gehen. Meinen zweijährigen Bruder Asef setzten wir uns abwechselnd auf die Schultern. Da damals kein Mensch über ein eigenes Telefon verfügte, hatten wir natürlich keinen Termin mit der Gefängnisleitung vereinbart. Wir tauchten einfach so vor dem Haupttor auf. Meine Mutter, die als traditionell erzogene Frau vom Land wie immer, wenn sie ausging, eine wadenlange, hellblaue Burka mit Gitterfenster vor der Augenpartie trug, fragte die Wachposten, ob es einen Mohammad Nabi unter den Insassen gebe. Die Antwort war, sie wüssten es nicht, und dann befahlen sie ihr, mitsamt ihrer Kinderschar zu verschwinden. Aber meine Mutter ließ sich von ihnen nicht einschüchtern. Sie drohte den Wachleuten, dass sie sich nicht von der Stelle rühren werde, bevor sie ihren Mann mit eigenen Augen gesehen habe. Immer wieder schickte sie eines von uns Kindern vor, um die Wachleute am Ärmel zu zupfen und ihre Bitte zu wiederholen. Die Männer schimpften und schwangen bedrohlich ihre Gewehrkolben. Unsere aufdringliche Präsenz beschämte sie. Sie ließen Mutter ausrichten, der Besuchstag sei am Freitag. Aber sie taten uns nichts zuleide. Schließlich winkte der Chef der Truppe Mutter zu sich und erkundigte sich erneut nach dem Namen des Mannes, den sie suchte. Dann verschwand er im Innern der Anlage. Meine Mutter drückte aufgeregt meine Hand.

Nach einiger Zeit kam der Mann wieder und erlaubte uns, ihm hinter die Absperrung zu folgen. Er führte die gesamte Familie in ein Büro im zweiten Stock eines grauen Betongebäudes, in dem ein Beamter in Uniform an seinem Schreibtisch saß. Mutter wiederholte ihr Anliegen. Der Mann sah verschiedene Listen durch. Aber in keiner von ihnen fand sich der Name meines Vaters. »Du hast dich getäuscht. Geh nach Hause«, sagte er zu meiner Mutter. Doch die beschwor ihn, abermals gründlich zu schauen: Ihr Mann sei bestimmt dort.

Vielleicht war es die Verzweiflung, die bei ihren Worten mitschwang, vielleicht war es der Anblick von uns Kindern, die den Beamten milde werden ließ. Jedenfalls stand er auf einmal auf und führte uns in ein anderes Zimmer. Es war völlig leer, nur blanke Betonwände, aber keine Möbel. Ich habe keine Ahnung, wie lange wir dort ausharrten. Jedenfalls taten wir es in vollkommener Stille: Nicht einmal Asef quengelte herum oder veranstaltete irgendwelchen Blödsinn, wie er es sonst gerne tat. Wir waren alle so angespannt, dass keiner ein Wort sprach.

Dann öffnete sich die Tür, und der Beamte trat zusammen mit zwei Männern in Uniform herein. Sie führten einen Gefangenen in ihrer Mitte. Der Mann war abgemagert und trug Ketten an Händen und Füßen. Ich fühlte einen Stich im Herzen, als ich ihn endlich erkannte: Es war Vater! War er das wirklich? Nichts erinnerte an den eleganten Offizier, der sich jeden Morgen vor dem Spiegel frisiert hatte. Lailuma und ich verharrten in einer Art Schockstarre. Ungläubig starrten wir den Mann an, der gebeugt wie ein Greis vor uns stand. Hatten sie ihn geschlagen? Zu unserem Entsetzen trug er immer noch dieselben zerschlissenen Kleider wie am Tag seiner Verhaftung, und er roch unglaublich schlecht.

»Hier ist dein Mann«, sagte der Beamte zu meiner Mutter. »Du hast dreißig Minuten.«
Mutter rannen die Tränen übers Gesicht. Auch wir Kinder weinten. Mein Vater selbst schien hilflos, ja beschämt, uns einen solchen Anblick bieten zu müssen. Als wir ihn umarmen wollten, bellten die Uniformierten, dass jeder Körperkontakt mit dem Gefangenen untersagt sei.
Es war eine bizarre Situation. Wie oft hatten wir uns in den vergangenen Monaten das Wiedersehen mit Vater ausgemalt. Abends, wenn wir zusammen um den Bochari saßen, hatten wir uns vorgestellt, wie er mit uns herumalbern würde, wie er uns auskitzelte, mit uns lachte. Und jetzt stand er vor uns, und wir wussten nicht, was wir tun sollten. Natürlich freuten wir uns, ihn zu sehen. Gleichzeitig waren wir entsetzt über seinen Zustand. Intuitiv begriffen wir, dass die Umstände, unter denen Vater festgehalten wurde, grausam sein mussten. Dass sie ihn physisch und psychisch zerstörten.
»Geht es dir gut?«, fragten wir überflüssigerweise. Vater nickte. »Brauchst du etwas? Sollen wir dir neue Kleidung bringen?« Jetzt lächelte er ein bisschen. »Wann kommst du wieder zurück, Vater?« Er konnte es uns nicht sagen. »Warum haben sie dich festgenommen?« Bei dieser Frage legte einer der Beamten Einspruch ein. »Keine Politik!« Also verlegten wir uns auf harmlosere Themen. »Bekommst du auch genug zu essen?«, fragte meine Mutter. »Was möchtest du gerne? Was soll ich dir bringen?«
Dann war der Moment vorbei. »Die Zeit ist um«, verkündete der Beamte. Vater wurde abgeführt. Er verschwand auf dieselbe unwirkliche Weise, in der er gekommen war: in Ketten.
Uns hinterließ er völlig aufgelöst – und ratlos. Auf dem Nachhauseweg liefen Mutter ununterbrochen Tränen

übers Gesicht. Die Erleichterung, die sie sich von dem Wiedersehen mit meinem Vater erhofft hatte, war nicht eingetreten. Im Gegenteil: Es war, als habe sie erst in dem Augenblick das Ausmaß unserer prekären Lage begriffen. Bis dahin hatte sie sich an dem Gedanken festgehalten, dass sie Vater nur wiederfinden müsse, um unser Leben zurück in die gewohnten Bahnen zu lenken. Nun verstand sie, dass wir wohl noch eine ganze Weile ohne ihn würden zurechtkommen müssen. Dabei wussten wir noch immer nicht, warum man ihm und uns das antat: Außer dem diffusen Vorwurf, dass Vater Mudschahed sei, hatte man ihm nichts vorgeworfen, es gab keine Anklageschrift, kein Gerichtsverfahren. Es gab keine Stelle, bei der man sich hätte beschweren können. Die neuen Machthaber hatten ihn einfach weggesperrt. Und keiner konnte uns sagen, wie lange dieser Zustand andauern sollte.
Der »Besuchertag« im Gefängnis sei der Freitag, hatte der Beamte meine Mutter lediglich wissen lassen. Dazu muss ich erklären, dass afghanische Gefängnisse – anders als in Europa – den Insassen keine Vollverpflegung bieten. Sonst würden sich vermutlich viele freiwillig melden! Die Häftlinge bekommen sehr, sehr wenig zu essen. So wenig, dass sie davon in der Regel nicht überleben können. Mein Vater zum Beispiel bekam nur einmal am Tag eine dünne Suppe. Deshalb hatte er auch so furchtbar abgemagert ausgesehen. Man erwartete von den Angehörigen, dass sie die Gefangenen versorgten. Geschah das nicht, hatte der Häftling kaum eine Chance. Das ist wohl heute noch so.
Meine Mutter hatte jetzt also ein weiteres Problem: Sie musste nicht nur ihre zehn Kinder durchbringen, sondern auch noch ihren Mann versorgen. Sein Überleben hing allein von ihr ab. Wie sollte sie das ohne eine nennenswerte Einkommensquelle bewerkstelligen?

Mutter erwies sich als sehr erfinderisch. Sie beschwatzte den Baumwollhändler, uns auf Kredit etwas von seiner Ware zu überlassen. Bald saßen wir jüngeren Kinder stundenlang zusammen im Wohnzimmer und spannen diese Baumwolle zu Fäden. Wir ließen die Wolle durch unsere Finger laufen, bis die Kuppen wund waren und schmerzten, während sich zwischen ihnen ein feiner Faden entspann. Das fertige Knäuel brachte sie dann zurück zum Händler – und erzielte einen Mehrwert von zehn oder zwölf Afghani. Das reichte für zwei Brote vom Bäcker.
Es blieb nicht das einzige Handwerk, das wir ausüben mussten: Ich lernte Teppiche zu weben. Keine Kunstwerke, sondern praktische Matten, die nicht viel Geschick erforderten und auch von ungeübten Kinderhänden angefertigt werden konnten. Es gab keine Alternative, entweder wir verdienten Geld – oder wir gingen abends hungrig zu Bett. Immerhin erlaubte uns Mutter weiterhin den Schulbesuch, der gratis war.
Meine älteren Schwestern schickte sie in die Fabrik. Da sie, wie gesagt, Analphabeten waren, wollte zunächst niemand die beiden einstellen. Aber schließlich fanden sie doch einen sehr schlecht bezahlten Job am Fließband. Es war eine anstrengende und monotone Arbeit: Zehn Stunden am Tag mussten sie immer wieder dieselbe Handbewegung machen. Aber ich habe sie nie klagen hören: Wir waren alle heilfroh über das Geld.
Von dem ersten Lohn, den meine Schwestern nach Hause brachten, ging Mutter einkaufen. Sie holte Reis, Gemüse und sogar ein wenig Hammelfleisch vom Bazar, natürlich Ausschussware. Beim Anblick dieser Köstlichkeiten lief uns allen das Wasser im Mund zusammen. Noch ärger wurde es, als sie mit dem Kochen begann. Sie stellte den Reistopf auf den Herd, der schon bald einen wunderbaren

Duft verströmte. Ich liebte den Geruch von gekochtem Reis. Gebannt sahen wir ihr dabei zu, wie sie Lauch, Zwiebeln und Karotten zerschnitt und eine leckere Mahlzeit zubereitete. Aber wieder einmal gingen wir leer aus.
Mutter ließ das Essen abkühlen und verpackte es in zwei Plastikbehälter. Mein kleiner Bruder bekam einen Wutanfall, als er begriff, was sie vorhatte: Bereits an den vergangenen Freitagen hatte sich Mutter zusammen mit den beiden ältesten Schwestern auf den Weg nach Pol-e-Charkhi gemacht, um Vater frische Kleider und ein wenig von unserer kargen Kost zu bringen, meist nur eine Handvoll Brot. Der neue Verdienst erlaubte es ihr nun, ihn liebevoll zu bekochen. Aber für uns Kinder blieb davon nichts übrig.
Mein Bruder heulte und versuchte, die Behälter aus ihrer Tasche zu stehlen. »Gib mir das!«, schrie er sie an. Sie klopfte ihm streng auf die Finger. »Euer Vater ist im Gefängnis, und wir müssen ihn, so gut wir können, unterstützen«, erklärte sie uns. »Wenn er gut isst, wird er bei Kräften bleiben und kommt bald wieder zu uns zurück.«
Außer dem Jüngsten zweifelte keiner von uns daran, dass sie das Richtige tat: Es war uns völlig klar, dass wir zugunsten unseres Familienoberhauptes zurückstecken mussten. Mutter lehrte uns, es freudig und stolz zu tun. Wie alle Kinder in Afghanistan wurden wir zu absoluter Solidarität mit der Familie erzogen.
Auch Lailuma und ich strebten danach, jeden Anflug von Egoismus zu unterdrücken. Sie, die Besonnenere von uns beiden, war darin erfolgreicher: Lailuma konnte sich immer schon besser zurücknehmen als ich. Sie machte sich Gedanken über alles. Mehr als ich ließ sie sich deshalb von den Ermahnungen unserer Mutter beeindrucken. Aber sie besaß auch die Fähigkeit, sich von der Realität abzukop-

peln: Wenn es ihr in der Wirklichkeit zu ungemütlich wurde, flüchtete sie in eine ihrer Fantasiewelten. Und nur ich, ihre engste Vertraute, durfte sie begleiten.
Wir schauten gemeinsam den sowjetischen Kampfjets hinterher, wann immer sie mit lautem Getöse über Kabul hinwegdüsten. Lailuma war von ihnen sehr beeindruckt, und sie fragte mich, wie sie wohl funktionierten? Dann hockte sie sich auf einen umgekippten Baumstamm im Garten und behauptete, dass sei unser Flugzeug. Wir stellten uns vor, dass wir darauf wie auf einem Hexenbesen durch die Luft reiten könnten. Kichernd führten wir Flugmanöver durch und ahmten mit unseren Körpern die Bewegungen nach, die unser Gefährt angeblich vollzog. Sogar Überschallflug beherrschte unser Baumstamm. Aus der Erdatmosphäre heraus kamen wir damit bis zu den Planeten, den Sternen. Es war herrlich.
Aber ich war erdverbundener als Lailuma. Unsere Fantasiereisen konnten mich nur eine begrenzte Zeit von unserem entbehrungsreichen Alltag ablenken. Und ich war streitbarer, eine kleine Draufgängerin, könnte man fast sagen. Manchmal zankte ich mich auch mit Mutter. In solchen Situationen brannten bei mir die Sicherungen durch: Dann stahl ich mich nachts in die Vorratskammer und aß alles auf, was ich finden konnte. Wütend stopfte ich alles Essbare in mich hinein, bis mir schlecht wurde oder bis Mutter schweigend und mit ernster Miene in der Tür stand. Mutter schalt nicht mit mir. Sie stand nur da und sah mich traurig an – was viel schlimmer war als jede Standpauke. Und ich schämte mich in Grund und Boden.
»Es war für mich sehr schwer, euch hungrig zu sehen«, gestand mir Mutter später. »Aber was sollte ich tun? Mein Herz hat mir befohlen, das wenige, das wir hatten, eurem Vater zu bringen.«

Ich glaube, dass es mehr als eheliches Pflichtbewusstsein war, das sie dazu trieb: Meine Mutter liebt meinen Vater. Obwohl ihre Ehe keine Liebesheirat war, sondern bereits kurz nach ihrer Geburt arrangiert wurde, bauten sie im Lauf der Jahre ein inniges Verhältnis zueinander auf. Durch die erzwungene Trennung vertiefte sich ihre Beziehung. vermisste Vater schmerzlich. Sie fühlte sich wie amputiert ohne ihren Ehemann. Ständig hatte sie Angst, dass wir überfallen und ausgeraubt werden könnten. Manchmal saß sie die ganze Nacht lang wach und starrte zur Tür.
Woche für Woche fuhr sie hinaus zum Gefängnis. Am Freitag, unserem »Sonntag«, hatten die Gefangenen »Hofgang«: Sie wurden in Ketten in den Hof geführt, wo schon die Angehörigen warteten. Es herrschte eine rohe, gewalttätige Atmosphäre. Manchmal schlugen die Wachleute Mutter mit ihren Gewehrkolben. Manchmal nahmen sie ihr die Geschenke für Vater einfach ab und behaupteten, es sei verboten, den Gefangenen etwas zu bringen. Trotzdem ließ sie sich nicht abschrecken, sondern ging jede Woche mit dem hin, was wir entbehren konnten.
Beide weinten, wenn sie sich wiedersahen. Und wenn sie uns von Vater erzählte, sah er immer traurig aus in ihren Gedanken. Sie konnte sehen, dass er geschlagen worden war, die Male an den Armen, Schultern und im Gesicht sprachen eine deutliche Sprache. Aber er erwähnte es nie. Und sie erzählte ihm nicht, dass wir uns die Speisen, die sie ihm brachte, vom Munde absparten. Dass wir daheim hungerten. Wenn er nach uns fragte, behauptete sie stets, es gehe uns gut, er brauche sich keine Sorgen zu machen. Solche »Lügen« gelten in unserer Kultur als Zeichen der Fürsorge. Aber natürlich ahnte Vater, wie schwer unser Leben ohne ihn war. Uns Kinder aber nahm Mutter nie wieder mit nach Pol-e-Charkhi.

Wir sahen Vater fünf Jahre nicht. Eines Tages stand er plötzlich im Garten: ein Mann, ausgemergelt, die Wangen eingefallen, mit hängenden Schultern. Meine Mutter stieß einen unterdrückten Schrei aus, als sie ihn von unserem Wohnzimmerfenster aus sah. Er ging langsam zum Brunnen und wusch sich Gesicht und Hände mit dem eiskalten Wasser. Mutter glaubte, sie träume. Oder war sie vor Kummer verrückt geworden? Erst nachdem sie sich vergewissert hatte, dass wir Kinder den Mann im Garten ebenfalls entdeckt hatten, wagte sie es, ihm entgegenzueilen.

Ein paar Schritte vor ihm blieb sie stehen. Die beiden sahen sich an. Und dann tat Mutter etwas, was sie in meiner Gegenwart noch nie getan hatte: Sie küsste Vater auf den Mund. Als er sie in den Arm nahm, begann sie zu weinen.

Wir Kinder, insbesondere die jüngeren, brauchten eine Weile, um zu begreifen, was sich da vor unseren Augen abspielte. War der Mann im Garten wirklich unser Vater? War er tatsächlich zurückgekehrt? Schüchtern traten wir näher. Lailuma war inzwischen zwölf, ich dreizehn Jahre alt, im afghanischen Denken waren wir also bereits junge Frauen. Deshalb fühlten wir uns ein wenig unsicher in der Umarmung dieses Mannes, der ja unser Vater war – und auch irgendwie fremd.

Am merkwürdigsten aber benahm sich unser jüngster Bruder Asef, der mittlerweile sieben war. Er lehnte es strikt ab, Vater zu drücken.

»Wer ist der Mann?«, fragte er meine Mutter skeptisch.

»Das ist dein Vater«, erklärte sie ihm. »Er ist ein sehr lieber Mann. Komm, geh zu ihm und gib ihm einen Kuss.«

Aber Asef verweigerte standhaft jede Berührung mit dem Fremden.

Vaters Entlassung erfolgte genauso überraschend und willkürlich wie zuvor seine Verhaftung. Auch er selbst hörte nie mehr als den diffusen Vorwurf, aufseiten der Mudschaheddin gestanden zu haben, die gegen die Sowjets in einem Partisanenkrieg kämpften. Wie berechtigt diese Anschuldigung gewesen ist, vermag ich bis heute nicht zu beurteilen. Richtig ist, dass mein Vater ein religiöser Mensch war und ist, der die kommunistische Regierung mit Skepsis betrachtete. Aber ich glaube nicht, dass er sich aktiv am Widerstand beteiligt hat. Uns gegenüber hat er so etwas jedenfalls nie erwähnt.

Mit seiner Rückkehr änderte sich erneut alles für uns, diesmal zum Positiven. Zwar konnte Vater nicht wieder in seinem alten Beruf arbeiten. Für eine Laufbahn beim Militär war er »verbrannt«. Aber er schaffte es schnell, sich neu zu orientieren. Vater eröffnete einen kleinen Lebensmittelladen, in dem er Dinge des alltäglichen Bedarfs verkaufte: Öl, Reis, Mehl, Nudeln, Salz und dergleichen. Das Geschäft entwickelte sich rasch und bescherte meiner Familie bald wieder ein gutes Auskommen. Sogar ein Radio konnten wir uns leisten. Wir Kinder mussten jetzt nicht mehr arbeiten. Davon profitierten vor allem wir Jüngeren: Lailuma und ich konnten uns wieder auf die Schule konzentrieren. Und nach allem, was wir durchgemacht hatten, wussten wir um den Wert dieses Privilegs.

Die Grundschulzeit über besuchten wir dieselbe Klasse. Dann trennten sich unsere Wege. Wir waren beide gut in der Schule, aber ich war ehrgeiziger. Ich bestand darauf, auf die renommierteste Mädchenschule Kabuls zu wechseln. Dort unterrichteten die qualifiziertesten Lehrer Afghanistans, hieß es. Nichts anderes wollte ich. Fast eine Stunde fuhr ich täglich mit dem Bus ins Stadtzentrum. Lailuma erklärte mich für verrückt, mir freiwillig einen so langen Weg anzutun. Sie wählte eine Schule in der Nachbarschaft, die sie zu Fuß erreichen konnte, und so war sie die gesamten Grundschuljahre über jeden Tag zwei Stunden früher zu Hause als ich.

Trotzdem bereute ich meine Entscheidung nicht. Ich liebte meine neue Schule. Jeden Morgen vor Unterrichtsbeginn mussten wir zum Fahnengruß antreten. Wir standen auf, legten die Hand aufs Herz und schmetterten die Nationalhymne: »Unser revolutionäres Vaterland ist nun in den Händen der Werktätigen. Das Erbe der Löwen gehört jetzt den Bauern. Das Zeitalter der Tyrannei ist vorbei, die Ära der Arbeiter ist gekommen.« Es fehlte mir nicht an revolutionärem Pathos.

Die Lehrer hatten mir erklärt, dass der Kommunismus eine gute Sache sei: Während im Kapitalismus ein paar Bonzen alles besäßen und der Rest der Bevölkerung unter Armut leide, würde im Kommunismus der Reichtum eines Landes auf das ganze Volk verteilt. Ob Arbeiter oder Fabrikdirektor: Jeder bekäme denselben Anteil. Dieses Modell leuchtete mir als sehr gerecht ein. Mein Vater schien zwar nicht sehr beeindruckt, wenn ich daheim solche Reden schwang, aber er hielt sich mit Widerspruch zurück. Und ich konnte beim besten Willen nichts Verwerfliches an der Idee des Teilens entdecken.

Ich empfand Dankbarkeit gegenüber den Soldaten, die nach Afghanistan gekommen waren, um uns im Kampf gegen verbrecherische Feudalherren und kapitalistische Ausbeuter zu unterstützen. In der Schule hörte ich nur Gutes über sie: dass sie für den Fortschritt eintraten. Und für Volksbildung, insbesondere die Bildung der Frauen. Das gefiel mir. Von den blutigen Kämpfen, die zu dieser Zeit in den Provinzen tobten, bekamen wir Eliteschülerinnen in der Hauptstadt nichts mit.

Mein Ehrgeiz war so groß, dass ich unbedingt Klassenbeste werden wollte. Ich weiß nicht genau, woher ich diesen Willen dazu nahm. Vielleicht hat sie mit der traumatischen Erfahrung meiner Mutter zu tun, die sich im Nachhinein dafür schämte, dass sie uns Kindern während der Zeit der Abwesenheit unseres Vaters so wenig hatte bieten können. Deshalb feuerte sie mich und meine Schwestern an, uns in der Schule anzustrengen. »Meine Kinder mussten Hunger leiden, weil ich keinen Beruf erlernt habe«, sagte sie zu uns. »Wenn ihr nicht so enden wollt wie ich, müsst ihr in der Schule euer Bestes geben.« Das merkte ich mir gründlich.
In Mathematik war ich nicht so gut. Aber in allen anderen Fächern glänzte ich, besonders in Dari. In meiner Freizeit begann ich, Gedichte zu schreiben, und ich traute mich sogar, sie bei öffentlichen Lesungen in der Schule vorzutragen. Das war damals so Mode. Ich verfasste patriotische Verse über mein Heimatland. Und über die Liebe. Sentimentale Liebeslyrik hat in unserem Land eine lange Tradition. Sie ist für afghanische Mädchen die einzige Möglichkeit, romantische Gefühle auszudrücken, die sonst komplett tabu sind. Praktischerweise werden sie in Gedichtform nämlich abstrakt oder gar religiös interpretiert. Natürlich darf sich keine Entsprechung im realen Leben dafür finden. Und die gab es in meinem Fall auch nicht: Mir jedenfalls gelang es, allein und ohne an eine bestimmte Person zu denken, in meinen Emotionen zu schwelgen. Eine reale Liebelei hingegen hätte meinen gesellschaftlichen Tod bedeutet. Es wäre mir nicht in den Sinn gekommen, so etwas zu riskieren.
Allerdings kleidete ich mich ziemlich gewagt. Ich interessierte mich für Mode – und gehörte immer zu den Trendsetterinnen in meiner Schule. In Zeitschriften informierte ich mich, was gerade angesagt war, und nähte die Sachen,

die in Kabul nur schwer zu bekommen waren, im Zweifelsfalle selbst.
Natürlich war das Thema ein ewiger Konfliktherd zwischen mir und meiner Mutter, die ihr Leben lang in der Öffentlichkeit nur die Burka getragen hat. Sie brachte wenig Verständnis dafür auf, dass ein Teenager in den 1980ern ohne Besitz einer Jeans kaum leben konnte. Monatelang lagen Lailuma und ich ihr und meinem Vater mit diesem Wunsch in den Ohren. An *Norooz,* unserem Neujahr, an dem wir traditionell neue Kleider bekommen, war es schließlich so weit: Vater brachte das begehrte Kleidungsstück – vermutlich ohne Einverständnis meiner Mutter – nach Hause.
Als Nächstes begannen zwangsläufig die Diskussionen darum, wie die Jeans zu tragen sei. Lailuma und ich gingen selbstverständlich davon aus, dass wir sie wie die Stars aus der Zeitschrift »Jawanan« zur Schau stellen würden: als Hose eben. Aber Mutter war die Vorstellung suspekt, dass der taillierte Schnitt die Form unserer Hüften und Popos sichtbar machen würde. In ihrer Welt trugen Frauen zwar auch Hosen, vorzugsweise Pumphosen, aber selbstverständlich nicht »solo«, sondern als Unterwäsche unter einem Kleid oder einem Rock. Dieser Logik folgend, mussten wir die Jeans unter den knöchellangen Röcken unserer Schuluniform anziehen. Unsere wunderbaren, brandneuen Jeans! Wir vergossen heiße Krokodilstränen, während wir versuchten, ihr wenigstens die Erlaubnis abzuringen, die Hosen außerhalb der Schule offen tragen zu dürfen. In verzweifelten Plädoyers versuchten wir, ihr die modische Idee dahinter näherzubringen. Aber es half nichts: Mutter weigerte sich, uns »halbnackt« auf die Straße zu lassen.
Sie hielt mich auch zurück, wenn ich mich zu üppig mit Ketten oder Armreifen schmückte. Mutter fand meine

Liebe für Modeschmuck nicht nur überflüssig, sondern fast ein bisschen ungehörig: Mädchen hatten bescheiden aufzutreten. Durch eine zu extravagante Aufmachung die Blicke auf sich zu lenken, schickte sich in ihren Augen nicht.

Aber so war nun einmal die Mode: Mitte der 1980er sah man kaum junge Mädchen mit Kopftuch auf den Straßen Kabuls. Dafür aber die eine oder andere mit gewagt kurzem Rock. In der von den Sowjets kontrollierten Stadt kleidete man sich modern. Bei den Damen waren taillierte Mäntel und Kostüme en vogue, die Herren trugen Hornbrille, Schnauzer und selbstverständlich Krawatte. Über die Burkas und Turbane der Landbevölkerung rümpften meine Freundinnen und ich die Nase. Sie galten bei uns als hinterwäldlerisch. Von Frauen, die sich auf diese Weise verschleierten, nahmen wir an, dass sie arm und ungebildet sein mussten – und bedauerten sie. Die leichten weißen Tücher, die zu unserer Schuluniform gehörten, trugen wir extrem leger wie Schals, so dass die Frisur darunter sichtbar wurde. Und sobald wir die Schulmauern hinter uns hatten, rutschten sie auch schon auf die Schultern.

Der ultrakonservative Moralkodex, der innerhalb der afghanischen Familie herrschte, blieb von solchen Äußerlichkeiten aber unberührt: Für einen grundlegenden gesellschaftlichen Wandel, eine echte Modernisierung, dauerte das sowjetische Intermezzo nicht lange genug. Junge Mädchen, die wie Lailuma und ich während der Besatzung aufwuchsen, standen vor einem Paradox: Auf der einen Seite wurde uns beispielsweise in der Schule suggeriert, dass die moderne Frau unverschleiert auftrete und selbstbestimmt handele. Auf der anderen Seite bewegten wir uns in einem familiären Kontext, der dies überhaupt nicht akzeptierte. Auf meinem Schulweg ließ ich mich von den Verlockungen der Moderne im Stadtzentrum verführen. Mit dem Geld, das ich mir mit Handarbeiten verdiente, wurde ich Kundin in einem Schönheitssalon. Er lag in der Share-Nau, dem quirligen Geschäftsviertel Kabuls, in dem die Hippies abstiegen, die es dort allerdings immer seltener zu sehen gab. Stattdessen bevölkerten russische Soldatinnen und Soldaten sowie Besucher aus anderen Sowjetrepubliken die Straßen.

Über dem Salon prangte ein Schild mit der Aufschrift: *Sibaye Zanan* – »Schönheit der Frau«, das in schnellem Rhythmus blinkte. Das Schaufenster war mit Haarpflegemitteln und Tiegeln ausstaffiert. Auf Styropor-Köpfen prangten Perücken mit den neuesten Frisuren. Eine Frau mit kunstvoll hochgesteckten Haaren und weißem Kittel öffnete mir die Tür. Ich betrat eine magische Welt.

Der Salon war schlauchförmig und hatte eine große Spiegelwand auf der Längsseite. Vor ihr standen Frisierstühle, Waschbecken und überdimensionierte Föhnhauben, unter denen Kundinnen mit Lockenwicklern auf dem Kopf saßen. Es roch nach Färbemittel, Nagellack und allerlei anderen Chemikalien. Von der Wand gegenüber lächelten Damen mit lässigen Frisuren und grell bemalten Gesichtern herab. Überall auf dem Boden lagen Haare verstreut.

Die Frauen, die auf den Frisierstühlen saßen, unterhielten sich oder blätterten in Zeitschriften, darunter meine Lieblingszeitschrift *Ruze Zan* – »Frau von heute«. Eine Frau, deren Haare in Aluminium verpackt waren, ließ sich die Nägel lackieren. Eine andere hatte die Augen geschlossen und Wattebäuschchen auf den Lidern. Eine Kosmetikerin war damit beschäftigt, ihr Flaum von der Oberlippe zu entfernen: Sie riss die Härchen mitsamt Wurzel mit Hilfe eines dünnen Fadens aus, den sie über der Haut zusammenzwirbelte. Offenbar eine äußerst schmerzhafte Prozedur, denn die Kundin verzog dabei immer wieder gequält das Gesicht.

Auch ich durfte auf einem Drehstuhl vor dem großen Spiegel Platz nehmen und mich von den Katalogen inspirieren lassen, die die Friseurin mir reichte. Dabei kam ich mir unglaublich erwachsen vor. Deshalb fiel mir auch gar nicht auf, dass sie schon etwas abgegriffen waren: Seit Ayatollah Chomeini im Nachbarland die moralischen Zügel anzog, hatten die Friseure in Kabul ein Nachschubproblem. Denn alles, was Schönheitspflege betraf, war bislang aus Teheran gekommen. Auch meine Vorstellungen von einem perfekten Haarschnitt waren von den Vorgaben iranischer Popstars geprägt.

Zwei meiner Heldinnen gerieten in die engere Wahl: die Sängerinnen Gogoosh und Ramesh. Beide hatten mit ihren Frisuren Schlagzeilen gemacht. Rameshs lockige Dauerwellenmähne rahmte ihr Gesicht ein wie eine überdimensionierte Pudelmütze. Das gefiel mir nicht schlecht. Aber Gogoosh hatte noch mehr gewagt: Sie hatte sich die Haare kurz wie ein Junge geschnitten. *Gogooshi* nannten wir dieses Modell, das uns Mädchen zwischen Bagdad und Islamabad faszinierte. In meiner Klasse würde ich damit der Star sein – und genau das wollte ich.

Die Friseurin schien nicht überrascht, als ich ihr meine Anweisungen erteilte. Es geschah dieser Tage nicht selten, dass sich Mädchen ihre altmodischen Zöpfe abschneiden ließen. Meistens ohne Erlaubnis der Eltern. Hinter meinem Rücken hielt sie meine langen Haare hoch und ließ sie mich noch einmal im Spiegel betrachten, bevor sie die Schere ansetzte. Ob ich es vielleicht zunächst mit einem etwas moderateren, weniger jungenhaften Kurzhaarschnitt versuchen wollte? »Nein«, antwortete ich bestimmt. Eine Googoshi-Soft-Version kam überhaupt nicht in Frage. Schließlich wollte ich cool sein. Also beharrte ich auf dem Original.

Die Friseurin nickte. Routiniert machte sie sich an die Arbeit. Im Spiegel beobachtete ich, wie sie meine langen, dunklen Strähnen zwischen die Schneiden nahm, und ich sah, wie sie hinter mir auf den Boden fielen. Jetzt verließ mich doch der Mut. Was um Himmels willen tat ich da? Was würden meine Eltern sagen? Ich spürte, wie mir die Tränen in die Augen schossen. Jetzt nur nicht losheulen! Ich biss die Lippen zusammen. Schweigend sah ich ihr zu, bis sie ihr Werk vollendet hatte.

Sie reichte mir einen Spiegel, damit ich mich mit meiner neuen Frisur von allen Seiten betrachten konnte. Ich brachte keinen Ton heraus. »Gefällt es dir?«, fragte sie. Ich nickte stumm. Aber in Wirklichkeit hätte ich nicht sagen können, ob mir die Frisur nun gefiel oder nicht: Ich erkannte mich nicht wieder. Ich blickte in den Spiegel – und sah dort nur irgendeine Person mit verdammt kurzen Haaren. Das Mädchen trug zwar dieselbe Kleidung wie ich. Aber das waren auch schon alle Gemeinsamkeiten, die ich entdecken konnte. Mit einem Mal war die Euphorie verflogen. Eilig schlang ich mir meinen Schal um den Kopf, zahlte und flüchtete aus dem Salon.

Auf dem Heimweg versuchte ich, meine Selbstsicherheit wiederzuerlangen. Ich trödelte. Sobald ich an Schaufenstern vorbeikam, suchte ich mich selbst im Spiegelglas. Ich fixierte mein Bild und ließ den Schal dann langsam auf die Schultern rutschen. Immer wieder stellte ich denselben Effekt fest: Mit Kopftuch erkannte ich mein Spiegelbild, ohne Tuch starrte mir eine Fremde entgegen. Die anderen Passanten müssen mein Gehabe für ziemlich kokett gehalten haben. Mit halbem Ohr hörte ich, dass mir einige

Männer anzügliche Bemerkungen zuraunten. Aber das war mir in diesem Moment egal. Ich war mit mir selbst beschäftigt.

Je näher ich unserem Haus kam, desto enger zurrte ich mein Tuch. Jetzt verließ mich wirklich der Mut. Was hatte ich getan? Wie sollte ich mit kurzem Haar meiner Mutter unter die Augen treten? Angestrengt grübelte ich, was ich tun könnte, um meine Veränderung weniger radikal erscheinen zu lassen. Aber meine Haare waren kurz – und damit basta. Die Verwandlung war nicht wieder rückgängig zu machen.

Vor der Mauer zu unserem Grundstück atmete ich tief durch. Dann klopfte ich an die Metalltür.

»Wer ist da?«, rief mein Bruder Zainullah.

»Ich bin's, Latifa.« Ich hörte, wie innen der Riegel beiseitegeschoben wurde.

Zainullah öffnete mir. »Alles in Ordnung?«, fragte er, als er die Anspannung auf meinem Gesicht bemerkte.

»Klar, was soll denn nicht in Ordnung sein?!«, blaffte ich und schlüpfte aufs Grundstück.

Es war bereits Herbst, und mein Bruder hatte draußen Brennholz gehackt. Er hatte eine Mütze auf dem Kopf. Einen dieser afghanischen Filzhüte, die so wunderbar vor der Kälte schützen, weil man sie bis über die Ohren ziehen kann. Da kam mir der rettende Gedanke: Genau so etwas brauchte ich auch! Soweit ich wusste, besaßen wir zu Hause mehrere dieser Mützen. Eigentlich trugen nur die männlichen Familienmitglieder eine Mütze. Aber das störte mich in diesem Augenblick nicht.

Ich machte mich sofort auf die Suche danach, natürlich behielt ich dabei das Kopftuch auf. Lailuma, die mich immer scharf beobachtete, ahnte, dass etwas nicht stimmte. Sie folgte mir in die Kammer, in der die ganze Familie ihre

Kleider aufbewahrte. »Was suchst du?«, fragte sie, während ich die Regale durchwühlte.
»Eine Mütze«, antwortete ich.
Sie kicherte. »Wozu?«
Statt einer Antwort rutschte ich mein Tuch zur Seite und gewährte ihr einen kurzen Blick auf meine Stoppeln. Sie stieß ein erschrecktes Quietschen aus. »Bist du wahnsinnig?!«
»Hilf mir lieber!«
Lailuma erkannte sofort den Ernst der Lage. Und sie erkannte auch den Stil: »Gogooshi«, flüsterte sie andächtig. Mit ihrer Hand fuhr sie mir durch die ultrakurzen Strähnen und nickte anerkennend. Sie, die ihre Haare immer artig zu einem langen Zopf geflochten trug, konnte kaum fassen, was ich da gewagt hatte. Und ich sonnte mich in dem Gefühl, von ihr bewundert zu werden. Gleich fühlte ich mich ein bisschen cooler. Trotzdem wollte ich nicht auf die Mütze verzichten, die Lailuma schließlich für mich fand. Mit dieser Verkleidung wagte ich mich ins Wohnzimmer. Meine Mutter warf mir einen kritischen Blick zu, sagte aber nichts. Sie hielt den Aufzug wohl für eine meiner modischen Spinnereien.
Ich setzte die Mütze eine Woche nicht mehr ab. Nicht einmal nachts: Mit der Begründung, dass sie meine Ohren warm halte, legte ich mich sogar damit schlafen. Als meine Mutter wie an jedem Freitag das Wasser zum Haarewaschen für uns Mädchen auf dem Bochari erhitzte, behauptete ich, meine seien sauber geblieben, schließlich hatte ich die Mütze aufgehabt. Da wurde sie argwöhnisch. »Unsinn«, zischte sie – und befahl mir, das »dumme Ding« sofort abzusetzen. Ich weigerte mich. Da riss sie es mir kurzerhand vom Kopf.
Das Nächste, was ich sah, waren Sternchen: Mutter hatte mir eine schallende Ohrfeige verpasst.

Als ich und Lailuma 1988 in die zwölfte Klasse kamen, hatten die Russen genug von Afghanistan: Nach über acht Jahren Guerillakrieg und zwei Millionen Toten war der Abzug beschlossene Sache. Binnen eines Jahres wollten sie das Land verlassen haben.

Ähnlich wie die Amerikaner heute argumentierte Gorbatschow damals, dass die Afghanen nun selbst für ihre Sicherheit zu sorgen hätten. Dabei ging es ihm vor allem um den Schutz der Regierung von Mohammed Nadschibullah. Sozusagen als Abschiedsgeschenk investierten die kriegsmüden Sowjets großzügig in das afghanische Militär, das den Job übernehmen sollte, die Mudschaheddin zu bekämpfen.

Im Zuge dieser personellen und technischen Aufrüstung tourte die Propagandaabteilung der Luftwaffe in meiner Schule. Die Militärs warben für Nachwuchs. Männer mit Stoppelhaarschnitt, darauf eine schmucke Fliegermütze, hatten einen Informationsstand aufgebaut und schwärmten uns von den Karrieremöglichkeiten beim Militär vor. Dabei lachten sie oft. Ich glaube, sie kamen sich selbst komisch dabei vor, da die Vorstellung einer kämpfenden Frau in unserer Kultur völlig abwegig ist. Aber die in der Sowjetunion vorherrschende Ideologie sah es vor, dass gerade Mädchen angeworben werden sollten.

Da ich meinen Vater noch lebhaft als stolzen Offizier vor Augen hatte, besaß ich eine Schwäche für alles Militärische. Und mich faszinierte die Vorstellung vom Fliegen: Ich erinnerte mich, wie ich zusammen mit Lailuma auf unserem Baumstamm gesessen und wie wir abgehoben hatten. Wie wir durch die Lüfte geflogen waren – bis zu den Sternen. Und nun sollten diese Sterne plötzlich greifbar sein?

Ich ließ mir das Anmeldeformular für den Vorbereitungskurs geben, der täglich nach der Vorschule stattfinden sollte. Natürlich war das Einverständnis meines Vaters auf dem Formular erforderlich. Sorgfältig faltete ich es zusammen und packte es in meine Tasche. Aber als ich sie wieder schloss, durchzuckte mich ein Gedanke: Und Lailuma? Ich konnte unmöglich ohne sie hingehen! Zum Erstaunen der Soldaten bat ich um ein weiteres Exemplar.

Zu Hause fand ich Lailuma wie üblich vor dem Kassettenrekorder. Sie verbrachte ganze Nachmittage damit, den Songs von Ahmed Zaher zu lauschen, damals ein Star in Afghanistan. Auch ich mochte den Sänger, manchmal tanzte ich im Wohnzimmer zu seiner Musik. Lailuma hingegen saß immer nur da und wackelte mit dem großen Zeh. Sie war ganz in sich versunken. Ich drückte auf die Stopptaste. Die Musik erstarb. »He, was soll das?«, fauchte sie.

Ich hielt ihr die Formulare unter die Nase und verkündete: »Wir werden Pilotinnen.«

Sie sah mich verständnislos an. Da erzählte ich ihr von dem Kurs der Luftwaffe, bei dem ich mich anmelden wollte. Und ich forderte sie auf, es ebenfalls zu tun. »Dort können wir fliegen lernen!«

Ich sah, wie ihre Augen sich weiteten. Lailuma war zwar eine Träumerin, aber manchmal konnte sie auch sehr zupackend sein. Sie zögerte nicht eine Minute. »Keine Frage«, sagte sie, »natürlich bin ich dabei.«

Wir liefen mit den Formularen zu unserem Vater. Zu unserer Überraschung konnten wir ihn überzeugen, und es ging leichter als erwartet. Bei Lailuma schien er fast froh darüber, dass sie sich für eine Karriere beim Militär interessierte. In seinem Herzen ist er, glaube ich, immer Soldat geblieben. Jedenfalls sah er die Chancen, die eine solche Laufbahn mit sich brachte. Auch für ein Mädchen.

Mir gab er die Erlaubnis weniger gerne. Denn für mich hatte er bereits Pläne: Seiner Vorstellung nach sollte ich

Medizin studieren und Ärztin werden wie eine meiner älteren Schwestern. Ich beruhigte ihn, indem ich betonte, das Ganze sei ja nur eine Vorbereitung auf das eigentliche Studium. Nach meinem Schulabschluss könne ich mich umentscheiden.

Mutter unterstützte uns ebenfalls. Ihre einzige Sorge galt unserer Kleidung: Sie wusste genau, dass ich mir nach der Schule gerne das Tuch vom Kopf riss – und untersagte mir streng, dies in der Nähe von Soldaten zu tun. »Sich so schamlos zu zeigen, verstößt gegen die Regeln des Islam«, erinnerte sie mich. Und ich nickte artig. Lailuma brauchte sie nicht zu ermahnen, denn meine Schwester trug immer brav ihr *Hejab*.

Nun musste auch meine kleine Schwester jeden Tag mit dem Bus den langen Weg ins Stadtzentrum zurücklegen. Insgeheim freute ich mich darüber, weil ich sie um ihre Bequemlichkeit ein bisschen beneidet hatte.

Nach Schulschluss trafen wir uns auf dem Bazar und holten uns eine Stärkung von einer der Imbissbuden, ein Sandwich oder einen Teller Suppe. Dann liefen wir gemeinsam zu dem Luftwaffenstützpunkt.

Außer uns hatten sich nur Jungen zu dem Kurs angemeldet. Deshalb waren wir froh, dass wir nicht alleine gehen mussten, sondern uns gegenseitig als Unterstützung hatten. Wir redeten nicht mit den Jungen. Stumm setzten wir uns auf unsere Plätze und behandelten sie wie Luft. Die Jungen taten dasselbe. So gehörte es sich.

Dann kam unser Lehrer. Ich erkannte ihn als einen der Militärs, die in unserer Schule für den Kurs Werbung gemacht hatten. Ich glaube, er erkannte mich ebenfalls. Jedenfalls verharrte sein Blick einen Moment lang auf mir und meiner Schwester, als wundere er sich.

In den ersten Stunden brachte er uns bei, die verschiedenen Flugzeugtypen zu unterscheiden. Besonders detailliert ging er dabei auf die Luftfahrzeuge der afghanischen Luftwaffe ein und erzählte uns von ihren aktuellen Einsätzen. Das klang für Lailuma und mich sehr aufregend. Als wir bereits einige Unterrichtseinheiten hinter uns hatten, führte er uns zu einem Hubschrauber, der zusammen mit anderen in einer großen Halle stand und offenbar gerade gewartet wurde. Wir untersuchten ihn eingehend. Unser Lehrer erklärte uns daran die Prinzipien der Aerodynamik und Flugmechanik.

Lailuma und ich waren begeistert, hatten wir uns doch als Kinder genau diese Fragen gestellt. Wie kann ein Flugzeug fliegen? Warum fällt es nicht vom Himmel. Und nun lernten wir tatsächlich, wie das funktionierte! Da wir sehr religiös erzogen worden waren, hielten wir das für ein Zeichen: Gott, so schien es, wollte, dass sich unser Kinderwunsch erfüllte. Er wollte, dass wir Pilotinnen wurden. Als der Kurs zu Ende ging, wussten wir beide, dass es für uns nichts anderes gab.

Wir hatten uns ein Ziel gesetzt, und wir wollten es gemeinsam erreichen. Vielleicht spürten wir, dass uns das zu zweit besser gelingen würde als allein. Wir zweifelten nicht einen Moment, dass wir das schaffen konnten. Ich glaube, das hängt damit zusammen, dass unsere Charaktere so verschieden sind. Wir ergänzten uns gegenseitig: Lailuma überlegte immer alles sehr lange und gründlich. Und wenn sie dann etwas sagte, trafen ihre Worte wie Pfeile. Sie konnten auch sehr verletzend sein. Ich dagegen sprach immer sofort aus, was ich dachte. Manchmal war ich auch aufbrausend. Sie hielt mich zurück, wenn ich im Begriff war, eine Dummheit zu machen. Und ich drängte sie, wenn sie zu lange zauderte. Mein Mut reichte für uns beide. Deshalb wa-

ren wir ein gutes Team: Wenn wir zusammen waren, fühlten wir uns sicher und stark. Auch in unsicheren Zeiten.
Dass mein Vater mich weiterhin als Ärztin in einem Krankenhaus sehen wollte, war natürlich ein Problem. Er beharrte nicht aus Böswilligkeit darauf: Vater hatte höchsten Respekt vor dem Beruf des Arztes, der für ihn der Inbegriff von Bildung war. Immer schon hatte er sich gewünscht, dass seine Kinder diese Laufbahn ergreifen würden. Und da ich so erfolgreich in der Schule war, glaubte er, ich könne es jedenfalls schaffen. Aber er verkannte, dass ich das Herz einer Abenteurerin hatte.
Lailuma und ich schmiedeten einen Plan: Wir würden ihn erst mit unserer Entscheidung konfrontieren, wenn wir uns unsere Plätze an der Akademie der Luftwaffe in Kabul gesichert hätten. Das war gar nicht so einfach. Denn wir hatten zwar beide einen guten Schulabschluss gemacht und auch den Vorbereitungskurs bestanden. Aber den Ausschlag gab etwas ganz anderes: Entscheidend für die Zulassung oder Nichtzulassung zur Akademie war eine medizinische Voruntersuchung, oder besser gesagt: *das* berüchtigte medizinische Examen, das nur die wenigsten Anwärter bestanden.
Unser Lehrer vom Vorbereitungskurs hatte uns bereits gewarnt, uns nicht zu große Hoffnungen zu machen. Der Test dauere einen ganzen Tag lang, verriet er uns. Manchmal auch mehrere. Und er habe es wirklich in sich: Die Funktion von Augen, Ohren, Nase, Lunge, Herz und Kreislaufapparat würde bis ins kleinste Detail getestet. Frauen, die ja von Natur aus schwächer als Männer seien, hätten keine Chance, die Voruntersuchung zu bestehen. Dies sei der Grund, weshalb es keine Pilotinnen gebe: Frauen seien rein physisch nicht dafür geeignet.
Ob es denn überhaupt schon einmal eine Frau versucht habe, wollten Lailuma und ich von ihm wissen. Bei dieser

Frage geriet er ins Grübeln. Nun, wenn wir unbedingt wollten, könnten wir es ja versuchen. Er wünsche uns viel Glück. Seltsam, obwohl ich den Mann eigentlich mochte, glaubte ich ihm nicht eine Sekunde.

Ein paar Tage später kreuzten wir morgens unangemeldet im Militärkrankenhaus auf – demselben Hospital, für dessen Apotheke unser Vater einmal zuständig gewesen war. Obwohl wir früh aufgebrochen waren, hatte sich in der Halle bereits eine Schlange vor dem Schalter gebildet. Es roch nach Desinfektionsmittel und dem Schweiß der wartenden Patienten. Das Krankenhaus behandelte nicht nur Militärangehörige, sondern auch Zivilisten. Und da es einen guten Ruf hatte, kamen viele, um sich hier behandeln zu lassen.

Die Dame von der Anmeldung zog eine Braue hoch, als wir unser Anliegen vortrugen. »Den Flugtauglichkeitstest?«, fragte sie und musterte uns beide. »Wollen sie einen Verwandten anmelden?«

»Nein, uns selbst«, antwortete ich stolz. Lailuma kicherte verlegen.

»Hm …«, sagte die Frau. »Einen Moment bitte. Da muss ich erst mal fragen, ob das möglich ist.«

Es war zumindest möglich, einen Arzt zu sehen, der die »Angelegenheit« mit uns besprechen wollte. Er trug keinen Kittel, sondern eine Uniform. Mit seinen grauen Haaren wirkte er schon recht alt. »Die beiden Damen wollen also die Fliegertauglichkeitsuntersuchung für die Pilotenausbildung machen?«, fragte er. Und dann schärfer: »Weiß euer Vater überhaupt, dass ihr hier seid?«

Ich nickte eifrig und sagte gestelzt: »Er ist vollumfänglich informiert.« Ich erzählte ihm von dem Luftwaffen-Vorbereitungskurs, den wir mit Zustimmung unserer Eltern besucht hatten, und behauptete, dass man uns dort dazu aufgefordert hätte, uns dem Examen zu unterziehen.

»So, so«, sagte er und krauste die Stirn. »Dann wollen wir mal schauen, ob ihr überhaupt den Eingangstest besteht.«

Mit einem spöttischen Lächeln auf den Lippen befahl er mir, auf dem Drehstuhl in der Mitte des Behandlungszimmers Platz zu nehmen. Lailuma beobachtete mich nervös. Kaum saß ich, begann er den Stuhl mit voller Wucht nach links zu drehen. Er drehte und drehte. Da das Ganze ohne Vorwarnung geschehen war, wusste ich überhaupt nicht, wie mir geschah. Da stoppte er den Stuhl plötzlich ab und begann, ihn in die entgegengesetzte Richtung zu drehen. Mir wurde schlecht. Aber ich traute mich nicht aufzumucken. Schließlich stoppte er die Drehung und bellte: »Aufstehen!«

Ich stand so sicher auf, wie ich konnte.

»Und jetzt schau mir in die Augen!«

Ich starrte ihn an. Was wollte er von mir? Seine Pupillen suchten meine. Das erkannte ich, da ich trotz der Drehung geradeaus blicken konnte. Um nichts anderes war es bei diesem ersten Test gegangen. Er wollte wissen, wie schwindelig mir würde und ob ich danach die Augen verdrehte – natürlich war er davon ausgegangen, dass es bei einem Mädchen so sein würde. Aber ich fixierte ihn direkt und ohne auszuweichen. Das schien ihn irgendwie zu beeindrucken.

»Nun gut«, knurrte er unwillig. »Meinetwegen könnt ihr den verdammten Test machen«

Der Check-up nahm fast zwei Tage in Anspruch. Wir durchliefen einen Marathon an verschiedenen medizinischen Tests, die jeweils von wechselnden Ärzten und Schwestern durchgeführt wurden. Sie analysierten unser

Blut, untersuchten die Seh- und Hörfähigkeit, checkten Herz- und Kreislauffunktionen, Gewicht und Kondition, Hand-Auge-Koordination, Gleichgewichtssinn und durchleuchteten unsere inneren Organe. Dabei schien das ganze Krankenhaus zu brummen vor Geschwätz; alle wussten, was wir vorhatten. Manche der Ärzte begegneten uns genauso mürrisch wie der Grauhaarige, der das Erstgespräch geführt hatte, andere waren freundlicher. Ein junger Arzt, er hieß Doktor Askarian, sprach uns sogar Mut zu: Sicher würde alles gutgehen, wenn wir nur genug Ausdauer bewiesen. Ich war mir nicht sicher, ob er sich dabei auf unsere physische oder psychische Kondition bezog.

Als wir alle Tests durchlaufen hatten, fanden wir uns erneut im Zimmer des Grauhaarigen ein. Er trug eine Lesebrille und saß über einen Stapel Papier gebeugt da. Es waren unsere Testergebnisse. Langsam blätterte er durch die Seiten, die allerlei Kurven und Zahlen enthielten, von denen er die eine oder andere mit dem Bleistift umkringelte. Ich spürte, wie die Aufregung in mir hochstieg: Gleich würden wir erfahren, ob wir zum Fliegen geeignet waren oder nicht. Unruhig drückte ich Lailumas Hand, die sich genauso feucht und kalt anfühlte wie meine. Es war die Stunde der Wahrheit. Aber wie lange würden wir noch auf die Urteilsverkündung warten müssen? Der Arzt schien unentschlossen.

»Gar nicht schlecht«, sagte er schließlich. Er nahm seine Brille ab und musterte uns. »Ja, wirklich. Ich muss gestehen, dass ich euch das gar nicht zugetraut hätte.« Er blinzelte. »Aber dafür, dass ihr keine Männer seid, habt ihr recht gut abgeschnitten.« Ich merkte, wie sich ein Grinsen auf meinem Gesicht ausbreitete, und er sah es wohl auch.

»Freut euch nicht zu früh!«, sagte er und erhob sich. Er hielt die Papiere mit den Testergebnissen in Händen – den bestandenen Tests, wie ich mir mittlerweile sicher war. Den Eintrittskarten zu unserem Studium. Am liebsten wäre auch ich aufgesprungen und hätte sie ihm aus den Händen gerissen. Mühsam zwang ich mich zum Stillsitzen.

»Aus medizinischer Sicht kann ich es nicht verantworten, dass ihr Fliegen lernt. Das wäre fahrlässig. Wisst ihr überhaupt, welche Druckverhältnisse dort oben in der Luft herrschen?«

Wir nickten. »Aber in modernen Cockpits wird der Druckverlust mittlerweile relativ zuverlässig ausgeglichen«, entfuhr es mir naseweis. »Außerdem gibt es im Notfall Sauerstoffmasken …« Ich unterbrach mich, als ich bemerkte, wie meine Schwester mich strafend ansah. Es gehörte sich nicht, Erwachsene zu belehren. Schon gar keine Respektspersonen.

Der Arzt reagierte empört. »Glaubt die junge Dame vielleicht, es besser zu wissen?«, fragte er wutschnaubend.

»Nein, natürlich nicht …«

»Ich bin seit dreißig Jahren Flugarzt. Und eines weiß ich mit Sicherheit: Zum Fliegen ist der weibliche Körper nicht geeignet!« Bei diesen Worten nahm er die Papiere und zerriss sie in zwei Hälften.

Lailuma und ich starrten ihn fassungslos an. Das konnte er doch nicht machen! Aber er hatte es getan, vor unseren Augen.

»Dieses Examen hat nie stattgefunden«, verkündete er. »Und jetzt geht nach Hause. Ich habe noch mehr Patienten, um die ich mich kümmern muss.«

Völlig verdattert und schockiert erhoben wir uns. Lailuma wollte seiner Aufforderung bereits Folge leisten, da brüllte

ich ihn an: »Das ist ungerecht! Wir haben den Test bestanden!«
»Davon weiß ich nichts.« Demonstrativ schmiss er die Ergebnisse in den Papierkorb und wies in Richtung Tür.
Meine Schwester war untröstlich, als wir das Krankenhaus verließen. Lailuma kullerten die Tränen über die Wangen. Ich gab ihr ein Taschentuch. Da begann sie erst recht zu weinen. Die Soldaten vor dem Eingang grölten.
»Wenn wir den Test einmal bestanden haben, werden wir ihn auch ein zweites Mal bestehen«, sagte ich zu ihr. Meine Wut übertraf noch die Selbstherrlichkeit des Arztes. Ich war entschlossen, es ihm heimzuzahlen.
»Aber er hat doch ›nein‹ gesagt.«
»Na und?«, entgegnete ich. »In dem Krankenhaus gibt es auch noch andere Mediziner.«
»Die waren alle nicht sonderlich freundlich.«
»Der Jüngere schon. Der hat uns gesagt, dass wir Ausdauer bräuchten.«
»Beim EKG, ja.«
»Nein«, widersprach ich, »ich glaube, der hat etwas ganz anderes gemeint!«
Ich konnte sie überzeugen, dass wir es noch einmal versuchen mussten. Am nächsten Morgen machten wir uns erneut auf den Weg und erreichten das Krankenhaus in aller Frühe. Der Haupteingang wurde von derselben Gruppe Soldaten wie am Vortag bewacht. Lailuma und ich versuchten, an ihnen vorbei ins Gebäude zu gelangen. Aber sie kreuzten die Gewehre vor unserer Nase.
»Was soll das?«, fragte ich scharf.
»Wir haben Anweisung, euch nicht reinzulassen«, antwortete der Anführer der Truppe.

Instinktiv erkannte ich, dass ich mich jetzt nicht einschüchtern lassen durfte. Ich wollte wissen, wer das angeordnet habe.

»Die Ärzte«, behauptete der Wortführer.

Ich sah ihn herausfordernd an. »Die Ärzte? Vermutlich eher *ein* Arzt«, riet ich und nannte den Namen unseres Kontrahenten vom Vortag. Der Soldat zuckte ein bisschen. »Er hat kein Recht, uns den Eintritt zu verweigern. Wir sind Patienten. Meiner Schwester geht es schlecht ...«

»Ihr wollt Pilotinnen werden«, entgegnete der Wachsoldat.

»Und wenn es so wäre? Wer bist du, uns das zu verbieten? Ein sehr naher Verwandter von uns ist der Chefarzt dieses Krankenhauses.« Das war natürlich ein Bluff. Aber er erfüllte seinen Zweck: Der junge Mann wirkte irritiert. Er tauschte einen Blick mit seinen Kollegen.

»Na, lass sie schon durch«, brummelte einer kaum hörbar. Die anderen nickten zustimmend.

»Also gut«, sagte der Wortführer und gab ihnen einen Wink, damit sie ihre Gewehre wegnahmen.

Wir legten alles daran, diesmal gleich zu dem jungen Arzt geschickt zu werden, der anderntags das EKG durchgeführt hatte. Der Frau hinter dem Anmeldungsschalter, es war diesmal glücklicherweise eine andere, erzählten wir, dass wir bei Doktor Askarian, dem berühmten Herz-Kreislauf-Spezialisten, einen Gesundheitscheck vornehmen wollten. Wir hüteten uns jedoch, das Wort »Flugtauglichkeit« in den Mund zu nehmen.

Als wir sein Behandlungszimmer betraten, zog Doktor Askarian die buschigen Brauen hoch. Er trug keinen Bart, und sein Haar war mit viel Gel nach hinten gekleistert. »Na, da seid ihr beiden ja schon wieder«, sagte er freundlich. »Was kann ich diesmal für euch tun?«

Wir erzählten ihm, was passiert war. Ja, sagte er, er habe schon gehört, dass man uns nicht zugelassen hatte. Offenbar brüstete sich der andere Arzt mit seiner »Heldentat«. Viele Kollegen teilten die Überzeugung, dass Frauen im Cockpit nichts verloren hätten, sagte der Mediziner. Unsere Gesundheitsprüfung war zum Politikum in der Klinik geworden. Das machte die Sache natürlich nicht einfacher. Aber Doktor Askarian erklärte sich trotzdem einverstanden, uns die Prüfung wiederholen zu lassen.

Erneut durchliefen wir die verschiedenen Stationen. Wir spürten, dass die Atmosphäre im Krankenhaus sich nicht zu unseren Gunsten geändert hatte: Einige Ärzte begegneten uns sogar mit offener Feindseligkeit. Trotzdem waren wir optimistisch, dass wir sie mit unseren Leistungen überzeugen konnten. Schließlich hatten wir schon einmal bestanden. Und wenn Doktor Askarian sicherstellte, dass die Ergebnisse nicht wieder verschwanden, hatten wir eine Chance.

Der Arzt machte eine ernste Miene, als er uns nach dem zweiten Testdurchlauf in seinem Behandlungszimmer empfing. Er blätterte durch die Papiere mit unseren Ergebnissen – und schüttelte den Kopf.

Meine Schwester und ich ahnten, dass etwas nicht stimmte.

»Gibt es Probleme?«, fragte ich zaghaft.

»Ich befürchte schon«, antwortete er und kniff die Augen zusammen. Doktor Askarian hielt sich die Dokumente noch näher vor die Nase, um eine bestimmte Stelle besser zu erkennen. »Die Herzmuskel-Faser … hm … seltsam, dass wir beim EKG überhaupt keine Auffälligkeit festgestellt haben …« Er sah Lailuma an.

»Was ist mit meinem Herzen?«, fragte sie.

»Die Laboruntersuchung weist auf eine Entzündung hin. Die Troponin-Werte sind erhöht. Vermutlich der

Herzmuskel. Wurde das beim letzten Mal schon festgestellt?«
Sie zuckte mit den Schultern. »Ich glaube nicht.« Schließlich hatte uns niemand in die Details der ersten Untersuchung eingeweiht. Wir hatten nur das Gefühl gehabt, gut abgeschnitten zu haben. Jetzt beschlichen uns leise Zweifel.
»Haben Sie selbst irgendwelche Leistungseinschränkungen bemerkt?«
»Nicht, dass ich wüsste.« Lailuma sah mich hilfesuchend an. Wie bemerkte man überhaupt, dass mit dem Herzen etwas nicht stimmte?
»Mit diesem Handicap kann ich Sie jedenfalls nicht zulassen«, sagte er. Lailumas Mundwinkel sackten nach unten. »Das wäre fahrlässig.«
»Ja, aber ... Gibt es denn überhaupt keine Chance?«, fragte sie verzweifelt.
Der Arzt wirkte unschlüssig. »Ich kann mir nicht vorstellen, dass irgendein Kollege das verantworten möchte ...«
»Und ist mit mir alles in Ordnung?«, unterbrach ich ihn. Die Frage war nicht sehr solidarisch, aber sie brannte mir auf den Lippen.
Doktor Askarian vertiefte sich abermals in die Unterlagen. »Leider nein«, sagte er fast zerknirscht. »Bei Ihnen wurde eine Erkrankung des Gehörs festgestellt.« Er zeigte mit dem Finger auf die betreffende Stelle der Untersuchungsunterlagen.
»Wie bitte?!«
»Ja. Sie beeinträchtigt den Gleichgewichtssinn. Das ist natürlich ganz und gar unakzeptabel.« Seine Augen blieben auf das Papier geheftet, während er sprach. Offenbar vermochte er kaum in unsere enttäuschten Gesichter zu sehen. »Tja, da kann man nichts machen. Es tut mir aufrichtig leid.«

Diesmal war ich diejenige, die am liebsten in Tränen ausgebrochen wäre. Ich hielt alles für verloren. Einzig der Wunsch, mir vor den Soldaten keine Blöße zu geben, bremste mich, meinen Gefühlen freien Lauf zu lassen.
Lailuma sagte eine Weile gar nichts, während wir auf dem Nachhauseweg nebeneinanderherliefen. Sie war in Gedanken versunken. Vielleicht grübelte sie auch über die beunruhigende Diagnose nach, die der Arzt gestellt hatte, oder sie machte sich wegen ihres Herzens Sorgen.
Dann zupfte sie mich plötzlich am Ärmel. »Hörst du das?«, fragte sie.
»Was?«
»Dieses Geräusch …«
In der Ferne hörte ich den Ton einer Sirene. »Vermutlich ein Feueralarm«, sagte ich. »Mach dir deswegen keine Sorgen.«
Sie grinste. »Gut«, sagte sie und deutete auf eine Amsel, die in etwa zwanzig Meter Entfernung von uns auf einem Baum hockte. Ob ich auch die hörte?
Ich spitzte die Ohren und nickte.
»Und jetzt halt dir das rechte Ohr zu.«
»Was?«
»Na los, halt es dir zu. Hörst du sie noch?«
Langsam dämmerte mir, was sie tat. Ihren Anweisungen folgend hielt ich mir zuerst das rechte, dann das linke Ohr zu. Trotzdem hörte ich die Amsel auch mit jeweils nur dem einen Ohr problemlos.
»Bemerkst du irgendeinen Unterschied, wenn du die beiden miteinander vergleichst?«, fragte sie, ganz die Rolle des Arztes imitierend.
»Nein.«
Sie nickte zufrieden. Lailuma führte noch eine Reihe weiterer Tests durch. Dann entspannten sich ihre Züge – wohl

auch, weil sie es nunmehr für sehr unwahrscheinlich hielt, dass sie unter ernsthaften Herzproblemen litt. »Schwesterchen, die nehmen uns in diesem Krankenhaus nicht ernst.«
»Was du nicht sagst!« Natürlich hatte sie recht! Und was half es uns, das zu wissen? »Wir bekommen trotzdem keine Zulassung.« Was sollten wir denn tun, wenn das ganze Hospital sich gegen uns verschworen hatte? Ich jedenfalls war mit meinem Latein am Ende.
Lailuma hingegen war von ihrer eigenen Beweisführung so angetan, dass sie überhaupt nicht ans Aufgeben dachte. Sie hatte noch eine Idee …
Die Vorbereitungen für unseren nächsten Sturm auf die Festung Militärkrankenhaus nahmen mehrere Tage in Anspruch. In dieser Zeit klapperten wir zivile Ärzte in Kabul ab: einen Ohrenarzt und einen Herzspezialisten, von denen wir uns jeweils gründlich durchchecken ließen. Das Ergebnis war in beiden Fällen optimal: Meine Ohren und Lailumas Herz funktionierten, wie wir bereits vermutet hatten, völlig einwandfrei, ja sogar überdurchschnittlich gut. Das ließen wir uns schriftlich geben. Darüber hinaus baten wir die Ärzte, Briefe an die Kollegen im Militärkrankenhaus zu verfassen, in denen sie die Unbedenklichkeit einer Fliegerkarriere für uns hervorhoben. Mit diesen Schreiben bewaffnet, machten wir uns erneut auf den Weg zu den Militärärzten.
Doktor Askarian wirkte überrascht, als wir wieder in seinem Behandlungszimmer standen. Wir überreichten ihm die Umschläge mit den Briefen. Während er las, beobachteten wir genau seine Miene. War er beeindruckt? Oder verärgert? Er versuchte, sich nichts anmerken zu lassen.
»Soso«, sagte er, als er geendet hatte, »die Kollegen da draußen kommen also zu einer etwas anderen Einschätzung als die Ärzte hier im Haus.«

Er ging zu einem Hängeregister und zog daraus unsere Akten hervor. Immerhin hatte er sie nicht vernichtet wie der andere Arzt. Doktor Askarian verglich unsere alten Testergebnisse mit dem, was die zivilen Ärzte herausgefunden hatten. »Hm«, sagte er. Und: »Erstaunlich ...« – und schien etwas ratlos. Ich verstand sein Dilemma: Nun stand Befund gegen Befund. Entscheidend war jedoch das Urteil der Militärärzte, denn allein sie hatten die Befugnis, uns die Flugtauglichkeit zu attestieren.

»Könnten wir die Untersuchungen nicht vielleicht wiederholen?«, schlug ich vor. »Nur den Hörtest und die Herzuntersuchung?«

Er runzelte die Stirn. »Das muss ich mit meinen Kollegen besprechen.«

Tatsächlich rangen sich die Ärzte dazu durch, uns die fraglichen Tests wiederholen zu lassen. Lailuma durchlief abermals eine Serie von Herzuntersuchungen. Mir durchleuchteten sie das Innenohr und den Vestibularapparat. Als ich erneut dazu aufgefordert wurde, mit verbundenen Augen und mit vorgestreckten Armen auf der Stelle zu marschieren, war ich so aufgeregt, dass ich befürchtete, allein aus diesem Grund die Sache zu verpatzen. Aber ich hielt mich genauso sicher und aufrecht in der Bewegung wie bei den vorangegangenen Gelegenheiten. Mein Gleichgewichtssinn funktionierte sehr gut.

Als alles überstanden war, setzten wir uns in das Wartezimmer der Klinik. Uns war klar, dass das Ergebnis allein vom Wohlwollen der Ärzte abhing. Da alle Optionen ausgeschöpft waren, versuchte ich unser Schicksal mit Beten in die richtige Spur zu lenken. Endlich rief Doktor Askarian uns zu sich. Lailuma und ich stolperten aufgeregt in sein Behandlungszimmer. War mein Gleichgewichtssinn nicht gerade noch völlig in Ordnung gewesen?

Er empfing uns mit einem: »Hallo, Mädchen.« Klang er gut oder schlecht gelaunt? Ich hätte es nicht zu sagen vermocht. Er bot uns zwei Stühle an und setzte sich hinter seinen Schreibtisch. Erwartungsvoll starrten wir ihn an.

»Tja, also ...«, druckste Doktor Askarian herum und blätterte in den Testergebnissen. »Es scheint, als sei meinen Kollegen beim ersten Durchlauf tatsächlich der eine oder andere Fehler unterlaufen ... Nun, glücklicherweise konnten wir das korrigieren ...«

»Wir haben also bestanden?«, platzte ich heraus. »Werden Sie unsere Zulassung unterschreiben?«

»Soweit ich das beurteilen kann, sind Sie bestens fürs Fliegen geeignet.«

Ich drückte Lailumas Hand – und sie lächelte mir komplizenhaft zu: Diese Hürde hatten wir genommen. Jetzt mussten wir nur noch Vater überzeugen, dass wir erstklassige Pilotinnen waren.

Kapitel 2:

Unter Männern

Am Ende stellten wir unseren Vater vor vollendete Tatsachen: Erst nachdem wir uns an der Air-Force-Hochschule eingeschrieben hatten und als Studentinnen akzeptiert worden waren, suchten wir das Gespräch mit ihm. Wir waren beide reichlich aufgeregt, da wir befürchteten, dass er uns in der letzten Minute einen Strich durch die Rechnung machen könnte.

Fast verschüttete er das Glas Tee, das er gerade zum Mund führte, als wir ihm unseren Coup gestanden. »Ihr seid zugelassen?«, fragte er und vergewisserte sich: »Alle beide?« Seine Augen füllten sich mit Tränen.

War er zornig, dass wir ihn hintergangen hatten? Ich hatte immer noch seinen Wunsch im Hinterkopf, dass ich wie meine ältere Schwester Leila Ärztin werden sollte. Deshalb verfolgte ich jede seiner Regungen. Nein, da war kein Ärger. Vater platzte vor Stolz! »Du hast nichts dagegen, Vater?«, fragte ich vorsichtig.

Er breitete die Arme aus. »Was sollte ich dagegen haben?! Meine Töchter werden die ersten Pilotinnen Afghanistans sein. Ich bin ein sehr glücklicher Mann.«

Vater versicherte uns, dass er Lailuma und mich nach besten Kräften dabei unterstützen wollte, unser Ziel zu erreichen. Aber er warnte uns auch, dass der Weg nicht leicht

sein würde und wir uns sehr anstrengen müssten. Wir versprachen es ihm.
Mutter, die unser Gespräch mit angehört hatte, schüttelte zwar den Kopf, aber auch sie versuchte nicht, uns zu hindern. Dabei würde sie es sein, die den Klatsch der Nachbarinnen ertragen musste. Auch wenn sie nichts dergleichen sagte, glaube ich, unsere Pläne imponierten ihr insgeheim.

Die unterstützenden Worte unseres Vaters trugen uns, als wir uns am ersten Tag zum Unterricht in der Hochschule am Militärflughafen einfanden. Wir wurden der Klasse der Kampfhubschrauber-Piloten zugeteilt. Alles andere, etwa eine Karriere als Jet-Pilotin, lag wohl außerhalb der Vorstellungskraft afghanischer Militärs. Deshalb fragte uns niemand, was wir wollten. Und wir hätten schon aus Respekt vor den Vorgesetzten nie gewagt, diese Entscheidung in Frage zu stellen. Uns war schließlich bewusst, wie ungewöhnlich unsere Präsenz in der Air-Force-Akademie an sich schon war. Wir waren überhaupt die ersten weiblichen Wesen, die diese Räume betraten – und die einzigen Frauen in einer Klasse mit siebzig Männern.
Mit unserem Eintritt in die Hochschule wurden wir Soldatinnen. Lailuma und ich mussten schwören, unserem Vaterland zu dienen, und wir hatten ab sofort eine blaue Uniform, Stiefel und Militärmützen zu tragen – die Männeruniform, etwas anderes gab es nicht. In der Kleiderkammer erhielten wir zwei Garnituren. Obwohl wir die kleinste Größe verlangt hatten, schlackerten uns die Sachen am Körper, und wir mussten sie zu Hause erst einmal mit Abnähern versehen, um darin nicht zu ertrinken. Dabei achteten wir peinlichst darauf, sie so anzubringen, dass sie nicht in irgendeiner Form provokativ wirkten oder als Einladung interpretiert werden könnten.

Auf dem Weg zum Flughafen trugen wir jeden Morgen Zivil, um nicht aufzufallen. Da unsere Familie kein Auto besaß, mussten wir uns schließlich mit öffentlichen Verkehrsmitteln fortbewegen, und da wären zwei Frauen in Uniform bestimmt mehr aufgefallen, als uns lieb sein konnte. In Jeans, T-Shirts und mit sogar ein wenig Make-up im Gesicht konnten wir hingegen völlig problemlos herumlaufen. Auch eine Kopfbedeckung war nicht nötig: Lailuma flocht sich wie immer ihren Zopf, und ich trug mein jetzt wieder schulterlanges Haar offen. Sogar meine Mutter fand das nicht mehr skandalös: Sie hatte sich daran gewöhnt, dass das Hejab in der jungen Generation bei Mädchen in Kabul aus der Mode gekommen war. Unser Militär-Outfit aber legten wir erst an, wenn wir die Akademie erreicht hatten. Dazu nutzten wir eine kleine Abstellkammer, die wir abwechselnd bewachten, solange die andere darin mit dem Kleiderwechsel beschäftigt war.
Wie schon im Vorbereitungskurs vermieden wir zunächst jeden Kontakt zu unseren Kommilitonen. Die Lehrer unterstützten uns dabei: Sie boten uns an, mit ihnen zum Unterricht zu gehen – und den Klassenraum auch in ihrer Begleitung wieder zu verlassen. Solche Vorsichtsmaßnahmen haben in Afghanistan nichts Diskriminierendes. Unsere Kultur schreibt uns das Bemühen um Geschlechtertrennung vor. Sie wird von allen als völlig normal gefunden und gehört zum guten Ton.
Gleich vom ersten Tag an nahmen wir daher das Angebot unserer Lehrer in Anspruch und betraten den Unterrichtsraum in ihrer Begleitung. Um den Blicken der Jungen nicht zu begegnen, setzten wir uns in die erste Reihe. Die zehnminütigen Pausen zwischen den Unterrichtsstunden verbrachten wir in der Bibliothek mit der Bibliothekarin Kamela, der einzigen anderen Frau auf dem Stützpunkt. Auch

das Mittagessen nahmen wir getrennt von unseren Klassenkameraden ein: Wir speisten im selben Saal wie die Lehrer. Alle – die Militärführung, unsere Eltern und auch wir selbst – waren sich einig, dass wir uns genau so verhalten müssten, weil wir auf diese Weise demonstrierten, dass wir »anständige« Mädchen waren.
Das heißt nicht, dass die Jungen nie mit uns flirteten. Sie rollten kleine Steinchen in Papier ein und schmissen die Kügelchen von den hinteren Bänken aus nach uns, wenn die Lehrer nicht hinschauten. Bei jedem Treffer kicherten sie. Oft kicherte die gesamte Klasse. Natürlich ignorierten wir das standhaft. Nur wenn es uns zu arg wurde, verließen wir das Klassenzimmer und kehrten erst zurück, wenn sie sich bei uns entschuldigt hatten.
Schwerer zu ertragen waren die Eifersüchteleien. Anfangs rechnete keiner damit, dass ausgerechnet die beiden Mädchen der Klasse besonders gute Leistungen erbringen würden. Aber bald fiel den Lehrern auf, dass wir den Unterrichtsstoff besser als alle anderen beherrschten.
Das lag zum einen an unserer Sprachbegabung. Da unsere Mi-17-Helikopter aus der Sowjetunion kamen, waren sämtliche technischen Anleitungen auf Russisch. Unsere Lehrer übersetzten sie, so gut sie konnten. Die meisten von ihnen waren in der Sowjetunion ausgebildet worden und verstanden die Sprache halbwegs. Aber die Kenntnisse vieler Studenten reichten nicht aus, um eigenständig mit dem russischen Lehrbuch zu arbeiten. Lailuma und ich hingegen schlugen uns tapfer.
Zum anderen lag es daran, dass wir uns gegenseitig zu Höchstleistungen anspornten. Wenn wir nach Hause kamen, legten wir nicht etwa die Füße hoch, sondern büffelten weiter. Da ich in meiner Familie fürs Kochen zuständig war, legte ich das Lehrbuch oft neben den Gaskocher, auf

dem das Abendessen brutzelte. Lailuma lernte, während sie unsere schmutzige Kleidung wusch. Beides waren keine leichten Hausarbeiten, weil wir sie ohne moderne Haushaltsgeräte bewältigten. Wenn wir damit fertig waren, fragten wir uns gegenseitig ab und ließen uns keine Ruhe, bis wir den Stoff auch wirklich verstanden hatten. Sogar meine ablehnende Haltung gegenüber Mathe konnte ich auf diese Weise überwinden. Ich musste es ganz einfach.

Die Jungen nannten uns Streberinnen. Es gefiel ihnen gar nicht, dass wir bald zu den Klassenbesten gehörten. Jahrelang hatten ihre Mütter ihnen erzählt, dass sie als Männer Frauen auf natürliche Weise überlegen waren. Dass sich dieses universale Gesetz nun plötzlich als falsch erwies, kratzte gefährlich an ihrem Selbstbewusstsein. Sie ärgerten sich in Grund und Boden, wenn die Lehrer uns als Vorbilder hinstellten. »Nehmt euch ein Beispiel an Latifa und Lailuma«, sagten diese etwa. »Die sind nicht so faul wie ihr und machen immer ihre Hausaufgaben.«

Daraufhin beschwerten sich unsere Klassenkameraden bei uns, dass wir uns im Unterricht zu oft meldeten. Sie warfen uns vor, egoistisch zu sein, wenn wir freiwillig unsere Ergebnisse vortrugen. Die Solidarität erfordere es, dass wir stillhielten, solange nicht auch andere die Aufgabe lösen könnten. Lailuma und mir wollte diese Logik nicht einleuchten. »Wir sind doch hier, um zu lernen. Also müssen wir auch mitmachen«, entgegneten wir. Das Thema schwelte bis zum Schluss zwischen den männlichen Mitschülern und uns.

Das einzige Fach, in dem wir so etwas wie eine »natürliche Überlegenheit« der Männer anerkennen mussten, war Sport. Das körperliche Training entpuppte sich als Herausforderung: Bei Liegestützen und Rumpfbeugen konnten Lailuma und ich uns nicht wie sonst in der ersten Reihe verstecken. Wir trainierten inmitten einer Horde junger Männer, die uns mit ihren Blicken verfolgten. Was sie sich normalerweise im Unterricht verkniffen, brach auf dem Sportplatz offen zutage. Das war nicht leicht zu ertragen. Allein die wache Präsenz unseres Lehrers, Herrn Mohammed Khan, hielt die Kommilitonen ein wenig im Zaum.

Schlimmer als ihre Blicke war es jedoch, dass wir den Anforderungen im Sportunterricht nicht gewachsen waren. Lailuma und ich mussten uns eingestehen, dass es Übungen gab, die unsere Klassenkameraden mit Leichtigkeit absolvierten. Wir kämpften uns durch. Manchmal aber kämpften wir vergeblich. Das frustrierte uns.

Die härteste Übung war die mit dem Rhönrad: Mit ihm sollten wir einerseits unser Gleichgewicht, andererseits unsere Muskelkraft trainieren. Nun ja, zumindest in der Theorie.

Die Übungen wurden an einem großen Metallrad durchgeführt, dessen Diagonale so groß wie ein erwachsener Mann war. Wie in der berühmten Zeichnung von Leonardo da Vinci krallten wir uns mit den Händen und den Füßen an der Außenkante fest. Dann versuchten wir das Rad in Schwung zu bringen, damit wir Hals über Kopf um die eigene Achse rotierten. Die Kunst war, dabei nicht herunterzufallen. Wir schafften genau eine halbe Umdrehung, dann lagen wir auf dem Boden. Die Jungen lachten uns aus.

Nach der Sportstunde bot der Sportlehrer uns an, die Übung separat mit uns zu trainieren. Noch am selben Nachmittag verabredeten wir uns mit ihm auf dem Sportplatz.

Lailuma stellte sich dem Monstrum zuerst: Sie kletterte auf das Rad und krallte sich fest. Ihr Gesicht verriet höchste Konzentration. Lailumas Körper kippte zuerst in die Waagerechte, dann in die Senkrechte. Ihr Gesicht verzerrte

sich. Sie versuchte sich der Zentrifugalkraft, die durch die Drehung ausgelöst wurde, entgegenzustemmen. Doch keine drei Sekunden später landete sie erneut ziemlich hart auf der Aschenbahn.
»Los, aufstehen. Versuch es gleich noch mal!«, feuerte Mohammed Khan sie an.
Lailuma rappelte sich auf und klopfte sich den Staub aus der Uniform. Sie wiederholte den Versuch gleich mehrmals. Aber sie machte keinerlei Fortschritte. Ich stellte mich um keinen Deut besser an als sie: Egal, wie sehr ich meine Muskeln bei der Übung anspannte, fand ich mich kurz darauf im Staub. Es war zum Verzweifeln.
Am Abend waren wir beide übersät mit blauen Flecken von den zahllosen Stürzen. Mutter behandelte unsere Prellungen mit einer Schmerzsalbe, damit wir am nächsten Tag weitertrainieren konnten. Heute weiß ich nicht mehr, wie viele Nachmittage wir uns mit dem verdammten Rad abquälten. In unseren Gebeten baten wir Allah um Hilfe. Aber eine Verbesserung unserer Leistung stellte sich nicht ein.
Nach drei Wochen erfolglosen Trainings mussten wir uns eingestehen, dass es keinen Sinn machte, es weiter zu versuchen. Aber die Aufgabe gehörte zu den absoluten Standardanforderungen an die Pilotenanwärter. Wir wussten weder aus noch ein. In unserer Not baten wir um einen Termin bei unserem Sportlehrer Mohammed Khan. Ob er eine Chance sehe, dass wir seinen Kurs auch ohne die Radübung bestünden?
Er zeigte sich gnädig. »Lasst es gut sein«, sagte er. »Ihr habe euch wirklich angestrengt.« Bei unserer Gesamtbewertung am Ende des Semesters rechnete er die Aufgabe nicht mit ein. Auf diese Weise wurde ich die Beste und Lailuma die Zweitbeste unserer Klasse.

Nach zwei Jahren Studium an der Air-Force-Hochschule wussten wir alles Wissenswerte über Kampfhelikopter und Waffen. Aber wir waren noch kein einziges Mal tatsächlich geflogen. Deshalb brannten alle in unserer Klasse darauf, mit dem praktischen Teil der Ausbildung zu beginnen, der in Mazar-e-Scharif abgehalten werden sollte. Die Stadt ist die viertgrößte in Afghanistan und liegt etwa dreihundert Kilometer nordwestlich von Kabul, genauer gesagt: acht Busstunden. Dort gab es einen militärischen Trainingsflughafen. Unsere Klassenkameraden wurden direkt auf dem Flughafengelände in ein paar staubigen Militärbaracken einquartiert.

Dass wir dort zusammen mit ihnen übernachten würden, stand natürlich nicht zur Debatte. Obwohl wir uns mittlerweile einen recht guten Stand in der Klasse erkämpft hatten, war das außerhalb des Vorstellbaren: Unser Ruf wäre für immer ruiniert gewesen. Unsere Eltern hatten Kontakt zu unseren Verwandten in Mazar-e-Scharif aufgenommen. Eine Tante meiner Mutter erklärte sich bereit, uns bei sich unterzubringen.

Das Haus ihrer Familie befand sich in Dehdadi, im Westen der Stadt. Von dort war es nicht weit bis zum Flughafen. Wir schliefen im selben Raum mit der Tante, ihrem Mann und verschiedenen Schwiegertöchtern und Enkeln. Insgesamt waren wir neun Personen. Das ist typisch für afghanischen Großfamilien: Wenn Verwandte vor der Tür stehen, rücken alle enger zusammen.

Morgens in der Früh zogen wir uns die Uniform an und liefen zu Fuß zum Flughafen. Wer wir waren und was wir taten, sprach sich in der Nachbarschaft rasch herum. »*Pilotha*« – »Pilotinnen!«, riefen die Kinder hinter uns her. Das war uns ein bisschen peinlich. Aber es machte uns auch stolz. Immer stärker wurde uns bewusst, dass das,

was wir taten, Bewunderung hervorrief. Obwohl wir »nur« Frauen waren!
Unsere Klassenkameraden hatten bereits mit militärischem Drill ihren Tagesablauf begonnen. Wir stießen nach dem Frühstück zu ihnen. Unsere Klasse wurde in kleine Gruppen von jeweils zehn Schülern aufgeteilt, die je einen Fluglehrer und einen Hubschrauber zugewiesen bekamen. Lailuma und ich landeten wie immer in derselben Gruppe. Die beiden einzigen Frauen auf dem Gelände zu trennen wagte die Militärführung nicht.
Unser Fluglehrer war ein großer, dünner Mann, Herr Talabadia. Er hatte in der Sowjetunion studiert und trug einen Stalin-Schnauzer. Das war damals die Mode. Auch unser Präsident Dr. Nadschibullah trug so einen. Von ihm hingen überall auf dem Flughafen kleine oder auch größere Portraits. In meiner Küche hängt heute noch eines. Die Sowjets hatten das Land zwar schon verlassen, leisteten aber zunächst in großem Stil Militärhilfe: Sie schafften für das afghanische Militär Hunderte von Helikoptern, Militärflugzeuge, Panzer, Fahrzeuge, Flugabwehrkanonen, Raketenwerfer, SCUD-Raketen und Tausende Tonnen Benzin an – quasi als Abschiedsgeschenk. Als 1991, also im Jahr darauf, die Sowjetunion zerfiel, war unser Präsident Nadschibullah plötzlich auf sich allein gestellt. Aber das ahnten wir damals nicht. Noch waren wir voller Hoffnung auf die Zukunft.
Unser Fluglehrer war ein Glücksfall für uns: Talabadias Leben im Ausland und die sozialistischen Ideen, mit denen er dort in Berührung gekommen war, hatten ihn zu einem Verfechter der Gleichberechtigung von Frau und Mann werden lassen. Deshalb begrüßte er unsere Karrierepläne ausdrücklich. Die afghanische Luftwaffe brauche Frauen, fand er. Seine eigene Frau war Ärztin und

hieß ebenfalls Latifa. Da sie sehr neugierig auf uns war, lud sie Lailuma und mich manchmal zum Essen ein. Daraus entwickelte sich in dem Jahr, das wir in Mazar-e-Scharif verbrachten, eine herzliche Freundschaft. Später benannten sie und ihr Mann sogar ihre Tochter nach meiner Schwester Lailuma.

Davon ahnten wir noch nichts, als wir Talabadia erstmals auf dem Trainingsflughafen begegneten. Aber wir fanden ihn auf Anhieb sympathisch. Er war der Typ Mensch, der nicht viel Aufhebens um die eigene Person macht – und so kam er gleich zur Sache: Noch am selben Tag wollte er mit uns fliegen. Ob jemand aus der Gruppe erkältet sei oder sonstige gesundheitliche Probleme habe? Nein? Gut. Dann würden wir mit den Vorbereitungen beginnen.

Aufgeregt stieß ich Lailuma in die Rippen. »Hast du das gehört?«, flüsterte ich.

»Schließlich bin ich nicht taub«, gab sie zurück. Aber ihre Gelassenheit war aufgesetzt. In Wirklichkeit konnte auch Lailuma es kaum erwarten, in die Mi-17 zu steigen. Wie lang hatten wir auf diesen Moment gewartet!

Talabadia rief jeden Schüler einzeln zum jeweiligen Jungfernflug auf. Bis es so weit war, liefen wir wie eine aufgescheuchte Schar Hühner herum. Wir probierten Helme, fanden, dass sie uns nicht richtig passten, und ließen uns aus dem Materiallager neue geben, die dann ebenfalls nicht saßen. Zumindest schien es uns so. Lailuma klagte über Kopfweh. Ich bildete mir ein, dass meine Blase nicht halten würde – und stellte vorsichtshalber das Trinken ein. Unsere Klassenkameraden benahmen sich um keinen Deut souveräner als wir. Nach all der Zeit, in der wir uns mit Fluggeräten und den verschiedenen Systemen befasst hatten, konnten wir einfach nicht glauben, dass nun die graue Theorie Wirklichkeit werden sollte. Wir würden tatsächlich abheben! Auch wenn wir tausendmal gelernt hatten, wie alles funktionierte, blieb es doch irgendwie Zauberei. Schließlich standen wir alle mit irgendeinem Helm unterm Arm im Halbkreis um die Mi-17, einer Hybride aus Kampf- und Transporthubschrauber. Von der Optik her mutet sie gleichermaßen robust und kriegerisch an. Die Tarnfarben erinnern an die verdreckte Uniform eines Soldaten. Sie ist ein ziemlich großes Biest und kann bis zu vier Tonnen Fracht transportieren. Waffen, Nahrungsmittel oder eine Gruppe von Soldaten. Normalerweise fliegt man sie mit einer Besatzung von mindestens drei Personen: einem Piloten, dem Copiloten und einem Flugingenieur.

Talabadia, der bereits seinen Helm aufgesetzt hatte, winkte mich und Lailuma zu sich ins Cockpit. Wir fühlten uns sehr geehrt, dass wir aus unserer Gruppe die Ersten sein sollten, und folgten seiner Aufforderung. Die Jungen klatschten, als wir uns der Maschine näherten. »Malalai und Sarguneh!«, riefen sie die Namen zweier afghanischer Nationalheldinnen. »Habt ein langes Leben! Ihr seid die Größten!«

Ich setzte mich neben Talabadia auf den Sitz des Copiloten. Lailuma hockte sich hinter uns. Mit feuchten Händen schnallten wir uns an. »Könnt ihr mich hören?«, fragte unser Lehrer über Helmfunk. »Seid ihr bereit?«

Wir nickten schüchtern.

»Dann geht es jetzt los.«

Mit tickendem Getöse begannen die Propeller über unseren Köpfen sich zu drehen. Das Herz klopfte mir bis zum Hals vor lauter Aufregung. Dann hob die Maschine langsam ab. Es war wie im Traum: Ich verspürte keinerlei Angst. Nur Verwunderung. Oder besser gesagt: Verzauberung. Ich empfand es als völlig unwirklich, dass wir uns einfach so senkrecht von der Erde lösten.

Als wir etwa eine Höhe von sieben oder acht Metern erreicht hatten, wagte ich einen zaghaften Blick nach unten. Auf dem Boden waren unsere Klassenkameraden schier aus dem Häuschen. Sie tanzten unter dem Helikopter hindurch und schleuderten kleine Steine zu uns in die Luft. Talabadia grinste, als sie prasselnd auf die Scheiben trafen. »Seht ihr«, sagte er, »so schnell seid ihr beiden Heldinnen geworden. Da schafft ihr den Rest auch.«

Je höher wir stiegen, umso mehr gewann die Stadt, die östlich von uns in der Ebene lag, an Kontur. Im Süden sah ich die Ausläufer des Marmalgebirges, einer Verlängerung des Hindukusch. Im Westen schlängelte sich der Fluss Balch an der Stadt vorbei. »Und dort fließt der Amudarja. Da beginnt schon Tadschikistan«, sagte Talabadia und zeigte Richtung Norden.

Wir drehen zum Stadtzentrum ab und schwirrten in geringer Höhe über die ein- und zweistöckigen, erdfarbenen Häuser mit ihren belebten Dachterrassen, auf denen bunte Wäsche an den Leinen flatterte. Das war ein ganz neuer Blick auf die Stadt, die wir von Verwandtenbesuchen nur aus der Froschperspektive kannten. Ein ungemein faszinierender, ja ein erhabener Blick, fanden wir. Einige Kinder winkten uns sogar von den Straßen und Dächern aus da unten zu. Doch niemand ahnte, dass über seinem Kopf zwei zukünftige Pilotinnen saßen. Dabei war mir schlecht vor Aufregung. Bei jedem Knopf, den er drückte, jedem Hebel, den er betätigte, erklärte Talabadia uns genau, was er tat und warum. Er war ein unglaublich guter Lehrer. Immer wieder bat er mich, die Kontrollanzeigen für ihn abzulesen. Dann fragte er mich, was die Angaben zu bedeuten hätten und was er als Nächstes tun müsse. Ich konnte alle seine Fragen problemlos beantworten. Trotzdem war ich froh, dass ich nur auf dem Sitz des Copiloten saß.

Klar kannte ich die Mi-17 aus unserem Unterricht in- und auswendig. Ich hatte alle Klausuren bestanden. Aber unter realen Bedingungen war das Fliegen etwas ganz anderes. Ich roch das Kerosin, spürte den Fahrtwind in meinem Gesicht und war glücklich: Genau dieses Gefühl war es, nach dem ich mich mein Leben lang gesehnt hatte. Das Gefühl von Abenteuer, das Gefühl unbegrenzter Freiheit.

Wir überflogen das westliche Stadtgebiet bis zu den türkisen Kuppeln des Imam-Ali-Mausoleums. Dann machte Talabadia abermals eine Kurve und steuerte zum Flughafen zurück. Unser erster Flug hatte nur etwa zehn Minuten gedauert. Trotzdem hatte er unser Leben verändert. Danach waren wir nicht mehr dieselben: Wir waren Pilotinnen! Erhobenen Hauptes stolzierten wir in unseren Uniformen durch Mazar-e-Scharif.

Auch das Verhältnis zu unseren Klassenkameraden veränderte sich durch das Fliegen. Als angehende Piloten fühlten wir uns als etwas Besonders und grenzten uns von den »normalen« Menschen ab – also all jenen, die nicht flogen. So stark war unser Zusammengehörigkeitsgefühl als Klasse, dass unsere Kommilitonen es sich zur Aufgabe machten, uns zu verteidigen, wenn jemand auf der Straße eine dumme Bemerkung machte oder mit uns zu flirten versuchte. Manchmal verfolgten uns die männlichen Kommilitonen sogar heimlich auf dem Weg in die Stadt. Wenn sich jemand näherte, gingen sie wie große Brüder dazwischen und befahlen dem Übeltäter, uns in Frieden zu lassen. Kurz: Wir fühlten uns wie eine große Familie, und die Frage der Familienehre spielte eine entsprechend wichtige Rolle.

Meist flogen wir zu dritt: Lailuma und ich waren zusammen mit unserem Lehrer ein Team im Cockpit. Wir wechselten die Rollen. Ganz am Anfang setzten meine Schwester und ich uns abwechselnd auf den Platz des Copiloten, während unser Lehrer den Pilotensitz einnahm. Mehr und mehr band er uns in die Flugmanöver ein. Nach einiger Zeit flogen wir vom Platz des Copiloten aus fast selbständig, während er sich darauf beschränkte, uns Anweisungen zu geben – und im Notfall einzugreifen. Dann schlug er eines Tages vor, die Plätze zu tauschen: Erst sollte Lailuma sich auf den Pilotensitz setzen und danach ich. Er wolle assistieren. Dass er uns das zutraute, machte uns beide ungeheuer stolz.

Ich liebte es, neben unserem Lehrer die mächtige Maschine zu lenken. Sie erzeugte einen unglaublichen Krach beim Fliegen. Aber das machte mir nichts aus: Ich mochte den Sound sogar. Im heißen afghanischen Sommer flogen wir mit offener Kabine, so dass wir den Wind und die Sonne fühlten. Lailuma streckte gern die Hand aus dem Fenster und spreizte die Finger, um den Fahrtwind zwischen ihnen zu spüren. Man könnte fast sagen, dass wir beide verliebt in unsere Mi-17 waren. Ja, so lässt sich das beschreiben: Wir schwärmten für unseren Helikopter – wie für einen Romeo. Nachts träumten wir von ihm. Und wenn wir uns mit ihm über die Wolken erhoben, wurde seine Kraft zu unserer Kraft. Ein betörendes Gefühl. Mit ihm verbunden waren wir wie Vögel. Nur eben kräftige und bewaffnete Vögel. Unsere Mi-17 würde uns überallhin bringen, wohin wir nur wollten. Die Maschine, die wir kontrollierten, verlieh uns eine nie gekannte Macht.

In Wirklichkeit waren es natürlich nicht wir, sondern Herr Talabadia, der die Flugziele vorgab. Wir mussten ziemlich vorsichtig sein. Schließlich flogen wir über ein Land im Kriegszustand. Nach dem Abzug der Sowjets waren die Kämpfe nicht einen einzigen Tag erloschen. Der einzige Unterschied bestand darin, dass die Mudschaheddin jetzt nicht mehr russische, sondern afghanische Soldaten bekriegten. Nach außen begründeten sie das, indem sie die Führung in Kabul als Marionette der Sowjets bezeichneten. Besonders Gulbuddin Hekmatyar, ein islamistischer Hardliner, der bereits in den 1970er Jahren in Kabul von sich reden gemacht hatte, weil er unverschleierten Studentinnen Säure ins Gesicht kippte, betätigte sich als geschickter Propagandist gegen die Regierung von Nadschibullah.

Nicht zuletzt aufgrund seiner Rhetorik beendeten die USA im Dezember 1990 die Gespräche zwischen dem sowjetischen Außenminister Schewardnadse und ihrem Staatssekretär Baker. Die Hardliner unter den US-Politstrategen setzten sich durch. Sie waren der Logik des Kalten Krieges verhaftet und intensivierten die Militärhilfe für die Mudschaheddin nach dem Abzug der Sowjets sogar weiter. Ein fataler Fehler. Denn Mudschaheddin-Führer wie Hekmatyar waren keine Demokraten. Sie verfolgten nur ein einziges Ziel: Sie wollten die Macht in Kabul an sich reißen. Und dafür gingen sie über Leichen.

Aber mit solchen politischen oder gar ideologischen Fragen beschäftigten wir uns im Cockpit nicht und auch nicht im Unterricht. Für uns war klar, dass wir die Zentralregierung zu verteidigen hatten. Sonst kümmerten wir uns um eher praktische Fragen: Welche Provinzen kontrollierten unsere Leute? Wo wurde gerade gekämpft? Wo war der Überflug sicher?

Um nichts zu riskieren – insbesondere nicht, dass der Helikopter den Mudschaheddin in die Hände fiel –, entfernten wir uns nie weit von Mazar-e-Scharif. Normalerweise ist die Mi-17 mit Raketen bestückt. Aber während der Übungsflüge führten wir keine Waffen mit uns. Das Risiko, dass einer von uns Anfängern aus Versehen mal den falschen Knopf drückte, wollte die Militärführung wohl nicht eingehen. Zudem waren Raketen in Kriegszeiten natürlich viel zu wertvoll, um sie fernab der Front zu verpulvern. Deshalb lernten und trainierten wir den Einsatz sozusagen »trocken«: Auf Befehl Talabadias zogen wir in der Kanzel den entsprechenden roten Hebel und simulierten einen Schuss.

Auch den Gebrauch von Handfeuerwaffen übten wir unablässig. Ich lernte sowohl mit einer Pistole als auch mit einer Kalaschnikow – und schoss zusammen mit Lailuma fleißig auf die vorgegebenen Ziele. Dabei stellten wir uns gar nicht schlecht an. Wir hatten beide keine Hemmungen zu feuern. Ich muss gestehen, dass es mir sogar Spaß machte.

Damals konnte ich mir nicht vorstellen, wie es sein würde, unter realen Bedingungen eine Waffe einzusetzen. Obwohl um uns herum der Krieg tobte, fand unsere Ausbildung merkwürdig abgehoben davon statt. Nur manchmal, wenn Lailuma und ich aus der Luft in der Ferne die Kämpfe sahen, beunruhigte es uns, dass wir gänzlich unbewaffnet flogen. In unseren Herzen waren wir kampfbereit. Wir hätten keine Skrupel gehabt, die Waffen gegen den Feind einzusetzen. Schließlich waren wir Soldatinnen, und es war unsere Aufgabe zu kämpfen. Allerdings war unsere Situation nicht ungefährlich. Niemand konnte ausschließen, dass die Mudschaheddin sich auch mal auf das Terrain verirrten, das wir bei unseren Übungsflügen überquerten. Wenn wir mit dem Helikopter unter Beschuss geraten wären, wir wären völlig hilflos gewesen: Wir hatten nichts, womit wir uns hätten verteidigen können.

Der Mangel an Munition und Treibstoff verschärfte sich, als die Sowjetunion zerfiel: Von 1991 an schickten die Russen keinerlei Militärgüter mehr nach Afghanistan. Im März des Jahres siegten die Mudschaheddin in der Pro-

vinz Khost. Unter Tränen beteuerte unser Präsident bei der Eröffnung der nächsten Kabinettsitzung, dass er und seine Regierung neutral, dass sie keine Kommunisten seien. Ausländische Journalisten notierten seine Beteuerungen. Doch in Washington rief der Appell kein Mitleid hervor.
Der Treibstoff wurde immer knapper, und unsere Übungsflüge wurden weiter eingeschränkt. Die Regierung hatte keine Ressourcen mehr an Auszubildenden zu verschleudern: Sie brauchte fertig ausgebildete Piloten. Deshalb sollten wir so schnell wie möglich unsere Urkunden bekommen. Das Verteidigungsministerium schickte eine hochrangige Delegation von Militärs aus Kabul, die die Prüfungen abnehmen sollten. Sie trafen in Begleitung zahlreicher Journalisten ein. Jeder Pilotenanwärter hatte nur einen einzigen Versuch.

Der Tag, an dem die Militärs über unsere Zukunft entschieden, war ein windiger Frühlingstag. Am Himmel über Mazar-e-Scharif wanderten weiße Wolken dahin, eigentlich untypisch für die Jahreszeit, in der die Sonne sonst unbarmherzig vom blauen Himmel brennt. Ich bemühte mich, das nicht als schlechtes Omen zu nehmen.
»Schaut, all diese Leute sind gekommen, um euch zu unterstützen«, sagte unser Lehrer und deutete auf die Delegation aus Kabul. »Macht mir keine Schande, Mädels.« Talabadia versuchte, mit seinen Bemerkungen die Stimmung zu lockern. Aber Lailuma und mir, beide bereits in voller Fliegermontur, war nicht zum Lachen zumute: Wir waren fürchterlich aufgeregt – und nicht in der Lage, das in irgendeiner Weise zu verstecken.
Wieder einmal war ich zuerst an der Reihe. Ich hatte weiche Knie, als ich vor versammelter Mannschaft ins Cockpit der Mi-17 kletterte. Im Nacken spürte ich den Blick

meiner Schwester, was die Sache nicht einfacher machte: Ich wollte sie nicht enttäuschen. Vor allem aber wollte ich unseren Vater nicht enttäuschen. Ich fühlte mich zutiefst verpflichtet, die in uns gesetzten Erwartungen zu erfüllen. Vater hatte mir schließlich erlaubt, diesen Weg einzuschlagen. Er hatte Vertrauen in mich gesetzt. Jetzt musste ich ihm beweisen, dass ich dieses Vertrauens würdig war.

Ich wusste, dass es meiner Schwester genauso ging: Die Hoffnung unserer gesamten Familie ruhte auf uns. Wir *beide* mussten die Prüfung bestehen. Latifa und Lailuma waren ein Team. Keine von uns beiden durfte versagen.

Talabadia lächelte mir aufmunternd zu. Er hatte wie immer den Platz des Copiloten eingenommen, ich saß auf dem Pilotensitz. Hinter uns hatten die Prüfer, zwei ehemalige Piloten und Fluglehrer, sowie ein General die Rückbank mit Beschlag belegt. Das Gesicht ernst, starrten sie auf die Notizblöcke mit den Checklisten. Ich versuchte, mir einzureden, dass sie gar nicht da seien, dass ich – wie schon so oft – mit Talabadia einen Übungsflug machte ... Es wollte mir einfach nicht gelingen.

»Brich mir nicht die Nase!«, raunte Talabadia, bevor wir die Helme aufsetzten. Dann gab der General über die Sprechanlage das Signal zum Start. Jetzt musste ich zeigen, was in mir steckte.

Schlagartig wurde ich ruhig. Routiniert stimmte ich mich mit Talabadia ab, der ganz still blieb und lediglich meine Anweisungen befolgte. Klar, er durfte keine Hilfestellung geben. Mit dem gewohnten Getöse begann der Propeller, sich zu drehen. Sacht hoben wir vom Flughafen ab.

Als wir in der Luft waren, holte ich unwillkürlich tief Luft. Der Start war okay gewesen, sagte ich mir. Das war schon einmal gut. Ich flog die Route, die der General mir vorgab. Kein Patzer. Auch alle weiteren Aufgaben, die er mir stellte, konnte ich, trotz des ungewohnt böigen Winds, gut bewältigen: Streng nach seinen Anweisungen regulierte ich die Höhe und beschleunigte oder verlangsamte den Flug. Alles schien gutzulaufen. Ich wurde optimistisch: Vielleicht war die zunehmend geschlossene Wolkendecke, die ich nun bereits mehrmals durchflogen hatte, doch kein so schlechtes Zeichen gewesen.

Als ich den Befehl zur Landung bekam, merkte ich, wie sich in mir Euphorie einstellte: Jetzt konnte nichts mehr schiefgehen, dachte ich. Wie sehr ich mich täuschte!

Ich steuerte den Helikopter zurück zum Flughafen, an dessen Längsseite eine Pipeline verlief. Normalerweise landeten wir immer rechts der Pipeline auf einem Feld, auf das ich auch diesmal automatisch zusteuerte. Ich hatte das Rohr bereits überflogen, als ich die scharfe Stimme des Generals vernahm: »Links der Pipeline!«

Ich erschrak förmlich über den Befehl, der für mich völlig unerwartet kam. Hektisch versuchte ich, die Richtung der Flugmaschine zu korrigieren. Links? Mitten auf dem Feld? Ich befand mich nur noch ein paar Meter über dem Boden und hatte nicht genug Spiel, um das hinzubekommen, wenn ich nicht eine handfeste Bruchlandung riskieren wollte. In meinem Hirn ratterte es: Hatte er die Anweisung vielleicht bereits vorher gegeben? Hatte ich sie überhört? Gott bewahre! Aber darüber durfte ich jetzt nicht nachdenken. Die Landung links der Pipeline musste mir einfach gelingen. Das war alles, was zählte. Panisch überlegte ich, welche Möglichkeiten mir blieben. Kurz entschlossen brach ich den Sinkflug ab und stieg abermals um ein paar Meter. Das war zwar äußerst unschön, aber die einzige Möglichkeit, seinen Befehl zu erfüllen. Sonst hätte ich im schlimmsten Fall gar die Pipeline geschrammt.

Das Manöver war wenig elegant, aber am Ende brachte ich die Mi-17 doch noch auf der geforderten Seite herunter. Kaum hatten wir festen Grund unter uns, wurde mir auf schreckliche Weise bewusst, dass diese Landung alles andere als eine Leistung nach dem Lehrbuch gewesen war. Das Getöse des Motors erstarb, und im Innern des Helikopters breitete sich eine fürchterliche Stille aus. Keiner der Passagiere sagte ein Wort. Weder die Prüfer noch mein Lehrer. Ich sah Talabadia an, und er wich meinem Blick aus. In diesem Moment begriff ich, dass ich durchgefallen sein musste.

Lailuma, die das merkwürdige Schauspiel vom Boden aus beobachtet hatte, kam mit besorgtem Blick auf den Helikopter zugelaufen. Sie half mir aus dem Cockpit. »Und?«, fragte sie.

Ich glaubte, ich müsse vor Scham vor meiner kleinen Schwester in den Boden versinken. Außerstande, mit ihr oder irgendjemand anderem ein Wort zu wechseln, wendete ich mich ab und trottete Richtung Umkleide. Ich wollte die verdammten Fliegerklamotten loswerden. Nichts wie raus aus dem Outfit, dessen ich nicht würdig war.

Kurz vor dem Umkleidebereich holte mich Talabadia ein. »Latifa!«, rief er und zwang mich, stehen zu bleiben. »Herzlichen Glückwunsch! Du hast die Prüfung bestanden.«

Am Ende schaffte auch meine Schwester ihre Prüfung ohne weitere Zwischenfälle. Vom Boden aus verfolgte ich gespannt ihren Flug – so aus der Distanz wirkte es gleich ganz anders, vollkommen souverän. Trotzdem war auch sie etwas tapsig, als sie aus dem Cockpit kletterte. Ich nahm sie in die Arme. »Siehst du, kleine Schwester«, flüsterte ich. »Auch wenn sie uns hundertmal erzählt haben, Frauen könnten nicht fliegen: Jetzt haben wir es geschafft.«

Der Rest des Tages war ein einziges Freudenfest. Die Militärs überreichten uns Blumen und gratulierten uns. Von allen Seiten regnete es Glückwünsche. Die Journalisten stürzten sich regelrecht auf uns. Sie fanden die beiden einzigen Frauen natürlich viel interessanter als die Männer. Am Ende waren wir unfreiwillig die Stars unserer Klasse.

»Die zwei legendären Pilotinnen Afghanistans« und »Die beiden Champion-Schwestern« titelten die Zeitungen. Sie zeigten Fotos von Lailuma und mir, auf denen wir richtig gut aussehen, die vor Glück wie von innen heraus leuchtenden Gesichter von weißen Schals umhüllt. Wir waren nicht einmal zwanzig Jahre alt, als wir unseren Abschluss machten. Die Bilder und Artikel bewahre ich noch heute in meinem Fotoalbum auf.

Auch das Fernsehen war da. Die wichtigsten Sender wollten Berichte über uns ausstrahlen, weshalb sie Lailuma und mich sogar im Cockpit filmten. Unser Kommandant gab gerne grünes Licht und erteilte uns eine Starterlaubnis: Propaganda für die staatliche Luftwaffe stand in den Tagen des Bürgerkrieges bei allen hoch im Kurs.

Bereits am Tag nach der Prüfung sollte der Dreh stattfinden, und wir verabredeten uns für einen gemeinsamen Flug. Lailuma war die Pilotin, ich die Copilotin. Der Bauch des Helikopters war voller Journalisten und Kameraleuten. Auch unser Lehrer flog mit. Nach unserer bestandenen Prüfung war unser Ego so aufgepumpt, dass wir ihm gnädig einen Platz als Passagier zugestanden.

Wir machten eine Tour über Mazar-e-Scharif. Unterdessen interviewten und filmten die Journalisten uns beim Fliegen. Wir schwadronierten über unseren Erfolg in der Ausbildung. Dass es nicht leicht gewesen sei, uns durchzusetzen. Und dass am Ende harte Arbeit und natürlich unser überragendes Talent uns letztlich hatten triumphieren lassen …

Wir waren eifrig ins Gespräch vertieft, als mir plötzlich auffiel, dass wir zu schnell geworden waren. Wir befanden uns bereits im Landeanflug. Aber vor lauter Geschwafel und Selbstlob hatten Lailuma und ich beide die Kontrollanzeigen zu lang außer Acht gelassen. Ich musste meine Schwester unbedingt darauf aufmerksam machen.

»Lailuma! Langsamer!«, kreischte ich. Und dann beging ich einen folgenschweren Fehler: Anstatt ihr, der Pilotin, die Korrektur unseres Kurses zu überlassen, fuhr ich ihr in die Steuerung. Ich drosselte eigenmächtig das Tempo. Lailuma hatte jedoch im selben Moment ein entgegengesetztes Manöver ausgeführt. Der Helikopter kippte zur Seite. Die Journalisten hinter uns schrien. Der Reporter, der uns interviewt hatte, ließ vor Schreck die Kamera los.

»Spinnst du?«, schrie Lailuma, während ihr das Aufnahmegerät knapp am Kopf vorbeisauste.

Der Helikopter krachte zuerst links, dann rechts hart mit den Rädern auf den Boden. Dann stand er. Doch im Innern herrschte Panik. Unsere Passagiere rissen die Türen auf und stürmten aus dem Hubschrauber, weil sie Angst hatten, er könnte explodieren. Zum Glück holte sich niemand mehr als ein paar blaue Flecken.

Aber der Schreck saß uns allen in den Knochen. Auch Lailuma und ich stiegen mit kreidebleichem Gesicht aus. Als wir den Hubschrauber zusammen mit Herrn Talabadia auf mögliche Schäden inspizierten, standen wir beide noch total unter Schock.

»Na, das ist ja gerade noch einmal gutgegangen«, sagte unser Lehrer – an mich gewandt. Und ich verstand seine Botschaft: Es war mein Fehler gewesen. Ich hätte Lailuma

nicht in die Parade fahren dürfen. Diese Bruchlandung hatten wir allein meinem Übereifer zu verdanken.
Doch statt mit mir zu schimpfen, zeigte sich Talabadia ein weiteres Mal verständnisvoll, ja er tröstete mich und Lailuma sogar. »Esst kein fettiges Gericht«, bemühte er ein afghanisches Sprichwort, »sonst könntet ihr krank werden.« Das bedeutet so viel wie: Lasst euch nicht einschüchtern, das kann jedem passieren.
In den folgenden Tagen übte er regelmäßig mit uns, damit wir nach dem Beinahecrash keine Angst vor dem Fliegen entwickelten. Dafür waren wir ihm sehr dankbar.
Die Fernsehbeiträge, die die Journalisten über unseren ersten Einsatz als Pilotinnen machten, habe ich nie zu Gesicht bekommen. Aber sie können nicht allzu schlecht gewesen sein. Die Medien blieben uns gewogen. Bis zum Tag der Abschlusszeremonie von der Hochschule in Kabul avancierten Lailuma und ich sogar zu kleinen Berühmtheiten: Überall sprach man jetzt über die ersten und einzigen Pilotinnen Afghanistans. Sogar der Verteidigungsminister rühmte in der Öffentlichkeit unsere Leistungen und hängte uns eine Medaille um.
In der Euphorie dieser Tage glaubten wir tatsächlich, alle Hindernisse auf dem Weg zur Pilotenkarriere bereits überwunden zu haben. Wir ahnten nicht, dass der eigentliche Kampf noch vor uns lag.

Kapitel 3:

Pilotin im Bürgerkrieg

Kaum war der Pomp der Feierlichkeiten verblasst und die schönen Worte der Abschiedsreden verklungen, begannen die Probleme. Auf der Kabuler Air Base, der Lailuma und ich zugeteilt wurden, begegneten sie uns in Gestalt unseres Vorgesetzten.

»Mag ja sein, dass die Presse euch zu Starpilotinnen hochjubelt«, sagte der Kommandeur, der die Einsatzplanung verantwortete. »Aber mich könnt ihr beiden nicht blenden.« Er hieß Abdol Baghi und war ein Mann vom alten Schlag. Früher war er selbst geflogen, war dann in der Hierarchie aufgestiegen und befehligte inzwischen unsere Untereinheit der Kampfpilotenstaffel. Er glaubte zu wissen, dass Frauen im Cockpit nichts verloren hatten.

»Was wollt ihr beiden an der Front?«, fragte er. »Ihr seid Frauen. Ihr gebt allenfalls eine gute Kriegsbeute ab: Die Mudschaheddin werden euch gefangen nehmen. Und dann, ihr wisst ja, was euch blüht …« Er grinste anzüglich. »Oder wollt ihr das am Ende gar? Bei Frauen wie euch kann man ja nie wissen!«

Lailuma und ich fühlten uns schlecht nach solchen Gesprächen. Es war klar, was er von uns hielt. Und wir konnten nichts dagegen tun. Da er in der Militärhierarchie weit über uns stand, blieb uns nichts anderes übrig, als ihm zu gehorchen, wenn wir nicht unehrenhaft entlassen werden wollten: Wochenlang flogen wir Minieinsätze im Kabuler Luftraum, während unsere früheren Kassenkameraden weite Strecken in alle Provinzen geschickt wurden. Wenn sie zurückkamen, prahlten sie uns gegenüber mit ihren Kampfeinsätzen. Wie beneideten wir sie um die Gelegenheit, ihr Können zu zeigen! Noch konnten wir uns nicht vorstellen, was ein Flug in den Krieg bedeutete. Wir waren voller Tatendrang und nicht die Spur ängstlich. Trotzdem war der Frust groß, worüber uns auch nicht hinweghalf, dass wir wieder bei unseren Eltern in der vertrauten Umgebung lebten und von ihnen unterstützt wurden, wo es nur ging.

Die Haltung des Kommandeurs kehrte sich jedoch schneller als erwartet ins Gegenteil, was nicht etwa daran lag, dass er seine Ansichten über Frauen in der Pilotenkanzel geändert hätte. Vielmehr waren der »natürliche« Schwund an Piloten, die ins Kriegsgebiet flogen und gefangen genommen wurden oder umkamen, und die Notwendigkeit, diese Lücken zu schließen, für die Kehrtwende verantwortlich.

Eines Tages, nachdem wir uns auf der Air Base einmal mehr gelangweilt als nützlich gemacht hatten, rief Abdol Baghi uns zu sich in sein Büro. »Wollt ihr immer noch Kriegsheldinnen spielen?«, fragte uns er uns schlecht gelaunt.

Mir fiel auf, dass er uns nie direkt ansah, wenn er das Wort an uns richtete. Der Typ musste wirklich ein ultrakonservativer Knochen sein, dachte ich grimmig und hätte ihm am liebsten alles Mögliche an den Kopf geworfen. Zum Beispiel, dass er kein Recht hatte, uns aufs Abstellgleis zu befördern, nachdem wir uns bei unserer Ausbildung so angestrengt und zu den Besten unseres Jahrgangs gehört hatten. Oder dass wir nicht gewillt waren, unsere Karriere derart behindern zu lassen. Aber ich bemerkte, dass Lailumas Blick mahnend auf mir ruhte. Also antwortete ich lediglich, dass wir jederzeit bereit wären, seine Befehle zu befolgen. Ganz egal, wie diese lauteten.

»Dann ist jetzt eure Chance«, verkündete er. »Ihr fliegt nach Gardez.«

Gardez – meine Schwester schluckte, als sie den Namen der Stadt hörte. Und auch ich war erschrocken. Etwas Schlimmeres als die umkämpfte Stadt Gardez hatte der afghanische Bürgerkrieg im Moment nicht zu bieten! Ich brachte mit Mühe ein militärisches »Jawohl!« hervor, wir salutierten und verließen eilig das Büro.

»Meinst du, der will uns loswerden?«, fragte mich Lailuma, sobald wir außer Hörweite waren.

»Kann schon sein. Aber den Gefallen werden wir ihm nicht tun: Wir sind gut ausgebildete Piloten.« Ich versuchte, zuversichtlich zu klingen. Schließlich hatten wir es uns immer gewünscht, außerhalb des Kabuler Luftraums fliegen zu dürfen. Trotzdem war ich froh, dass uns nicht genug Zeit blieb, um zwischendurch nach Hause zu gehen und unseren Eltern von dem Auftrag zu erzählen. Sie hätten sich schreckliche Sorgen gemacht. Denn aus Gardez drangen dieser Tage nur Horrornachrichten. In und um die Stadt tobten heftige Kämpfe. Und über die Regierungstruppen, die zur Unterstützung dorthingeschickt wurden, ging das Gerücht, dass sie sich nicht gerade mit Ruhm bekleckerten: Einige Infanteristen sollen sich kurzerhand vor den Jeep geworfen haben, der sie in die Kampfzone bringen sollte, andere stellten sich gleich tot, statt sich zum Einsatz zu melden. Wer auch immer nach Gardez geschickt wurde, wusste, es ging in die Hölle. Kein Wunder, dass alle Angst davor hatten.

Dabei war Gardez – und vor allem die Verbindungsstraße zwischen der Stadt und Kabul – für den Nachschub an Lebensmitteln von strategischer Bedeutung. Kabul war nicht autark, die zwei Millionen Einwohner konnten sich ohne Lieferungen von außen nicht eigenständig versorgen. Das hatten auch die Mudschaheddin erkannt. Deshalb versuchten sie, alle Zufahrtstraßen nach Kabul zu blockieren. »Ich habe mit einigen Mudschaheddin-Führern das weitere Vorgehen gegen die Ungläubigen besprochen, und wir haben beschlossen, statt wie bisher den Regierungstruppen von Kabul einzeln zu begegnen, die Stadt von nun an von allen Seiten anzugreifen«, erklärte Hekmatyar am 19. September 1991 in einer Radioansprache die Taktik der Mudschaheddin: »Wir müssen die Königsstraßen Hairatan–Kabul, Khost–Gardez und Dschalalabad–Kabul schließen. Kabul muss von innen geschwächt werden.«
Nun war es bereits Ende Oktober – und Hekmatyar hatte seine Ankündigung zum Teil in die Tat umgesetzt: Am 7. Oktober hatten die Mudschaheddin die Straße zwischen Kabul und Gardez an einer strategisch wichtigen Stelle, der sogenannte Seidenenge, besetzt. Diese Enge befindet sich rund einhundertundzehn Kilometer südlich von Kabul. Die Regierungstruppen, die größte Mühe hatten, die Stadt Gardez selbst zu halten, bombardierten die Seidenenge drei Tage und Nächte lang. Und kurzzeitig gelang es ihnen, die Gotteskrieger zu vertreiben.
Doch schon ein paar Tage später erfolgte der nächste Angriff: Die Mudschaheddin feuerten täglich bis zu fünfhundert Raketen auf die Verteidigungslinien der Regierung. Eine große Zahl von Soldaten wurde getötet. Der Kampf eskalierte zu einer Materialschlacht, bei der die hochgerüsteten Islamisten in der besseren Ausgangssituation waren. So brachte der massive Einsatz von Raketenwerfern

und Panzern ihnen am 26. Oktober den Sieg und damit die Kontrolle über diesen Straßenabschnitt. Ein Teil der Regierungstruppen flüchtete, ein anderer Teil ergab sich. Wer Widerstand leistete, wurde getötet oder gefangen genommen.

Psychologisch am schwersten verdaulich aber war die Tatsache, dass mehrere hochrangige Offiziere bereits im Vorfeld zu den Mudschaheddin übergelaufen waren. Kommandant Hakkani, der damalige Verbündete Hekmatyars, hatte sie bestochen. Viele Militärs waren es leid, auf der Seite der mutmaßlichen Verlierer zu kämpfen, denn der Armee mangelte es an allem: an Flugzeugen, Raketenwerfern, Munition und Treibstoff. Und neuerdings sogar an Manpower. Die Islamisten verfügten dagegen sowohl über mehr Geld als auch über effektivere Waffen. Doch eins fehlte ihnen: Sie hatten keine Luftstreitkräfte. Dafür aber glaubten sie an den Sieg, eine Hoffnung, die unseren Leuten immer mehr abhandenkam. Das waren die, gelinde gesagt, ungemein demotivierenden Rahmenbedingungen für jeden Einsatz in Gardez.

Nun hatte es also Lailuma und mich getroffen. Unser Job war es, die Soldaten mit Lebensmitteln aus der Hauptstadt zu versorgen. Glücklicherweise sollten wir gar nicht auf dem Schlachtfeld bleiben, sondern hin- und herfliegen: Auf dem Rückweg würden wir Verwundete mitnehmen und zu den Kabuler Krankenhäusern transportieren.

Wir hatten unsere wetterfesten Winter-Fluguniformen angelegt und trafen letzte Vorbereitungen: Lailuma flocht sich einen Zopf. Ich band mein Haar mit einem Gummi zusammen, dann ließ ich es unter dem Helm verschwinden. »Alles wird gutgehen«, versprach ich meiner kleinen Schwester abermals, bevor wir uns auf dem Flugplatz trennten.

Ich ging zu »meiner« Mi-17, und Lailuma kletterte in einen anderen Helikopter. Wir flogen zwar gemeinsam, aber nicht in derselben Maschine, sondern als Zweier-Formation hintereinander. Es wurden immer zwei Helikopter ins Kriegsgebiet geschickt: Sie konnten sich gegenseitig Geleitschutz geben, indem sie sowohl Sicht- als auch Funkkontakt hielten und sich im Falle eines Angriffs gemeinsam verteidigten. Ich war sehr froh, auf diese Weise auf Lailuma aufpassen zu können – fühlte aber auch die Bürde der Verantwortung, die damit verbunden war. Und: Ja, diesmal flogen wir mit scharfen Waffen.
Ich war gleichzeitig gespannt und aufgeregt, als ich in das Cockpit der Mi-17 kletterte, deren Bauch mit Brot, Früchten und Wasser gefüllt war. Mit an Bord gingen ein Copilot und ein Flugingenieur, die die Strecke bereits mehrmals zurückgelegt hatten. Sie waren alte Hasen, was ich einerseits beruhigend fand, mich aber andererseits auch in eine etwas merkwürdige Situation brachte: Natürlich fanden die beiden es fragwürdig, dass nun auch wir Grünschnäbel ans Steuer gelassen wurden, noch dazu Frauen. Aber sie wagten es nicht, sich dem Befehl zu widersetzen. Und sobald wir unterwegs waren, siegte der Imperativ des Krieges über jedwede Befindlichkeit. Wir mussten als Team funktionieren. Jeder auf dem Posten, den man ihm zugewiesen hatte.
Ich startete meinen Helikopter zuerst, Lailuma folgte. In der Formation flog sie etwas niedriger als ich und musste einen genau vorgegebenen Abstand zu meiner Maschine halten. Mit einem Blick über die Schulter vergewisserte ich mich, dass sie auch tatsächlich hinter mir war. So sollte es sein, dachte ich – und entspannte mich etwas. Auch wenn uns etliche hundert Meter Luft trennten, war ich froh, sie in meiner Nähe zu wissen.

Wir flogen über die Kabul umschließenden Berge hinweg und dann weiter Richtung Süden, parallel zu der alten Königsstraße, die verwaist unter uns lag: Da die Mudschaheddin den südlichen Abschnitt dieser Versorgungsader kontrollierten, näherte sich auf diesem Weg kein Fahrzeug der Hauptstadt. Wir hielten Abstand, da wir nicht sicher sein konnten, ob die Islamisten uns mit Flugabwehrgeschossen auflauerten. Die USA hatten ihnen kürzlich Stinger-Boden-Luft-Raketen geliefert, die auf der Schulter getragen werden und mit denen ein einzelner Mann einen Helikopter aus der Luft holen kann, der Horror eines jeden Hubschrauberpiloten. Wir mussten daher den Boden genau im Blick behalten.
Kurz vor Gardez drehten wir ab. Schon von weitem konnten wir die Kämpfe erkennen. Wegen der vielen Detonationen war die Luft über dem Stadtgebiet diesig. Wir hatten keine Erlaubnis, es zu überfliegen: Zwar befand sich die Stadt noch in der Hand unserer Leute, doch sie wurde unentwegt von Raketen beschossen. Bis zu tausend Geschosse täglich feuerten die Mudschaheddin damals auf Gardez. Im Gegenzug bombardierten wir ihre Positionen in und um die Stadt. Rund achtzig Menschen pro Tag starben – die meisten von ihnen waren Zivilisten.
Wir landeten auf einem Feld nordwestlich der Stadt, das neben einem Armeeposten lag. Der Ort war uns vorher genau beschrieben worden – und wir hatten uns ein geschäftiges, gut organisiertes Camp vorgestellt. Tatsächlich handelte es sich lediglich um ein paar Baracken, in denen einige müde wirkende Soldaten herumlungerten, die uns nun entgegenkamen.
Als ich aus dem Helikopter stieg, roch ich den Rauch der Explosionen, ringsherum der Donner der Geschütze. Der Kommandant der Truppe stutzte, als er Lailuma und mich

sah. Zwei Frauen hatte er offensichtlich nicht erwartet, so froh er auch über den ersehnten Nachschub war. Mehr als für uns interessierte er sich allerdings für das, was wir an Bord mitführten: Im Lager waren die Vorräte knapp geworden. Den Männern fehlte es an allem. Besonders dringend benötigten sie Trinkwasser. Auch das Brot und die Früchte waren willkommen. Doch als ihnen klarwurde, dass das alles war, was wir mitgebracht hatten, machten sie lange Gesichter. »Gibt es denn gar keinen Reis und kein Fleisch für uns? Wie sollen wir denn kämpfen, wenn wir den ganzen Tag nur ans Essen denken?«, maulte der Kommandant.

Uns fehlten die Worte. Eigentlich schien er auch keine Antwort von uns zu erwarten. Er trug uns lediglich auf, den Logistikern in Kabul zu bestellen, dass er mehr Nahrung und vor allem Munition brauche. »Richten Sie denen aus, dass wir ohne Patronen nicht schießen können!«

Auf einer Trage brachten die Soldaten einen Verwundeten. Sein Zustand war schlecht: Nach einem Kopfschuss trug er einen dicken Verband um den Kopf. Sein linkes Bein war zudem von einem Sprengsatz zerfetzt worden. Ein Feldarzt hatte es noch vor Ort amputieren müssen. Den Stumpf hatten sie, so gut es ging, abgebunden. Aber er wollte nicht aufhören zu bluten. Sie hievten den Mann, der noch recht jung aussah, in den Frachtraum meiner Mi-17. Er tat mir unendlich leid.

Den gesamten Rückflug über stand mir sein Bild vor Augen, und ich versuchte, mich zu beeilen. Sicher warteten daheim seine Eltern auf ihn. Vielleicht hatte er sogar eine Frau und Kinder. Kleine Kinder, die ihren Vater brauchten. Der Gedanke daran, dass er hinter mir lag und um sein Leben kämpfte, ließ mich nicht los, bis wir in Kabul auf dem Flugplatz landeten.

Ich sprang aus dem Cockpit und lief zur hinteren Tür des Helikopters, die der Flugingenieur öffnete. Dort lag mein Passagier. Er starrte mit leerem Blick zur Decke. »Er hat es nicht überlebt«, sagte der Flugingenieur und klang dabei fast milde. »So etwas passiert. Nimm es dir nicht zu Herzen.«
Das war alles andere als einfach zu begreifen. Der einzige Passagier meines allerersten Verwundetentransports war verstorben. Wäre er noch am Leben, wenn ich schneller geflogen wäre? Ich konnte den Gedanken nicht loswerden, dass ich an seinem Tod zumindest mit schuld war.
In der darauffolgenden Nacht plagten mich Alpträume. Immer wieder sah ich sein Gesicht mit der Kopfbinde vor mir. Ich wollte seinen Namen rufen, den mir niemand gesagt hatte. Aber ich brachte nur einen erstickten Schrei hervor. Meine Mutter, die von dem Laut aufwachte, setzte sich zu mir ans Bett und hörte sich an, was mich bewegte. Sie versuchte, mich davon zu überzeugen, dass es nicht meine Schuld gewesen sei. Aber ich konnte ihr nicht glauben. Ich holte tief Luft – und es fühlte sich an, als ob ich Blut trinken würde. Mein ganzer Mund schien plötzlich voller Blut zu sein. Voll lauwarmen, süßlichen Bluts, das mich von innen zu ersticken drohte. Ich rannte hinaus und übergab mich im Garten.
Meine Mutter kam hinter mir her. Sie hielt einen Krug Wasser bereit, damit ich mir den Mund auswaschen konnte. Sanft, aber bestimmt befahl sie mir, zurück ins Haus zu gehen. Ich solle versuchen zu schlafen. Als ich wieder neben Lailuma auf meiner Schlafmatte lag, begann sie, mir die Füße zu massieren. Dadurch wurde ich langsam ruhiger.
»Du bist Pilotin«, sagte sie streng. »Pilotinnen haben ein mutiges Herz. Der Anblick eines toten Mannes wirft sie nicht aus der Bahn.«
Irgendwann glaubte ich ihr und schlief ein.

Die Strecke nach Gardez wurde zu unserer Stammroute. Drei- bis viermal am Tag flogen wir zwischen Kabul und verschiedenen Posten rund um das Schlachtfeld hin und her. Nach etwa einem Monat harter Kämpfe konnte die Armee die Stadt wieder halbwegs unter ihre Kontrolle bringen, und die Straße Gardez–Kabul war wieder befahrbar. Die Hauptstadt musste nicht verhungern. Zumindest vorerst nicht. Aber die Mudschaheddin waren natürlich nicht aus der Gegend verschwunden: Sie hielten ihre Stellungen und lieferten sich immer wieder aufs Neue Scharmützel mit den Regierungstruppen. Bis zum endgültigen Sieg der Islamisten ein halbes Jahr später kehrte in der Provinz keine Ruhe mehr ein.

Lailuma und ich flogen tapfer unsere Einsätze nach Gardez und in andere Kriegsgebiete. Der Transport von Verletzten fiel mir anfangs schwer: Ich war immer nervös, wenn ich sie an Bord hatte, weil ich befürchtete, das Drama meines ersten Fluges könne sich wiederholen. Deshalb flog ich, so schnell ich konnte. Doch zum Glück überlebten nun alle verletzten Passagiere – zumindest den Flug. Sobald wir in Kabul ankamen, übernahmen Sanitäter ihre Betreuung und brachten sie in die verschiedenen Krankenhäuser. Und ich versuchte, nicht mehr länger an sie zu denken. Tatsächlich stellte sich nach ein paar Wochen so etwas wie Routine ein.

Weniger schnell gewöhnte ich mich an die Toten. Denn auch sie mussten wir transportieren. Oft hatten wir den gesamten Frachtraum voller Leichen. Manche von ihnen rochen bereits. Der Geruch von Verwesung ist ein ekelhafter, süßlicher Gestank, der sofort den gesamten Helikopter erfüllte. Wir spritzten *Golab* über die Leichen: Rosenwasser. Aber das nutzte nicht viel. Der Leichengeruch ließ sich kaum übertünchen.

Diese Flüge waren nicht leicht zu ertragen. Oft weinte ich um die Toten. Ich musste an ihre Angehörigen denken. Vor allem an ihre Mütter und die Frauen, die nun alleine zurückblieben. Der Preis, den diese Familien für die Verteidigung Afghanistans zahlten, war hoch. Zu hoch? Würden auch unsere Eltern ihn eines Tages zahlen müssen? Der Tod war so allgegenwärtig, dass ihm keiner zu entrinnen schien.
Ich tröstete mich damit, dass Lailuma und ich keine eigenen Familien hatten. Wir würden also zumindest keine Kinder zurücklassen. Außerdem glauben wir Muslime, dass unser Schicksal von Allah bestimmt wird: In seinem großen Buch steht geschrieben, wann und wo unser Leben enden wird. Egal, was wir tun. Trotzdem war der Gedanke an den Tod verstörend, und ich grübelte viel.
Die Männer hatten andere Strategien. Sie trieben ihre Scherze mit den Toten. Eines Tages, als wir eine berühmte afghanische Sängerin zu einer Militärbasis in der Provinz brachten, erlaubten sie sich einen besonders makaberen Streich: Sie nahmen einen toten Soldaten mit einem fürchterlich aufgedunsenem Gesicht und sperrten ihn aufrecht in einen Spind. Als die Sängerin auf ihrem Weg zu ihrem Auftritt daran vorbeiging, ließen sie die Leiche aus dem Spind fallen. Sie erschrak fürchterlich und schrie. Unsere Kameraden amüsierten sich königlich. Manchmal lachten auch Lailuma und ich unwillkürlich mit, wenn wir Zeugen solcher Späße wurden. Auch wenn es aus heutiger Sicht unverständlich klingt: Den Tod zu verlachen, ihn einfach nicht ernst zu nehmen war im Krieg nicht die schlechteste Option. Dass er am Ende stärker war als wir, bewies er uns oft genug.
Unweit von Gardez kam ich ihm einmal gefährlich nah. Wie so oft, waren Lailuma und ich gemeinsam unterwegs.

Da das Gebiet immer noch umkämpft war, blieb sie mit ihrem Hubschrauber über mir in der Luft und kreiste, während ich landete. Sie hielt nach Freischärlern Ausschau, um mir Rückendeckung zu geben. Ein Helikopter war für den Feind immer ein lohnendes Ziel. Und ein parkender Helikopter war noch dazu leicht zu treffen.
Ich wartete, bis die Soldaten die Waffen und die Munition, die ich ihnen gebracht hatte, abtransportiert hatten. Es war ein heißer Sommertag. Die Sonne brannte unbarmherzig auf uns herab. Schluckweise trank ich Wasser aus einer Plastikflasche, die ich mir mitgebracht hatte. Über mir hörte ich Lailumas Hubschrauber. Unsere Taktik war natürlich zweischneidig: Einerseits schützte mich ihre wachsame Präsenz dort oben, andererseits machte sie die Mudschaheddin erst recht auf uns aufmerksam. Denn ein Helikopter in der Luft ist wie der Auftritt eines Trompeters, den man weithin hören und auch sehen kann. Mir war klar, dass ich so schnell wie möglich aufbrechen musste, um mich nicht unnötig zu gefährden.
Die Soldaten brachten jetzt die Leichen, die ich mit nach Kabul nehmen sollte. Es war mindestens ein Dutzend. Diese Toten sahen schlimm aus: Die sengende Sonne hatte den Verwesungsprozess rasch einsetzen lassen. In Vorahnung des Gestanks, den ich während des Flugs würde ertragen müssen, zog ich mir mein Tuch über Mund und Nase. Ich war froh, als sie mir endlich signalisierten, dass sie fertig waren. Mit angehaltenem Atem stieg ich ins Cockpit und startete die Maschine.
Ich war erst einige Meter senkrecht aufgestiegen, als ich aus dem Augenwinkel etwas durch die Luft zischen sah. Dann übertönte ein fürchterlicher Knall den Lärm des Motors. Um mich herum erhob sich eine Staub- und Schuttwolke, in deren Zentrum ich mich befand. Als ich

begriff, was geschehen war, wurde mir ganz schlecht vor Angst: Direkt unter mir war eine Rakete eingeschlagen. Genau an der Stelle, an der ich bis vor einer halben Minute geparkt hatte. Ich war dem Tod nur um ein paar Sekunden entgangen.

»Danke, Gott!«, flüsterte ich. »Danke, dass du mich verschont hast.«

Ich war so erschrocken, dass ich wie ein Automat funktionierte. Ich gewann weiter an Hohe, bis ich aus der Staubwolke herauskam. Nun sah ich den Krater, den die Explosion angerichtet hatte. Auch zwei Soldaten, die armen Teufel, die bis eben noch die Toten in den Helikopter verfrachtet hatten, waren durch die Detonation offenbar hinweggefegt worden. Jedenfalls hatten sie kurz zuvor noch dort gestanden.

Den Gedanken, vielleicht zu landen und nach ihnen zu sehen, verwarf ich sofort. Er war unsinnig. Denn wo eine Rakete einschlug, konnten weitere explodieren. Vielleicht verfügten die Rebellen sogar über Waffen, mit denen sie uns in der Luft angreifen konnten. Wir mussten schleunigst weg.

Lailumas Helikopter malte Schattenkreise auf den Boden. Sie befand sich oberhalb von mir und musste aus der Luft alles mit angesehen haben. Ich hätte Funkkontakt zu ihr aufnehmen können. Aber ich stand zu sehr unter Schock, um zu sprechen. Also drehte ich einfach ab und verließ mich darauf, dass sie mir folgte.

Bis wir in Kabul ankamen, wechselten wir kein Wort über Funk. Beide stiegen wir mit kreidebleichem Gesicht aus unserem Helikopter. Wir fielen uns in die Arme – und konnten immer noch nicht sprechen. Wir weinten nur.

Lailuma wollte überhaupt nicht mehr aufhören. Sie machte sich schreckliche Vorwürfe, dass sie die Mudschaheddin, die mich um ein Haar getötet hätten, nicht aus der Luft gesehen hatte. Ich glaube, die Schrecksekunde, in der sie meinte, ich sei getroffen worden, war schlimmer als alles, was ich selbst erlebt hatte.

Abends, als wir nebeneinander auf den Schlafmatten lagen, kuschelte sie sich an mich und bat mich, ihr zu verzeihen. Ich sagte ihr, da gebe es nichts zu verzeihen. Überleben war in diesem Job Glückssache.

Von diesem Zeitpunkt an hatten wir beide ständig Angst umeinander. Wie sehr auch mich das Erlebnis geprägt hatte, merkte ich kurz darauf bei einem weiteren gemeinsamen Flug in die Provinz. Wir befanden uns bereits in der bergigen Gegend südlich von Kabul, als Lailumas Helikopter plötzlich verschwunden war. Ich konnte ihn nirgendwo mehr entdecken. Das ist an sich nichts Ungewöhnliches, denn manchmal befand sich der zweite Helikopter, also der, der folgte, schlicht in einem Winkel, in dem man ihn nicht wahrnehmen konnte. Bestimmt ist sie irgendwo hinter mir, versuchte ich mich zu beruhigen, und funkte sie an. Sie antwortete nicht.

»Lailuma?! Kannst du mich hören?«, versuchte ich es abermals. »Lailuma, antworte gefälligst!«

Keine Reaktion. Ich geriet in Panik. Plötzlich war ich mir sicher, dass die Mudschaheddin Lailumas Helikopter abgeschossen hatten. Rings um Kabul waren sie mittlerweile so stark, dass man ihnen kaum mehr ausweichen konnte. Jeder Flug über die Berge war lebensgefährlich.

Unweit der Stelle, an der wir uns befanden, gab es ein Tal, in dem sich Hekmatyar mit seinen Männern verschanzt hatte: In einem Pinienwald nahe eines Dorfes hatte er sein Hauptquartier mit Militärbaracken, Trainingslager, einer Funkstation und einer Moschee errichtet. Von hier aus plante er seine militärischen Operationen. Bewaffnete

Transportfahrzeuge, Panzer, Raketenabschussvorrichtungen und Artillerie lagerten hier für die geplante Erstürmung Kabuls. Offiziere des pakistanischen Geheimdienstes ISI flogen hin und her, um Hekmatyar zu beraten und ihm noch mehr Waffen zu liefern.
Wir machten einen Bogen um das Nest, denn natürlich war der Ort weithin gegen ungebetene Eindringlinge gesichert. Aber Hekmatyars Leute liefen auch in den Bergen Streife – und sie erweiterten von Tag zu Tag ihren Radius. Ob Lailuma von seinen Leuten entdeckt worden war?
Ich sagte meinem Copiloten, dass wir sofort umkehren und nach ihr suchen müssten. Er meinte, wir sollten noch ein wenig warten, da dieses Manöver für uns selbst riskant sei. Aber ich bestand darauf. Ich musste einfach Gewissheit haben. Ohne mich mit Kabul abzustimmen, machte ich einen U-Turn und flog in die Richtung, aus der wir kamen. Nach ein paar hundert Metern tauchte Lailumas Mi-17 hinter einem Berg auf.
Mein Herz machte einen Freudensprung, als ich den Helikopter sah. Gott sei Dank war meiner Schwester nichts zugestoßen! Ich flog eine weitere Kurve, um wieder die Führung in unserer Formation zu übernehmen. Mein Copilot machte ein paar kritische Bemerkungen. Er behauptete, ich sei zu nervös. Insgeheim musste ich ihm sogar recht geben: Ich war meinem Herzen gefolgt, nicht meinem Kopf, wie es Piloten eigentlich tun sollten.
Den Rest des Weges flogen Lailuma und ich nah beieinander. Nachdem wir wieder festen Boden unter den Füßen hatten, fragte sie mich, warum ich zurückgeflogen sei. »Ach, nur so ... Ich dachte, du hättest vielleicht Probleme. Dein Funkgerät schien zu spinnen«, wiegelte ich ab. Ich verlor kein Wort über die Angst, die ich ausgestanden hatte. Aber Lailuma wusste auch so Bescheid.

Sie gestand mir, dass auch sie sehr nervös sei, seit die Rakete mich fast getötet hatte. Aus lauter Sorge vor einer weiteren Attacke könne sie sich kaum mehr auf das Fliegen konzentrieren. Nach fast einjährigem Dauereinsatz an der Front waren wir erschöpft und dünnhäutig. Lailuma meinte, dass es besser sei, wir würden eine Auszeit nehmen: »Wir müssen am Leben bleiben, wenn wir den Menschen weiter helfen wollen«, sagte sie. Und ich stimmte ihr zu. Aber wie sollten wir das mitten im Krieg unserem Kommandanten beibringen? Wir mussten unsere Bitte unbedingt so formulieren, dass sie nicht wie Befehlsverweigerung aussah. Sonst würde er uns feuern.

Gemeinsam suchten wir Abdol Baghi in seinem Büro auf. Er wirkte unausgeschlafen. Offenbar war auch er überarbeitet. Der zunehmend harte Krieg forderte von uns allen seinen Tribut. Wie immer, wenn die Situation schwierig wurde, übernahm ich das Sprechen. Ich erklärte ihm, dass wir beide uns gesundheitlich nicht wohl fühlten und deshalb vorübergehend an einem anderen, möglicherweise ruhigeren Ort eingesetzt werden wollten. Ob das möglich sei? »Ach, wird es den Damen etwa zu viel?«, fragte er – und ein hämisches Lächeln umspielte seine Lippen. Es schien ihm gut zu gefallen, dass wir zu ihm kamen und um eine Rückversetzung ins zweite Glied baten. Hatte er vielleicht nur darauf gewartet? Hatte er uns deswegen pausenlos die harten Einsätze zugemutet? »Ich habe euch doch gleich gesagt, dass dieser Job nichts für euch ist«, erinnerte er. »Und jetzt, wo die Lage kritisch wird, wollt ihr eure Kameraden also im Stich lassen. Das nenne ich Kameradschaft!«

Er dozierte noch eine Weile über die Untauglichkeit von Frauen für das Militär und versprach dann gönnerhaft, sich die Sache überlegen zu wollen. Wir schluckten jeden Kommentar hinunter und dankten ihm. Was hätte es gebracht, ihn umstimmen zu wollen? Zum Glück erhielten wir kurz darauf den Bescheid, dass wir ab jetzt nur noch innerhalb Kabuls und zu den Checkpoints unserer Leute in den Bergen fliegen würden. Was für eine Schmach! Die Kollegen lästerten über uns, bis ihre Zungen fast schwarz wurden. Plötzlich hatten sie alle schon immer gewusst, dass der Krieg nichts für Frauen sei. Wir ertrugen ihre Häme mit Langmut.

Noch ahnten wir nicht, dass uns diese persönliche Niederlage vielleicht vor viel Schlimmerem bewahrte. Denn wir hatten auf verlorenem Posten gekämpft: Die Tage der Regierung Nadschibullahs waren gezählt.

Im Frühjahr 1992 hatten die Mudschaheddin in den Provinzen Laghman, Badghis, Dschalalabad und Logar die Oberhand errungen. Unser Präsident warnte ausländische Journalisten, dass sich Afghanistan unter ihrer Regie zu einem Zentrum des Drogenschmuggels und des Terrors entwickeln würde. Aber keiner hörte auf ihn. Nadschibullah war am Ende: Seine sowjetischen Unterstützer hatten ihn verlassen. Sein langjähriger Verbündeter, der Usbeken-General Raschid Dostum, hatte sich mit dem Tadschiken-Führer Ahmed Schah Massoud verbrüdert. Ein Teil von Nadschibullahs Leuten plante, sich Massoud zu unterwerfen, ein anderer Teil ergab sich dem Rivalen Gulbuddin Hekmatyar.

Noch war nicht klar, welcher dieser beiden Kriegsfürsten die Hauptstadt für sich gewinnen würde. Hekmatyar harrte in seiner Kommandozentrale im Süden von Kabul aus. Seine *Hesb-e-Islami* kontrollierte bereits die Vororte und wartete auf den Befehl, in den Stadtkern vorzudringen. Hekmatyar stellte der Regierung ein Ultimatum: Wenn sie sich nicht bis zum 27. April ergab, würde er vorrücken.

Dutzende arabischer Dschihadisten und Journalisten pilgerten zu ihm in die Berge, um seinen geplanten Triumphzug nach Kabul nicht zu verpassen.
Massoud rückte zur gleichen Zeit aus dem Norden vor. Auf der Höhe der Stadt Tschar-e-Kar lieferten sich seine Männer ständig Scharmützel mit den Getreuen Hekmatyars. Die Eroberung der Hauptstadt entwickelte sich zu einem Wettrennen zwischen den beiden Mudschaheddin-Führern.
Unterdessen bemühten sich pakistanische und saudische Geheimdienstler in Peschawar fieberhaft, die zerstrittenen Kriegsherren miteinander zu versöhnen. Dabei nahmen sie die Hilfe namhafter Islamisten in Anspruch. Osama bin Laden höchstpersönlich, den damals kaum jemand kannte, arrangierte einen halbstündigen Dialog zwischen Hekmatyar und Massoud via Funk: Sie sollten bei der Eroberung Kabuls kooperieren und eine gemeinsame islamische Regierung bilden. Das afghanische Experiment lag dem späteren Terrorfürsten am Herzen. Doch die beiden hatten andere Pläne.
Noch während Hekmatyar am Funkgerät mit Massoud verhandelte, näherten sich seine Truppen am 24. April 1992 dem Süden der Stadt. Ihre Panzer und Jeeps waren frisch geputzt und mit grünen Fahnen geschmückt, der Farbe des Islam. Hekmatyar wollte mit Glanz und Gloria in Kabul einziehen. Allerdings erst am Tag darauf, gleich nach Sonnenaufgang.
Vorerst legten er und seine Männer sich schlafen. Um nicht gestört zu werden, schalteten sie die Funkgeräte aus. Als sie am nächsten Morgen aufwachten, betete Hekmatyar lang und ausgiebig. Seine Laune war großartig. Erst als er sein Funkgerät wieder einschaltete, verflog die gute Stimmung: Es gab schlechte Nachrichten. Massoud war ihm

zuvorgekommen. Ein Teil der alten Regierung und zwei hochrangige Generäle hatten ihm über Nacht die Kontrolle über den Flughafen übergeben, auch über dessen militärischen Teil. Von dort war es nicht weit bis zu den Regierungsgebäuden. Transportflugzeuge brachten Hunderte von Dostums usbekischen Milizionären zur Unterstützung Massouds nach Kabul.

Als Lailuma und ich uns morgens zum Dienstantritt auf dem Flughafen meldeten, war diese Operation voll im Gange: Schon von weitem fiel uns der rege Flugverkehr auf. Als wir näher kamen, bemerkten wir einige fremde Flugzeuge auf dem Gelände. Ständig landeten neue Maschinen, aus denen bis an die Zähne bewaffnete Männer stiegen. »Da passiert irgendetwas«, raunte Lailuma und zupfte mich am Ärmel. Aber wir konnten uns keinen Reim darauf machen: Keiner hatte uns gesagt, dass die Regierung den Krieg verloren hatte.

Da uns niemand aufhielt, gingen wir schnurstracks in unser Büro und schlossen die Tür hinter uns. Dann kochten wir uns erst einmal Tee. Wir sahen unsere Unterlagen durch und gaben uns alle Mühe, so zu tun, als ob alles wie immer sei.

Nach einiger Zeit klopfte es an der Tür. Zwei Männer mit langen, lockigen Bärten und traditionellen Filzhüten auf dem Kopf kamen in unser Büro. Sie trugen Armeeuniformen. Aber sie mussten sie gestohlen haben: Es waren eindeutig Mudschaheddin. Die Kalaschnikow in der Hand, fragten sie in barschem Tonfall, wer wir seien.

»Wir sind Latifa und Lailuma Nabizada«, antwortete ich und versuchte, dabei möglichst selbstsicher zu klingen.

»Seid ihr Pilotinnen?«, fragten sie.

Wir nickten. Da wir uniformiert waren, hätte es keinen Sinn gemacht, dies abzustreiten. Sie ließen sich unsere

Dienstausweise zeigen und begannen, uns jede Menge Fragen zu stellen: über unsere Familie, unseren ethnischen Hintergrund. Wie lange wir bereits flogen. Welchen Typ Hubschrauber. Welche Einsätze. Und so weiter.

Sorgfältig überlegte ich mir meine Antworten. Es erschien mir sinnvoll, unsere Aktivität an der Front nicht überzubetonen. Also behauptete ich, dass wir lediglich mit logistischen Aufgaben innerhalb Kabuls betraut gewesen seien. Zwar wusste ich nicht genau, wer die Männer waren, das heißt, wessen Befehl sie folgten. Aber mir war klar, dass sie im Kampf auf der anderen Seite gestanden hatten. Das war ein merkwürdiges Gefühl. Und auch ein sehr beunruhigendes: Sie waren der Feind, und sie waren schwer bewaffnet, wir hingegen völlig schutzlos. Nun standen sie in unserem Büro und forderten Rechenschaft von uns. Was würden sie danach mit uns machen?

Lailuma blieb die ganze Zeit stumm. Auf ihrer Stirn standen Schweißperlen. Ich spürte, dass sie furchtbare Angst hatte. Auch ich war nervös. Aber ihre Furcht machte mir am meisten zu schaffen.

Die beiden Männer schienen nicht recht zu wissen, was sie mit uns anfangen sollten, als sie ihr Verhör beendet hatten. Sie wechselten ratlose Blicke. Dann sagte einer: »Geht nach Hause, und lasst euch hier nicht wieder blicken.«

Das ließen wir uns nicht zweimal sagen. Hektisch zogen wir uns zivile Frauenkleider und Kopftücher über die Uniform und suchten das Weite.

Da der öffentliche Transport zusammengebrochen war, mussten wir zu Fuß gehen. Wir wählten möglichst abgelegene Wege, denn in den Straßen wimmelte es jetzt von Milizen. Massouds und Dostums Leute hatten alle strategisch wichtigen Gebäude und staatlichen Einrichtungen in Kabul besetzt: die Garnison, Banken und Ministerien, Radio-

und Fernsehstationen. Aber auch Hekmatyars Männer, die später gekommen waren, versuchten noch, Terrain für sich zu erobern, und besetzten Gebäude. Wir schafften es gerade noch zurück ins Haus unserer Eltern, bevor ein grausames Gemetzel zwischen den Rivalen begann: Auf den Avenuen lieferten sie sich Artillerieduelle und Panzerkämpfe. Der Präsidentenpalast brannte. Nadschibullah, nun offiziell seines Amtes enthoben, flüchtete in ein UN-Gebäude. Die schiitische *Hesb-e-Wahdad* eroberte die Getreidesilos nahe der Uni, und ihre bewaffneten Horden plünderten wahllos die Geschäfte.
Aus dem Radio erfuhren wir schließlich, dass Massouds Leute bei den Kämpfen die Oberhand gewannen. Sie formten einen Ring um Hekmatyars Truppen und schlossen sie im Süden ein. Massoud zog triumphierend von Norden her in die Stadt. Sein Panzer war mit frischen Blumen geschmückt. Mit ihm rollten Öltanks und Lastwagen mit Nahrungsmitteln in die Stadt. In der Nacht feuerten seine Mudschaheddin mit Hunderten von Maschinengewehren in die Luft: Es war ein martialisches Siegesfeuerwerk.
Lailuma und ich lauschten den Schüssen zusammen mit unseren Eltern und Geschwistern im Garten unseres Hauses. Wir wussten nicht, was wir von all dem halten sollten: Nun waren also die Mudschaheddin tatsächlich die Herren in Kabul. Dieselben Mudschaheddin, die wir das gesamte Jahr über bekämpft hatten. Viele unserer Kollegen – und fast auch wir selbst – hatten bei diesen Kämpfen ihr Leben verloren. Die Regierung, die ihnen und uns den Befehl dazu erteilt hatte, gab es nicht mehr. Dafür standen unsere Vorgesetzten nun offenbar im Dienst der neuen Herren: Die Generäle Azimi und Delawar, unsere obersten Dienstherren, kooperierten mit Massoud. Sie hatten ihm eigenhändig die Schlüssel zur Garnison übergeben, um

eine Eroberung durch Hekmatyar zu verhindern. War dieser Massoud nun unser Freund oder ein Feind?
Ich muss gestehen, dass ich kein politisch denkender Mensch bin. Auch wenn ich der Grundidee des Kommunismus, dass alle Bürger eines Staates dasselbe verdienen, eine gewisse Logik abgewinnen kann, würde ich mich nie als Kommunistin bezeichnen. Als Pilotin habe ich stets versucht, mich auf meine Arbeit zu konzentrieren und die Politik außen vor zu lassen. Eines hat mich jedoch immer abgestoßen: religiöser Fanatismus. Aber leider waren diese Mudschaheddin allesamt radikale Islamisten. Dass ich und Lailuma es mit ihnen nicht leicht haben würden, war mir schon am Tag ihrer Machtübernahme klar.
Es dauerte noch gut eine Woche, bis Massoud und Dostum sämtliche Kämpfer Hekmatyars aus Kabul vertrieben hatten. Sie jagten sie von Block zu Block weiter nach Süden – und schließlich aus der Stadt hinaus. Dann erst trauten sich die Menschen wieder auf die Straße. Lailuma und ich wagten es jedoch nicht, an unsere Arbeit zurückzukehren. Meine Schwester klagte über Schmerzen im Arm. Es war wohl der Schock, der ihr weiterhin zusetzte. Wir hatten Angst vor den neuen Machthabern. Und auch unsere Eltern hielten sie für gefährlich. Obwohl unsere Familie unser Einkommen gebraucht hätte, rieten sie uns, zu Hause zu bleiben.
Am zehnten Tag unseres Zwangsurlaubs klopfte es um die Mittagszeit am Gartentor. Mein Bruder Aschraf öffnete. Vor der Tür stand ein Soldat in regulärer Armeeuniform, aber mit Bartstoppeln im Gesicht. Er fragte nach mir und Lailuma. Ich war gerade damit beschäftigt gewesen, eine Linsensuppe zu kochen, und eilte zur Tür. Ich erkannte den Mann: Es war einer der Wachleute vom Flughafen. Wie es die afghanische Gastfreundschaft verlangt, bot ich

ihm einen Teller Suppe an. Aber er lehnte dankend ab. Er solle uns ausrichten, dass wir jederzeit zum Flughafen zurückkehren dürften.

»Sagen das die Mudschaheddin?«

»Ja«, antwortete er – und strahlte. »Sie sind gar nicht so schlimm. Sie haben kein Problem damit, dass ihr weiterarbeitet.«

Lailuma und ich blieben skeptisch. Aber am nächsten Tag gingen wir trotzdem gleich morgens zur Arbeit. Das Klima am Flughafen hatte sich sehr verändert: Überall wehten jetzt grüne Flaggen. Männer mit Bärten liefen hin und her. Sie trugen Armeeuniformen. Die Porträts von Nadschibullah waren abgehängt worden. Stattdessen prangten die Konterfeis von Massoud, Dostum und Rabbani an den Wänden. Auch einige Kameraden trafen wir, während die oberen Befehlsränge komplett fehlten. Manche erkannten wir kaum wieder, da alle jetzt Bartstoppeln im Gesicht hatten: Ihre vertrauten Züge waren mit einem dunklen Flaum überwuchert.

Uns wurde gesagt, dass wir ab sofort ein Kopftuch zu tragen hätten. Eine Uniform und Schleier? Das passte für unsere Begriffe nicht zusammen. Aber wir hüllten uns brav in ein Kopftuch, die blaue Militärmütze setzten wir noch obendrauf. An solchen Äußerlichkeiten sollte unsere Karriere nicht scheitern.

Aber die Sache war komplizierter. Denn bald stellte sich heraus, dass wir längst nicht so willkommen waren, wie es der Bote dargestellt hatte: Er hatte in Wirklichkeit nur für eine Fraktion innerhalb der Mudschaheddin gesprochen. Auf dem Flughafen hatten aber mehrere Gruppen das Sagen. Sie waren sich keineswegs einig, ob eine gottesfürchtige Armee Frauen in ihrer Mitte dulden sollte. Einige Kommandanten optierten sogar strikt dagegen.

Ein großer, sehr fetter Kommandeur der Rabbani-Fraktion befahl uns explizit, wieder zu verschwinden: »Wir werden euch euer Gehalt nach Hause schicken«, versprach er. Aber Lailuma und ich ignorierten seine Anweisung. Wir wussten genau, dass er nur einer von vielen war, die dachten, sie könnten anderen einfach Befehle erteilen. Stur gingen wir jeden Morgen zur Arbeit. Die meiste Zeit des Tages verbrachten wir allerdings damit, in unserem Büro Unmengen von grünem Tee zu trinken und Bonbons zu kauen. Es ging uns darum, unseren Platz nicht zu räumen. Wir hatten beschlossen, die Sache auszusitzen. Und diese Strategie zahlte sich aus.

Langsam gewöhnten sich die Mudschaheddin an uns und akzeptierten, dass wir Teil der Luftwaffe waren. Nach einigen Wochen erlaubten sie uns sogar wieder zu fliegen. Es waren nur kurze Übungsflüge. Aber sie hatten einen hohen Symbolwert: Wir gehörten dazu. Während viele unserer früheren Kollegen sich ins Ausland absetzten, hatten wir uns einen Platz im neuen System erkämpft.

Die Situation in Kabul verschlechterte sich unter der neuen Regierung weiter. Als die Mudschaheddin mit ihren Panzern in die Stadt gerollt waren, hatten wir eigentlich geglaubt, dass der Krieg nun zu Ende sei. Aber wir hatten uns getäuscht: Ein neuer Krieg hatte im selben Augenblick begonnen.

Es war der Krieg der Islamisten gegeneinander. Hekmatyar fasste die Niederlage als persönliche Kränkung auf. Anstatt, wie erhofft, ruhmreich in Kabul einzuziehen, war er von Massoud an der Nase herumgeführt worden. Das konnte er nicht auf sich sitzen lassen. Aus seinem Quartier in den Bergen begann er in blinder Wut Raketen auf die Stadt zu feuern.

Er hielt Kabul im Würgegriff. Gnadenlos beschoss er die Wohngebiete. Seine Männer töteten und verletzten Tausende von Zivilisten. Mit der Zeit erkannten wir das Geräusch der sich nähernden Raketen, es war eine Art Pfeifen. Aufmerksam lauschten wir – und versuchten auszumachen, wie weit entfernt die Rakete herunterkommen würde. Dann folgte der Knall. Wer schnell genug war, hatte sich unter einen Tisch gekauert oder sonst auf irgendeine Weise zu schützen versucht. Meist aber hatten wir gar keine Zeit, uns zu verstecken. Getroffen oder nicht getroffen zu werden war wie russisches Roulette.
Einmal traf es uns fast im Lazarett: Während wir eine Freundin besuchten, geriet das Gebäude unter Raketenbeschuss. Die Fensterscheiben zerbarsten. Die Frau hatte eine Schwangerschaftskomplikation – und schreckliche Angst, ihr Kind zu verlieren. Wir versteckten uns mit ihr unter dem Krankenhausbett, bis die Attacke vorbei war. Glücklicherweise war das Gebäude massiv und hielt stand.
Auch unsere Nachbarn traf es. Auf ihrem Grundstück, das sich hinter dem meiner Eltern befindet und nur durch eine hohe Gartenmauer davon getrennt ist, schlug eine Rakete ein. Es war ein schöner Sommertag, als wir am Nachmittag das unheilvolle Pfeifen hörten – und dann kam der unbeschreibliche Lärm der Detonation. Eine Staubwolke stieg auf, die mir die Luft nahm. ich konnte kaum atmen. Die Nachbarn schrien. Sobald der Staub sich gelegt hatte, suchte ich panisch meine Familienangehörigen, vor allem die Kinder meines ältesten Bruders, die bei uns lebten, meine kleinen Nichten und Neffen. Ich vergewisserte mich, dass wir alle vollzählig waren. Die Nachbarn aber hatten nicht nur ihr Haus, sondern auch ihre beiden Söhne verloren, die gerade im Garten gespielt hatten. Gleich nach der

Bestattung der Überreste zogen sie fort aus Kabul. Ihr Haus blieb eine mahnende Ruine.
Solche Ruinen sah man immer häufiger: Häuser, die ausgebombt oder durch die Gefechte beschädigt worden waren. Ihre Bewohner waren entweder tot, geflüchtet oder in die Häuser anderer Familien gezogen, die ihre Behausungen auf der Flucht zurückgelassen hatten. Denn wer es sich erlauben konnte, suchte das Weite.
Die, die blieben, lebten in ständiger Angst vor den Bomben, vor ethnischen Unruhen, vor Plünderungen und vor den Kämpfen der Mudschaheddin untereinander. Denn die bekriegten sich schon bald auf offener Straße. Da die wechselnden Allianzen allenfalls ein paar Monate dauerten, gab es immer wieder neue Anlässe für Straßenkämpfe mit Kalaschnikows oder sogar Artillerie. Da es nicht mehr sicher war, in einem Viertel zu wohnen, in dem nicht ausschließlich Angehörige derselben Fraktion oder Volksgruppe lebten, zersplitterte die Kabuler Gesellschaft entlang ideologischer und ethnischer Bruchstellen. Schiitische Milizen bekämpften Hekmatyars Leute rund um den Kabuler Zoo. Dann wechselten sie die Seiten und kämpften gegen Massoud. Sayyafs strenggläubige Paschtunen verbanden sich mit den Getreuen von Präsident Rabbani, um dann gemeinsam mit unglaublicher Brutalität auf schiitische Zivilisten loszugehen: Alten Männern, Frauen und sogar Kindern wurde der Kopf abgeschlagen. Gefangene wurden grausam gefoltert, um sie sich gefügig zu machen. Unterdessen zogen Dostums Milizionäre mordend und vergewaltigend durch die Außenbezirke Kabuls: Der Usbeke hatte sich mit Hekmatyar verbrüdert und versuchte nun, Rabbani aus dem Amt zu jagen. Schließlich wurde er selbst aus Kabul vertrieben. Und Massoud, jetzt nominell unser Verteidigungsminister, jagte seine Männer vom zer-

störten Präsidentenpalast aus zu den verschiedenen Schlachtfeldern im Norden und Süden der Stadt. Kurz: Kabul war die Hölle. Zehntausende von Zivilisten fielen der Gewalt zum Opfer, Hunderttausende flohen.

Meiner Familie ging es – nicht zuletzt dank Lailumas und meiner Einkünfte – zumindest in materieller Hinsicht besser als anderen: Der Lebensmittelladen meines Vaters sicherte uns den Zugriff auf Grundnahrungsmittel. Dass der Straßenverkehr zum Erliegen gekommen war, stellte sich für uns als Vorteil heraus. Doch wir verfügten auch nicht über die Mittel, um einen Umzug in Erwägung zu ziehen: Im Haus meiner Eltern lebten mittlerweile drei Generationen unserer Familie, insgesamt waren es mehr als ein Dutzend Personen, die ernährt werden wollten. Zu unserem Glück blieb es in Khaikhane im Vergleich zu anderen Stadtteilen relativ ruhig. Die Nachbarn schlachteten sich gegenseitig nicht ab. Also harrten wir aus.

Mitten in diese Zeit, ich glaube, es war im Sommer 1994, platzte eine Einladung: Lailuma und ich fanden sie auf dem Schreibtisch unseres Büros im Flughafen vor. Sie steckte in einem Umschlag aus blütenweißem Papier, auf dem unsere Namen geschrieben standen. Neugierig öffneten wir ihn und zogen das Schreiben hervor. Man würde sich glücklich schätzen, uns am Soundsovielten um die Mittagszeit zu einer Gartenparty begrüßen zu dürfen, hieß es da. Als ich den Namen der Unterzeichnerin des Briefes las, glaubte ich im ersten Moment, es müsse sich um eine Verwechslung handeln: Das Schreiben stammte von keiner Geringeren als Frau Rabbani, der Ehegattin unseres damaligen Präsidenten. Die afghanische First Lady lud uns ein.

Herr und Frau Rabbani wohnten in dem Palast von Prinz Daoud Khan, dem Weißen Haus Afghanistans, in dem später auch Präsident Karzai und sein Nachfolger residieren sollten. An dem angegebenen Datum ließen wir uns mit einem Militärfahrzeug zu ihrer Residenz bringen. Lailuma und ich hatten lange überlegt, was wir anziehen sollten, und uns dann für unsere Militäruniformen entschieden. In unserer Garderobe fand sich nichts Passendes für derart glamouröse Anlässe. Und so würden die Rabbanis und ihre anderen Gäste zumindest sofort erkennen, wer wir waren.

Die Gastgeberin erwartete uns am Eingang des Anwesens. Die Frau des wahabitischen Hardliners Rabbani trug ein hübsches violettes Kleid und einen feinen weißen Schal. Sie war eine Frau in den Fünfzigern, ein sehr heller Typ mit freundlichen braunen Augen. »Willkommen, meine beiden Champion-Schwestern. Ich freue mich sehr, dass ihr gekommen seid«, begrüßte sie uns und küsste Lailuma und mich auf die Wangen.

Frau Rabbani hatte einige Dutzend Frauen aus der Kabuler Gesellschaft zu sich gebeten, viele arbeiteten im Bereich der Polizei und des Militärs. Sie alle trugen einen Schleier und hatten sich ansonsten fein herausgeputzt. Lailuma und ich fühlten uns ungemein geehrt, zum erlauchten Kreis derer zu zählen, die sie ausgewählt hatte.

Wir betraten eine andere Welt: Der Garten war mit Girlanden und bunten Lampions geschmückt, und es gab einen Swimmingpool. In der Mitte stand eine lange Tafel für das Festbankett. Überall türmten sich kunstvoll drapierte Berge aus Früchten und anderen Leckereien. Bedienstete eilten hin und her und servierten Limonade. Wir kamen aus der Wirklichkeit des Krieges und der Entbehrungen, daher mutete das Ambiente beinahe unwirklich an: Dieser Garten, der sich mitten in Kabul befand, war, so schien es, weit weg von der Stadt, in der wir lebten. Hier gab es all das im Überfluss, was wir im normalen Leben entbehrten.

Ich hatte bislang nicht gewusst, dass es in Kabul Menschen gab, die so lebten.
Die First Lady hatte uns nicht einfach nur aus Langeweile zusammengerufen, sondern sie hatte ein politisches Anliegen: Sie wollte mit uns die aktuelle Lage besprechen – und speziell die Probleme der Frauen. Die Mudschaheddin merkten wohl selbst, dass die Bevölkerung mit ihrer Regierung unzufrieden war.
Inmitten von Luxus und gutem Essen unterhielten wir uns also über die Situation in der Hauptstadt, über unsere Berufe und die Probleme des Alltags. Ganz obenan stand das Thema der mangelnden Sicherheit, unter der wir alle zu leiden hatten. Die Raketenangriffe Hekmatyars setzten uns gleichermaßen zu. Aber in manchen Wohnvierteln war es besser, in anderen schlechter. Ebenso verhielt es sich mit der Stromversorgung: In manchen Vierteln war sie gänzlich zusammengebrochen, andere hatten zumindest ein paar Stunden am Tag Strom.
Frau Rabbani hörte aufmerksam zu. Ich weiß bis heute nicht, ob die Initiative für ihre Party von ihrem Mann oder von ihr selbst ausgegangen war. Hatte sie den Auftrag, uns auszuhorchen oder ein bisschen gute Stimmung unter den Frauen zu verbreiten? Oder glaubte sie, etwas bewegen zu können?
Heikel war das Thema Frauenrechte, da die Mudschaheddin diese seit ihrer Machtübernahme stark beschnitten hatten: Auf ausgesprochen rigorose Weise hatten sie Frauen aus dem öffentlichen Leben verbannt. Es gab keine Fernsehsprecherinnen und auch keine Sängerinnen mehr; Musik war ohnehin verboten. Die Berufstätigkeit von Frauen außer Haus, die die Sowjets gefördert hatten, war in den vergangenen beiden Jahren so gut wie abgeschafft worden. Die Damen auf dem Gartenfest bildeten da eine

kleine Ausnahme. Aber selbst sie konnten sich nicht mehr ohne Hejab auf die Straße wagen. Frauen, die am späten Nachmittag »nur« mit einem Kopftuch und nicht mit der Burka bekleidet über den Markt schlenderten, wurden angegrapscht. Und dafür wurde ihnen dann auch noch die Schuld gegeben, weil sie sich zu provokativ angezogen hätten. Das Tragen von Make-up zog harte Strafen nach sich. Selbst kleine Mädchen mussten sich verschleiern, sobald sie die Grundschule besuchten.

Mir fiel auf, dass Frau Rabbani viel moderatere Ansichten vertrat als ihr Mann. Jedenfalls tat sie uns gegenüber so. Sie zeigte große Bewunderung für Frauen, die einen Beruf ausübten. Lailuma und ich fühlten uns geschmeichelt. Wir fragten uns schon, wie es eine so nette, aufgeschlossene Frau überhaupt mit einem so konservativen Knochen wie Rabbani daheim aushalten konnte: Vor seiner Ernennung zum Präsidenten hatte Rabbani an der al-Anzar-Universität in Kairo sunnitisch-islamisches Recht studiert. Später lehrte er an der Scharia-Fakultät in Kabul. Niemand anderes als er hatte die religiös motivierten Einschränkungen, die wir Frauen erdulden mussten, zu verantworten! Und nun saßen wir hier mit seiner Frau, ließen uns Ente und gebackenes Huhn schmecken und plauderten über die Schwierigkeiten, die er uns eingebrockt hatte. Es war absurd.

»*Namak chordan va namakdan shekestan* – Salz essen und den Salzstreuer zerbrechen«, flüsterte Lailuma mir zu. Das ist eine Redewendung. Was sie damit sagen wollte: Trotz allen Einsatzes, den wir für diese Regierung brachten, hatten wir am Ende doch unter den Gesetzen zu leiden.

Rabbani selbst ließ sich übrigens nicht blicken. Die unterschiedlichen Welten, in denen afghanische Männer und

Frauen lebten, blieben in sich geschlossen. Selbst im Garten des Präsidenten kamen wir nicht in Berührung mit den durch und durch männlichen Zirkeln der Macht.

Die Mudschaheddin bekamen ihre Querelen nicht in den Griff. Sie prügelten wie wütende Kinder aufeinander ein und machten alle Bewohner der Stadt vier Jahre lang zu Geiseln ihrer absurden Machtkämpfe. Ihre Raketen richteten mehr Schaden an als die sowjetischen Besatzer: Am Ende ihrer Herrschaft lagen große Teile Kabuls in Trümmern. In der zerstörten Stadt lebten nur noch eine halbe Million Menschen.
Als Rabbani im Juni 1996 zähneknirschend seinem Rivalen Hekmatyar das Amt des Premierministers überließ, kam es zu einer Art Burgfrieden. Kabul wurde in verschiedene Einflusszonen aufgeteilt: Massoud kontrollierte den Norden, Hekmatyar den Süden und den Osten. Die von allen Seiten angefeindeten Schiiten hielten sich in der Altstadt verschanzt. Doch die Parteien hegten einander gegenüber tiefes Misstrauen. Das galt auch für uns beim Militär: Unsere Kameraden fühlten sich – abhängig von ihrer Herkunft und von ihrem ethnischen Hintergrund – je einem anderen der Kriegsfürsten verpflichtet. Sie beobachteten sich gegenseitig mit Argusaugen. Denn die Luftwaffe, die zwar formal Massoud unterstellt war, jetzt aber auch vom neuen Premier beansprucht wurde, war ein strategisches Schwergewicht und für alle Seiten gleichermaßen wichtig, denn bei einer Auseinandersetzung konnte sie das Zünglein an der Waage bilden.
Mitte September rief uns Kommandeur Bismillah Khan Mohammed zu sich, der spätere Innen- und Verteidigungsminister in der Regierung von Mohammed Karzai. Er stammt aus dem Panschir-Tal, gehörte also zu Massouds

Leuten. Mehr oder weniger offen sprach er aus, dass er mir und Lailuma nicht traue, da wir ethnische Usbekinnen seien. Seiner Logik zufolge mussten wir uns früher oder später auf die Seite des Usbeken-Führers Raschid Dostum schlagen. Doch diesem misstrauten beide, sowohl Massoud als auch Rabbani. Dostum, der ehemalige Kommunist und Weggefährte Nadschibullahs, hatte knapp ein Jahr nach der Machtübernahme der Mudschaheddin versucht, selbst die Macht in Kabul an sich zu reißen. Nach seiner Niederlage war er von den anderen Mudschaheddin-Führern mit Schimpf und Schande aus der Stadt gejagt worden. Später hatte er versucht, sich mit Hekmatyar gegen die Kabuler Führung zu verbinden. Mittlerweile aber herrschte Dostum über sein eigenes, kleines Reich rund um Mazar-e-Scharif.

»Wer garantiert mir denn, dass ihr beide nicht eines Tages einen Hubschrauber kapert und ihn Dostum bringt?«, fragte Khan Mohammed. Er erklärte uns, dass er unmöglich mit zwei Pilotinnen arbeiten könne, deren Loyalität so fragwürdig sei wie die unsere. »Geht doch zu Dostum. Er ist für euch zuständig«, sagte er. Mit anderen Worten: Er feuerte uns.

Lailuma und ich waren am Boden zerstört. Obwohl wir die Mudschaheddin keineswegs für gute Herrscher hielten, hatten wir uns ihnen gegenüber immer loyal verhalten und ihre Autorität nie in Frage gestellt. Von den Gehältern, die sie uns zahlten, hing das Wohlergehen unserer gesamten Familie ab. Wir finanzierten sowohl das Medizinstudium unseres jüngeren Bruders Aschraf als auch das unserer Schwester Scharifa. Wir fühlten uns betrogen. Sollte es keinen anderen Ausweg für uns geben, als unsere Dienste General Dostum anzubieten?

Kapitel 4:

Auf der Flucht vor den Gotteskriegern

Keiner hatte mit ihnen gerechnet. Weder die Kriegsherren noch die Bewohner von Kabul stuften die paschtunischen Religionsstudenten, die zwei Jahre zuvor Kandahar eingenommen hatten und den Süden des Landes kontrollierten, als Gefahr ein. Schließlich waren es in ihren Augen noch »Kinder«, die jungen Nachkommen von paschtunischen Flüchtlingen hatten sich in den Religionsschulen Pakistans radikalisiert. Sie waren gleichsam ein Geschöpf des pakistanischen Geheimdienstes ISI, der aus sicherheitsstrategischem Kalkül das Ziel einer von Paschtunen dominierten Regierung in Afghanistan verfolgte.

Aber in Kabul hatten wir den Aufstieg der Religionsstudenten kaum zur Kenntnis genommen: Die nicht-paschtunische Bevölkerung interessierte sich nicht besonders dafür, was im Süden des Landes vor sich ging. Wir waren viel zu sehr mit uns selbst beschäftigt, um Feinde außerhalb der Stadtmauern zu erkennen. Wir schauten gerade einmal nach Norden Richtung Dostum und seinen Mannen. Als sich die Paschtunen-Miliz ein Jahr zuvor erstmals der Hauptstadt genähert hatte, konnte Massoud ihr empfindliche Verluste zufügen. Keiner glaubte, dass sie es ein zweites Mal wagen würden, Kabul anzugreifen.

Dass Agenten Pakistans und Saudi-Arabiens die fanatischen Studenten mittlerweile mit brandneuen Maschinengewehren und einer Flotte strahlend weißer Toyota-Pickups ausgestattet hatte, fiel erst auf, als es zu spät war: Während Massouds Männer im Süden Kabuls die Konfrontation mit den fanatischen Jugendlichen suchten, bestach eine andere Truppe Taliban erfolgreich Hekmatyars Kommandanten, die das Osttor der Stadt bewachten. Über die alte Königsstraße, die durch die Schluchten von Sarobi nach Kabul führt, näherten sie sich der Hauptstadt und schlüpften auf diese Weise vom Osten und vom Süden gleichzeitig in die Stadt.

Die Taliban überrannten Kabul regelrecht. Auf einmal waren sie überall – und sie waren leicht erkennbar: Sie trugen schwarze Turbane und schminkten sich die Augen mit Kohlestrichen. Massouds Helikopter und Kampfflugzeuge konnten dem Sturm der Paschtunen aus dem Süden nichts entgegensetzen: Am 26. September 1996 überließ der Verteidigungsminister die Stadt ihrem Schicksal und floh mit seinen Gefolgsleuten in das Panschir-Tal. Auch der Luftwaffe befahl er, sich dorthin zurückzuziehen. In weniger als einem Tag besetzten die *Madrasa*-Studenten alle Militärbasen, die Garnison und die Regierungsgebäude, ohne auf nennenswerten Widerstand zu stoßen. Kabul gehörte auf einmal dieser Gruppe religiöser Fanatiker.

Eine Woche später standen die Krieger, die Kalaschnikow im Anschlag, vor unserem Elternhaus und verlangten die Herausgabe der beiden Pilotinnen, die dort wohnen sollten. Mein Vater schickte unseren Bruder Aschraf vor das Tor.

»Unsere Schwestern sind nicht hier«, sagte mein Bruder.

»Und wo sind sie?«

»Bei ... Verwandten.«
»Ach, bei Verwandten. Und das sollen wir dir glauben?« Der Anführer der Truppe hielt meinem Bruder den Lauf seines Gewehrs unter die Nase. »Los, sag die Wahrheit: Die beiden sind im Haus.«
»Nein«, beteuerte Aschraf. »Sie sind umgezogen. Sie wohnen nicht mehr hier.«
»Sag ihnen, dass sie herauskommen sollen!«
»Ich schwöre es: Sie sind wirklich nicht da!«
»Sollen wir nachsehen?« Doch das war nur ein Vorwand, denn sie warteten keine Antwort ab, sondern gingen sofort auf meinen Bruder los und prügelten mit ihren Kalaschnikows auf ihn so heftig ein, dass die Schläge und sein Stöhnen auch im Garten unseres Hauses unüberhörbar waren.
Da trat mein Vater ans Tor. Er war kein junger Mann mehr und hoffte, der Horde allein durch sein Alter ein wenig Respekt einzuflößen. »Sie dürfen mein Haus gerne durchsuchen«, sagte er höflich. »Sobald wir die Frauen und Kinder hinausgebracht haben.«
Vielleicht war es seine selbstbewusste Haltung, verbunden mit dem Hinweis auf die Schutzwürdigkeit von Frauen und Kindern, die den Anführer zum Einlenken brachte: »Ihr habt eine Woche, um eure Töchter herzuholen«, befahl er. »Wenn wir zurückkommen und sie sind immer noch nicht hier, wird die ganze Familie dafür bezahlen. Verstanden?«
Meinem Vater stand der Schweiß auf der Stirn, als sie endlich abzogen. Er hatte nicht geblufft: Lailuma und ich waren tatsächlich nicht da gewesen. Immerhin hatte er eine Woche Zeit gewonnen, um die restlichen Familienmitglieder in Sicherheit zu bringen.

Meine Schwester und ich ahnten nichts von den dramatischen Entwicklungen in Kabul. Der Zufall wollte es, dass wir genau eine Woche zuvor nach Mazar-e-Scharif aufgebrochen waren. Wir hatten unseren Arbeitsplatz verloren und damit jede Verdienstmöglichkeit, daher hielt uns nichts mehr in Kabul. Wir wollten anderswo unser Glück versuchen. Ohne dass es ihm bewusst war, hatte Khan Mohammed uns einen Weg gewiesen. Auch wenn wir über seine unbegründeten Verdächtigungen stocksauer waren, hatte er in einem Punkt recht: Im Norden wären wir willkommen. Und so bin ich im Nachhinein überzeugt, dass er uns mit seinen Vorwürfen das Leben gerettet hat. Während wir mit einem gemieteten Minibus aus Kabul heraus gen Norden brausten, überrannten die Taliban von Süden her die Stadt.

Wir saßen zu viert im Wagen: Lailuma und ich, der Fahrer und unserer älterer Bruder Zainullah, der uns nach dem Willen unseres Vaters begleitete. Zwei Frauen alleine reisen zu lassen, noch dazu zwei unverheiratete, wäre zu gefährlich gewesen. Unter unseren Burkas passierten wir jedoch ohne Schwierigkeiten die Checkpoints der Mudschaheddin. Kurz hinter der Stadtgrenze gab es keine Checkpoints mehr. Von der Machtergreifung der Taliban an beschränkte sich der Einfluss der Mudschaheddin auf das Gebiet rund um Kabul. Aus heutiger Sicht bin ich noch immer überwältigt von dem Gedanken, was für ein Glück wir gehabt haben. Ganz ohne jede Kontrolle kamen wir zwar nicht durch, aber wir waren nie in Todesgefahr. Hin und wieder hielten uns selbsternannte Ordnungshüter an und kassierten Wegezoll. Bereitwillig gab mein Bruder ihnen, was sie verlangten. Genauso gut hätten sie uns einfach ausrauben können. Aber so war es wohl zivilisierter.

Es war bereits Nachmittag, als wir uns der Millionenmetropole Mazar-e-Scharif näherten. Wir waren eigens früh gestartet, um das Sonnenlicht auszunutzen. In der Nacht zu fahren wäre uns doch zu gefährlich gewesen. Sobald die Sonne unterging, wagten sich nur noch Banditen auf die Straße. Als wir auf die von Bergen umgebene Stadt zufuhren, stand die Abendsonne bereits als roter Feuerball über dem Horizont, und wir mussten noch mit bestimmt einer Stunde Fahrt bis ins Stadtzentrum rechnen. Es würde eng werden, aber wir waren entschlossen, es rechtzeitig zu schaffen.

Und was wir dann tun wollten? Wenn wir selbst das nur gewusst hätten: Unsere Pläne waren vage. Wir wollten General Dostum um Hilfe bitten. Aber wie um Himmels willen sollten wir das anstellen? Zuerst einmal mussten wir ihn finden. Auf unserem Weg ins Stadtzentrum fuhren wir an unzähligen Plakaten vorbei, auf dem das glattrasierte Konterfei des bulligen Generals zu sehen war. Wir blickten uns überrascht um. Auf uns, die wir aus dem heruntergewirtschafteten und kriegszerstörten Kabul kamen, wirkte die Stadt wie eine prosperierende Wirtschaftsmetropole und geradezu mondän. Auf den Straßen wimmelte es von Geschäftsleuten, von Studenten. Und man sah sogar junge Frauen, bestimmt Studentinnen, denn die Stadt war für ihre Universität berühmt. Ich fühlte mich an alte Zeiten erinnert. Immer wieder hielten wir an, um die Passanten zu fragen, wo der General residiere.

Dostum zu finden war am Ende leichter als erwartet. Die Leute wiesen uns den Weg zu einem Fort, das etwas außerhalb der eigentlichen Stadt in der Nähe des östlichen Vororts Dehdadi lag. Sie nannten das Fort *Kala-e-Changi* – Palast des Krieges. Von außen sah es wie eine Ritterburg aus: Sogar Zinnen besaß das sandfarbene, alte Gemäuer, soweit wir es im rasch schwindenden Tageslicht erkennen konnten. Dann trafen meine Schwester und ich einen Entschluss: Wir ließen unsere Burkas – und unseren Bruder – im Auto zurück. Wir waren überzeugt, dass wir die vor uns liegende Aufgabe alleine bewältigen mussten, und das verstand er. Mit einem leichten Schal um den Kopf und etwas Farbe auf den Lippen näherten wir uns der Festung.

»Wohin wollt ihr?« Dostums Wachen hielten uns auf. Wir baten, beim General vorsprechen zu dürfen. Wir wurden kurz gemustert, aber dann führten sie uns sogleich in den Innenhof, in dem es nach Sommerflieder duftete. Dort saß Dostum unter einem Mandelbaum und trank Tee: Er war ein kräftiger, gedrungener Mann, damals bereits leicht ergraut, mit einem stattlichen Schnauzer und auffällig buschigen Brauen. Wie alle afghanischen Führer trug er ein traditionelles, weißes Gewand mit einer bestickten Weste, einem beigen Wollschal und einer Filzmütze, um den einfachen Leuten zu gefallen. Das passte eigentlich nicht zu den modernen Ansichten, die Dostum auch uns gegenüber später immer vertrat. In diesem Augenblick hielt er gerade mit lautem Organ den Soldatenführern einen Vortrag, die bei ihm saßen. Als er uns sah, unterbrach er sofort: »Oh, zwei junge Damen kommen mich besuchen. Was verschafft mir die Ehre?« Er lächelte freundlich.

In seiner Gegenwart wurde ich gleich ein bisschen zuversichtlicher. Lailuma tat mal wieder so, als ob sie nicht sprechen könnte. Aber damit hatte ich gerechnet, und auf den Mund gefallen war ich noch nie. »Verehrter Herr General«, sagte ich auf Usbekisch – und war in diesem Moment sehr froh, die Sprache von meiner Mutter gelernt zu haben. Dostum strich sich über den Schnauzbart. »Bitte helfen Sie uns: Wir sind Latifa und Lailuma Nabizada, die ersten und ein-

zigen Pilotinnen der afghanischen Luftwaffe ...« – ich schluckte – »also der alten Luftwaffe, meine ich: Wir wurden noch unter Dr. Nadschibullah ausgebildet. Wir haben unserer Regierung stets treu gedient. Aber Massouds Kommandanten scheinen keine Verwendung mehr für uns zu haben. Sie haben uns gefeuert, weil sie zu Recht vermuten, dass unser Herz nur für Sie schlägt ...« Jetzt lächelte er zufrieden. »Verstehen Sie? Unsere Familie ist nicht reich. Wir brauchen dringend eine neue Arbeit. Vielleicht können Sie zwei Pilotinnen in Ihren Reihen gebrauchen?«
Mir fiel nichts mehr ein, was ich zu unseren Gunsten hätte vorbringen können. Ich sah Dostum an, und er runzelte die Stirn. Da fiel mir einer der Männer auf, die bei ihm saßen. Ich kannte ihn, er war ein früherer Kamerad von uns; sein Name war Hafir. »Die beiden sind sehr talentiert, äußerst zuverlässig und fleißig«, versicherte er Dostum.
Der General schien überzeugt. Er ließ sich ein Telefon bringen, dessen Schnur bis in den Garten reichte. In kürzester Zeit tätigte er drei Anrufe: Mit dem ersten Telefonat besorgte er uns eine Wohnung. Im zweiten ordnete er an, dass Reis, Mehl, Bohnen und Salz dorthin gebracht wurden. Und im dritten Gespräch verlangte er etwas Bargeld der Währung, die er in seinem Herrschaftsbereich verwendete. Offiziell hieß das Geld hier ebenfalls Afghani, wurde im Volksmund aber *Dostumi* genannt – und offensichtlich machte es ihm Freude, ebenfalls diesen Begriff zu verwenden. Feierlich überreichte er uns gleich einen ganzen Stapel Papiernoten. »Einen Vorschuss auf euren Lohn in meiner Armee«, sagte er gönnerhaft. Damit waren Lailuma und ich eingestellt.
Dostum bezahlte uns gut. Er versprach uns ein Gehalt von immerhin siebenhundert Dostumi im Monat. Genug, dass Lailuma und ich sogar unsere Familie in Kabul würden

unterstützen können, dachten wir erfreut. Wir mussten nur einen sicheren Weg finden, es unseren Verwandten zu schicken.
Dem Usbeken-General kamen wir gerade recht: Dostum arbeitete nämlich daran, sich im Ausland als Alternative zu den Kriegstreibern in Kabul zu empfehlen. Im Jahr zuvor hatte er New York und Washington bereist. Und jetzt ging es darum, Geld für Waffen einzusammeln. Zu diesem Zweck betrieb er eine regelrechte Charme-Offensive in den internationalen Medien; dort präsentierte er sich als moderater islamischer Politiker. Da passte es gut, dass er zeigen konnte: In seinem Reich, so groß wie halb Deutschland, genossen Frauen Freiheiten wie sonst nirgendwo in Afghanistan. Sie arbeiteten in den verschiedensten Berufen. Auch mit anderen islamischen Regeln ging Dostum relativ entspannt um. Unter ihm gab es keinen Schleierzwang. Sogar Musik hören und Feste feiern war in Ordnung. Daher gefiel ihm die Idee, Frauen in seiner Luftwaffe zu haben: So konnte er sich ausländischen Journalisten gegenüber noch glaubwürdiger als Garant für Freiheitsrechte gerieren.
Allerdings nahmen ihm später auch die Taliban diese Einstellung ab: Dank seiner Imagekampagne avancierte er zu ihrem Intimfeind. Sie brandmarkten ihn als einen »Ungläubigen« und trachteten ihm nach dem Leben. Im Gegensatz zu den Mudschaheddin, die im Namen der Religion stets nur die eigenen Machtinteressen verfolgt hatten, meinten die Taliban es ernst mit dem Islam – oder vielmehr mit dem, was sie dafür hielten.
Lailuma und ich konnten an jenem Abend jedenfalls unser Glück kaum fassen: Nur eine Woche nach unserem Rausschmiss aus der Armee waren wir erneut als Pilotinnen im Dienst. Wie fuhren zu unserem neuen Zuhause, luden die wenigen Sachen aus, die wir mitgebracht hatten, und tru-

gen sie in die Dreizimmerwohnung, die uns Dostum im Erdgeschoss eines Appartementhauses im Norden der Stadt zur Verfügung gestellt hatte. Unsere Nachbarn waren ebenfalls Angehörige seiner Truppen. Sie behandelten uns sehr freundlich und bewirteten uns mit Spinat und Spaghetti. Da wir ausgesprochen hungrig waren, schlugen wir uns den Bauch voll. Pausenlos machten sie uns Komplimente. Dostums Gäste zu sein war eine große Ehre in Mazar-e-Scharif.

Was sich seit unserer Abreise in Kabul ereignet hatte, erfuhren wir erst Tage später aus dem Fernsehen. Unsere Nachbarn hatten ein Gerät, das sogar Satellitenprogramme empfangen konnte. Als der Sprecher der Nachrichtensendung verkündete, die Taliban hätten in Kabul den Sieg errungen, verstanden wir zunächst gar nicht, was dort eigentlich vor sich ging. Die Taliban? Ein Haufen pubertierender Madrasa-Schüler sollte die Hauptstadt eingenommen haben? Das klang geradezu unglaublich!

Noch erstaunlicher waren die Umstände ihrer Machtübernahme: Die jungen Paschtunen hätten Kabul mehr oder weniger überrannt, hieß es. Eine ihrer ersten Taten war die Ermordung unseres ehemaligen Präsidenten. Sie hatten Nadschibullah und dessen Bruder einfach aus dem mit blauer Farbe gestrichenen UN-Quartier geschleift, in das er sich Jahre zuvor geflüchtet und das er seitdem nicht mehr verlassen hatte. Die Muschaheddin hatten ihm, trotz anderslautender Ankündigungen, nie den Prozess gemacht. Nach Angaben des Nachrichtensprechers waren Nadschibullah und sein Bruder einfach auf einer Verkehrsinsel an einem drei Meter hohen Galgen erhängt worden. Seltsamerweise gab es davon keine Bilder, daher ging man davon aus, dass sie vermutlich bereits früher gestorben waren, von den Taliban zu Tode geprügelt. »Wir haben ihn getötet, weil er der Mörder unseres Volkes war«, erklärte ihr Anführer gegenüber der Presse, es war ein gewisser Mullah Omar, der auch in den Folgejahren als islamistischer Führer von sich reden machen sollte.

Bei unseren Nachbarn, aber auch bei der restlichen Bevölkerung riefen diese Nachrichten große Besorgnis hervor. Bislang hatte man die Taliban lediglich als ein lokales Phänomen wahrgenommen, eine Gruppe aus dem Süden Afghanistans. Dass dieselbe Gruppe nun Ambitionen zeigte, auch in anderen Landesteilen Macht auszuüben, passte nicht ins Bild. Zudem wirkte es beängstigend, dass die in Kabul herrschenden Milizen – insbesondere Massouds Luftwaffe – den Taliban nichts entgegenzusetzen gehabt hatten. Alle rätselten, wie stark die Taliban wohl wirklich waren, es wurde das dominierende Thema in Mazar-e-Scharif. Am Flughafen sprachen wir mit unseren Kameraden über nichts anderes, zumal nach und nach immer mehr Kommandanten aus Kabul nach Mazar-e-Scharif kamen, um unter Dostum zu dienen. Hatte Dostum ursprünglich nur über eine relativ kleine Flotte von ungefähr zehn Hubschraubern verfügt, versammelte sich nun fast die gesamte ehemalige Führungselite des Militärs in der Provinzmetropole und gründete später unter Dostums Führung die Nordallianz.

Das Ambiente am Flughafen war von da an ausgesprochen multikulturell: Neben Usbeken arbeiteten dort Tadschiken, Hazara und sogar Paschtunen. Doch eins einte uns: Fast alle glaubten wir anfangs, der Spuk in Kabul werde nicht lange dauern.

Doch erst einmal mussten wir mit der Tatsache fertigwerden, dass diese Taliban die Hauptstadt einfach so überrannt hatten. Lailuma und ich waren besorgt, schließlich befanden sich unsere Eltern dort, unsere Familie. In unserem Büro am Flughafen hatten wir ein Radio, und so suchten Lailuma und ich die Frequenz von »Radio Kabul«, um mehr über die Lage in der Hauptstadt zu erfahren. Es knisterte zwar, rauschte und knackte, aber immerhin: Wir hatten Empfang. Als Erstes erfuhren wir, dass der Sender umbenannt worden war und »Radio Scharia« heißen sollte. Lailuma zog die Brauen hoch. Dann zählte der Sprecher auf, was ab jetzt alles untersagt sein sollte: singen, tanzen, Musik hören, Tauben züchten, fernsehen, Murmeln spielen, Zigaretten rauchen, Drachen fliegen lassen. Händler sollten ihre Ware nicht länger in Papier verpacken, da die Gefahr bestünde, dass eine Seite des Heiligen Buches mitgegriffen würde. Statt Zähne mit Zahnpasta zu putzen sollten wir auf Wurzeln kauen, weil der Prophet diese Methode angeblich bevorzugt habe. Lailuma und ich schauten uns ungläubig an. Meinte der Mann das ernst? Jahrelang hatten wir für eine Regierung gearbeitet, die für sich in Anspruch nahm, die Gesetze des Islam zu befolgen. Aber so eine Interpretation hatten wir noch nie gehört. Wie kamen die Religionsstudenten auf diese abstrusen Ideen?

Dann wandte sich der Sprecher an die weiblichen Hörer: »Die islamische Kleidung ist von größter Wichtigkeit«, sagte er. »Deswegen werden alle Schwestern aufgefordert, ihre Gesichter und ihren gesamten Körper zu verhüllen, wenn sie aus dem Haus gehen.«

»Das Gesicht? Will er damit etwa sagen, dass alle nur noch Burka tragen sollen?«, fragte meine Schwester.

Anstelle einer Antwort legte ich den Finger vor den Mund, ich wollte weiterhören.

»Alle Schwestern, die für Regierungseinrichtungen arbeiten, sollen zu Hause bleiben. Diese Anordnung gilt bis auf weiteres.«

Die Meldungen waren so weltfremd, dass wir sie kaum glauben konnten. Übertrieb dieser Journalist nicht maßlos? Seine Forderungen übertrafen alles, was ich bislang an Auswüchsen eines religiösen Fanatismus kennengelernt hatte. Und das war nicht wenig gewesen.
Von einem öffentlichen Münzsprecher riefen wir zu Hause an, um zu fragen, ob die Lage tatsächlich so schlimm sei. Meine Eltern besaßen zwar immer noch kein eigenes Telefon, aber meine bereits verheiratete Schwester verfügte über eines. Nach einigen Versuchen konnte ich meinen Vater dort erreichen. Er war sehr erfreut zu hören, dass wir Arbeit gefunden hatten. Aber er klang auch besorgt. Was er zu berichten hatte, bestätigte unsere Befürchtungen: Ja, die neue Regierung habe alle weiblichen Staatsangestellten mit sofortiger Wirkung entlassen, selbst die Lehrerinnen. Mädchen durften nicht mehr zur Schule und zur Uni gehen. Unsere kleine Schwester Scharifa, die in diesem Semester ihr Medizinstudium an der Universität Kabul beginnen wollte, hatte ihren Studienplatz verloren.
Die neuen Machthaber nahmen die Regeln offenbar so ernst, dass sich meine Schwestern gar nicht mehr aus dem Haus trauten. Sie hatten Angst vor der Religionspolizei, die unbegleitete Frauen aufgriff und drangsalierte. Selbst Frauen, die Burka trugen, kassierten Tritte und Schläge. Mein Bruder Aschraf berichtete, dass an der Uni nur noch Mitglieder der Taliban unterrichteten: Die neuen Dozenten kamen mit Kalaschnikows und Schlagstöcken in den Hörsaal und erzählten den Medizinstudenten, dass Krankheiten Zeichen des Zorns Gottes seien. Wer eine Antwort nicht wusste, den schlugen sie. Es herrschte eine unglaublich brutale Atmosphäre.
Ob die Taliban zu diesem Zeitpunkt bereits unsere Auslieferung verlangt hatten, weiß ich nicht. Jedenfalls erwähnte

unser Vater nicht, dass sie nach uns suchten. Er sagte lediglich, dass wir nicht nach Hause zurückkehren dürften: Kabul sei jetzt zu gefährlich für uns. Wenig später aber kam er mit unserer gesamten Familie Hals über Kopf nach Mazar-e-Scharif.

Die Flucht unserer Familie kam für Lailuma und mich überraschend: Ohne Vorwarnung standen unsere Eltern und Geschwister plötzlich mit Sack und Pack vor der Tür. Doch nach dem Vorfall am Gartentor war meinem Vater klar gewesen, dass die Taliban wiederkommen und ihm keine Ruhe lassen würden, bis sie uns in den Fingern hätten. Dass wir für Dostum arbeiteten, machte die Sache nicht leichter. Solange Lailuma und ich uns nicht den Taliban in Kabul stellten, waren die in der Stadt verbleibenden Familienmitglieder in Gefahr. Also hatte mein Vater nicht lange gezögert.

Ohne einen Außenstehenden in seine Pläne einzuweihen, schloss er nach heimlichen Vorbereitungen eines Morgens das Haus ab und fuhr mit der gesamten Familie zum Bahnhof, um von dort den nächsten Bus nach Mazar-e-Scharif zu nehmen. Es sollte aussehen wie ein Verwandtenbesuch, deswegen trugen alle nur wenig Gepäck bei sich. Sie ließen das Haus so zurück, als wollten sie weiterhin dort wohnen. Erst einige Wochen nach der gelungenen Flucht verständigte mein Vater Kabuler Verwandte, dass sie vorübergehend einziehen konnten. Seinen Lebensmittelladen überließ er meinem Schwager, dem Ehemann meiner älteren Schwester.

Einzig mein jüngerer Bruder Aschraf blieb in Kabul, um sein Studium fortzusetzen. Aber auch er versteckte sich: Er zog in ein anderes Viertel, damit die Taliban ihn nicht fanden, wenn sie weiter nach uns suchten. Als der neue Dekan der Fakultät mit seinem Turban, der ihn als Anhänger der Taliban auswies, Aschraf fragte, woher er komme, behauptete mein Bruder, er stamme aus der nördlichen Provinz Faryab, um nicht mit uns in Verbindung gebracht zu werden. Der Talib fragte nach: »Farah?« Das ist eine Region im Süden, in der die Taliban besonders viel Zulauf haben. Mein Bruder widersprach nicht. Aber er war nicht sicher, ob der Dekan ihm tatsächlich glaubte.

Lailuma und ich waren besorgt, als wir erfuhren, unter welchen Umständen unsere Familie Kabul verlassen hatte. Und wir spürten die Last der Verantwortung: Jetzt hing das Wohlergehen von einem Dutzend Menschen von uns ab. Mein Vater nahm uns zur Seite und erklärte uns, dass wir von nun an die Pflicht hätten, für die Familie zu sorgen. Er könne das nicht mehr leisten. Ich glaube, es fiel ihm sehr schwer, das so deutlich auszusprechen.

Vater wusste genau, was er mir und Lailuma damit abverlangte: Wir waren jetzt Mitte zwanzig. Eigentlich wäre es höchste Zeit für uns gewesen, eigene Familien zu gründen. Aber das stand angesichts der finanziellen Abhängigkeit unserer Eltern und Geschwister nicht zur Debatte – und so sollte es noch jahrelang bleiben. Meine Schwester und ich akzeptierten das und verbannten solche Ideen aus unseren Gedanken. Ich glaube, dass das für Lailuma nicht immer einfach war, weil sie romantischer war als ich. Aber die praktischen Probleme, die wir zu lösen hatten, waren weitaus drängender. Glücklicherweise gab es in unserer Wohnung genug Platz, um alle unsere Angehörigen unterzubringen – und wir hatten auch genügend Lebensmittel vorrätig, um sie satt zu bekommen.

Meine Geschwister liebten es, wenn ich kochte. Also bereitete ich für alle kurzerhand ein Hühnerfrikassee mit Reis und Bohnen zu. Die neue Verantwortung wog zwar schwer auf meinen Schultern, aber sie machte mich auch stolz.

Da wir etliche Verwandte in Mazar-e-Scharif hatten, lebte sich die Familie bald gut ein. Meine kleine Schwester Scharifa nahm an der Universität das Medizinstudium wieder auf, das ihr die Taliban in Kabul verwehrt hatten. Lailuma und ich bezahlten ihr die Studiengebühren, damit sie wie unsere ältere Schwester Leila Ärztin werden könnte. Wir waren zufrieden mit unserer neuen Existenz: Hatten wir in Kabul aufgrund der ständigen Kämpfe und der Lebensmittelengpässe ein eher entbehrungsreiches Leben geführt, so stellte sich jetzt so etwas wie Normalität ein. Wir hatten genug zu essen und mussten nicht ständig fürchten, ausgebombt oder mitten in der Stadt von Scharfschützen aufs Korn genommen zu werden.

Lailuma und ich gewöhnten uns an unsere Rolle als Versorger. Abends nach der Arbeit bat mich meine Familie oft, für sie zu kochen. Wenn ich antwortete, dass ich müde sei, hielten sie mir entgegen: »Wieso? Du bist doch geflogen, nicht gelaufen!« Wie in guten alten Zeiten hörte Lailuma ihre Musikkassetten und wippte mit dem Fuß, während ich mich in der Küche abrackerte. Ich verzieh es ihr. Hauptsache, wir waren wieder alle beisammen und die Menschen, die ich liebte, fühlten sich wohl.

Auch sonst entwickelten sich die Dinge zum Positiven. Dank unseres Förderers Dostum hatten wir von Anfang an einen guten Stand bei unseren Kameraden. Für das üppige Gehalt, das uns der General zahlte, verlangte er von uns, dass wir auch in der Stadt unsere Uniformen trugen. Dostum wollte, dass die Frauen in seiner Armee sichtbar wären. Wir waren eine Art Aushängeschild für ihn, da er sich der Förderung von Frauen und Frauenrechten verschrieben hatte. Und niemand, auch keiner unserer Kollegen, wagte es, sich dagegenzustellen. Ehrlich gesagt, ich genoss es sehr, einfach nur ich selbst sein zu können, Latifa, die Pilotin, und meine Uniform war es, was mich im Alltag auszeichnete. Was ich nicht wusste: Ich würde nie wieder derart unbefangen auftreten können wie damals.

Lailuma und ich wurden mehr eingesetzt denn je. Wir flogen meist in die Provinz Faryab, die nördlich von Mazar-e-Scharif liegt. Für Lailuma und mich war es das Wichtigste: Endlich durften wir wieder im Cockpit sitzen. Am Steuer! Denn Fliegen war nun einmal das, was wir am liebsten taten. Es war unsere Leidenschaft – vielleicht war es auch sogar ein bisschen wie eine Sucht für uns.

Ich liebte es, den Motor anzulassen und dem tackernden Sound des Propellers zu lauschen, der den Staub um mich herum aufwirbelte. Das Gefühl, wenn die mächtige Maschine vom Boden abhebt und mich – wie durch Zauberhand – in die Luft mitnimmt, war und ist für mich mit nichts anderem auf der Welt vergleichbar. Ich empfand es als riesiges Privileg, dafür auch noch bezahlt zu werden, es Tag für Tag erleben zu dürfen. Es war ein wunderbarer Beruf – bei aller Gefahr.

Sobald die Maschine einige Meter an Höhe gewonnen hatte, breitete sich vor meinen Augen die flache Landschaft des Nordens aus mit ihren Gelb- und Ockertönen. Dieselbe karge, aber ungemein schöne Landschaft, die ich bei meiner Ausbildung vor ein paar Jahren so gut aus der Luft kennengelernt hatte. Gewöhnlich drehte ich dann gen Nordosten in Richtung der Grenze zu Turkmenistan ab, wo es immer gebirgiger wurde. Gleichzeitig war es dort grüner als in der flachen Ebene rund um Mazar-e-Scharif. An unserem Ziel tobten damals heftige Kämpfe zwischen der Nordallianz und den Taliban. Zwischen den Provinzen Badghis und Faryab verlief die Grenze, auf der einen Seite wurde das Gebiet von den Taliban kontrolliert, auf der anderen Seite leisteten Dostums Milizen Widerstand und schlugen sich tapfer, unterstützt von Dostums tadschikischen Verbündeten unter Ismail Khan. Unsere Aufgabe war es, Dostums Männern Waffen, Trinkwasser und Nahrung zu bringen – und wir hatten erneut die Verletzten zur Behandlung in die nächstgrößere Stadt zu transportieren.

Damit glichen unsere Einsätze ein wenig denen, die wir Jahre zuvor in die Provinz Gardez geflogen waren. Nur dienten wir diesmal nicht der Kriegsmaschinerie eines Staates: Unsere Mittel waren beschränkter, die Waffen primitiver. So hatten wir keine Raketen an Bord, sondern es war lediglich eine Kalaschnikow vorne am Hubschrauber festgeschraubt. Wenn wir beschossen wurden, konnte ich die Waffe vom Cockpit aus bedienen. Oder ich hätte es theoretisch zumindest tun können. In der Praxis überließ ich diese Aufgabe allerdings lieber meinem Copiloten oder dem Flugingenieur: Ich hasste es, auf Menschen am Boden zu schießen, und redete mich damit heraus, dass ich mich aufs Fliegen konzentrieren müsse. Und so war es ja auch. Später begleitete uns ein Scharfschütze, der diese Aufgabe ohne Skrupel ubernahm.

Manchmal flogen Lailuma und ich wie zuvor Formation. Oft aber waren wir auch allein unterwegs, weil Dostums Flotte insgesamt kleiner war. Allerdings flogen wir nie zusammen mit ein und demselben Helikopter ins Kampfgebiet. Auf diese Einteilung verzichtete man aus Rücksicht auf unsere Familie: Falls einer von uns etwas zustieße, so die Logik, bliebe immerhin noch die andere am Leben.

Die Menschen in der Provinz begegneten mir sehr freundlich. Viele Männer äußerten ihre Bewunderung, dass ich für Dostum als Pilotin arbeitete: Das mag zum einen dar-

an liegen, dass die Menschen im Norden generell offener sind, was die Rolle von Frauen in der Gesellschaft angeht. Oder es war bereits ein Resultat von Dostums Erziehungsfeldzug: Durch seine Medien ließ er überall verbreiten, dass Mädchen zur Schule gehen und Frauen einen Beruf ergreifen sollten. In einigen Orten wurde ich den Dorfbewohnern sogar als leuchtendes Beispiel vorgeführt.
Wenn es notwendig war, dass ich irgendwo über Nacht blieb, war der Bürgermeister der Gemeinde zuständig, mir ein Quartier zu beschaffen: Manchmal schlief ich bei einer Familie, manchmal auch in einem Gästehaus. Die Unterkünfte waren stets bescheiden, vor allem, was die sanitären Einrichtungen betraf. Aber die Leute teilten mit uns, was sie hatten.
Einmal strandete ich abends bei einem Salzsee, der in der Nähe von Andkhoy liegt. Dort gab es keinerlei Hotels oder öffentliche Unterkünfte, also lud der Dorfälteste des kleinen Ortes am Rande des Sees mich und meine kleine Mannschaft ein, mit in sein Privathaus zu kommen. Seine Ehefrau habe bereits für uns gekocht, betonte er. Wir hatten keine Bedenken, die Einladung anzunehmen.
Ich als Frau und Pilotin war bei solchen Privatbesuchen immer *die* Attraktion für die Frauen der Familie. Und so war es auch diesmal: Zuerst aß ich mit den Männern zu Abend, während sie Reis und Fleisch auftrugen. Dabei beobachteten sie mich aus dem Augenwinkel. Doch sobald das Essen beendet war, verloren sie ihre Scheu. Sie lösten mich aus der Gruppe der Männer und brachten mich in das Zimmer, in dem sich die Frauen aufhielten. Dort umringten sie mich und bombardierten mich mit Fragen: Wie alt ich sei. Woher ich komme. Ob ich verheiratet sei und Kinder hätte. Und wie ich zu meinem Beruf gekommen sei.

Ich spürte ganz deutlich: Ich war wie ein Wesen von einem anderen Stern für sie. Aber sie umsorgten mich liebevoll, indem sie mir immer wieder Tee, Pistazien und Süßigkeiten brachten. Sie erhitzten sogar Wasser für mich, damit ich mich ausgiebig waschen könnte. Natürlich beteuerte ich, dass das gar nicht nötig sei. Aber als das Wasser einmal heiß war, ergriff ich die Gelegenheit. Die Frau des Dorfältesten assistierte mir mit einer Kanne beim Haarewaschen.

»Ich bewundere Sie«, sagte sie, während sie mir das warme Wasser über den Kopf laufen ließ. Obwohl ich rund zwanzig Jahre jünger als sie war, siezte sie mich als Zeichen ihres Respekts vor mir. »Ich glaube, ich hätte nicht den Mut, das zu tun, was Sie tun.«

Ich genoss solche Begegnungen, weil sie mir vor Augen führten, dass Lailumas und mein Beruf wirklich etwas ganz Besonderes war. Und dass es wichtig war für die afghanischen Frauen, Vorbilder wie uns zu haben. Aber ich genoss es auch, wenn wir hin und wieder für uns waren – und unsere Ruhe vor der Welt hatten.

In der Provinzhauptstadt Scheberghan, wo wir besonders oft zu tun hatten, weil sich Dostums Militärbasis dort befand, stellte uns der General ein kleines Appartement zur Verfugung, damit wir uns zwischen den Einsatzen ausruhen konnten. Dort deponierten wir unser Waschzeug und Wechselkleidung. Es war ein echtes Zigeunerleben, das wir im Reich der Nordallianz führten: ein Leben, wie es sich unsere Mutter nie hätte vorstellen können. Aber eines, das uns sehr gefiel. Trotz des Krieges und der akuten Bedrohung.

Vielleicht kann man uns vorwerfen, dass wir etwas naiv waren, was diese Bedrohung anging. Aber das waren damals die meisten Bewohner von Mazar-e-Scharif: Sie hatten nicht wirklich Angst vor den Taliban, denn sie gingen

davon aus, dass Dostum sie besiegen würde. Auch Lailuma und ich dachten das. Wir waren dort so sehr auf unseren charismatischen General fixiert, dass wir uns sein Scheitern einfach nicht vorstellen konnten.
Zudem waren die Taliban doch fremd in diesem Landesteil: Die Paschtunen sprachen eine andere Sprache, und ihr Lebensstil unterschied sich beträchtlich von dem der Tadschiken und Usbeken, die hier im Norden die Bevölkerungsmehrheit stellten. Die Leute aus dem Süden galten bei uns als ungebildet und rückständig, weil sie noch sehr viel stärker als wir ihren Traditionen verhaftet waren. Kaum einer ging zur Schule. Geschweige denn Frauen! Dass die Taliban sich je so weit von Kandahar fort bis nach Kabul trauen würden, hatte keiner von uns erwartet. Was war das für ein Schock für uns, als die Gotteskrieger dann doch näher rückten. Zugegeben: nicht für alle Bewohner von Mazar-e-Scharif.

Das politische Unwetter kündigte sich bereits Tage vorher an, als Paschtunen aus der Provinz Balch durch Mazar-e-Scharif zogen. Sie randalierten und plünderten Geschäfte. Sie zerstörten in erster Linie technische Geräte oder nahmen sie mit. Zahlreiche Autos brannten. Dostums Milizen waren nicht in der Lage, sie aufzuhalten, denn sie waren in Andkhoy und Khawaja Dokoh in schwere Gefechte mit den Taliban verwickelt.
Dann näherte sich in der Nacht zum 25. Mai 1997 eine Flotte von Boeings Mazar-e-Scharif. Die Taliban kamen mit denselben Frachtmaschinen, die sie ein gutes halbes Jahr zuvor der afghanischen Luftwaffe abgenommen hatten. Und wie bei jedem Machtwechsel in meiner Heimat hatten auch ein paar Kollegen die Seiten gewechselt: Sie saßen nun in den gegnerischen Maschinen hinter dem

Steuer und landeten im Morgengrauen auf dem Flughafen im Osten der Stadt. Jedes Flugzeug brachte Hunderte schwer bewaffneter Männer mit schwarzen Turbanen und den langen, weißen Roben der Scharia-Studenten. Busse und Pick-ups fuhren die Krieger in die Innenstadt. Dort verschanzten sie sich in den strategisch wichtigen Gebäuden. Alles war logistisch perfekt vorbereitet für die rasche, reibungslose Einnahme der Stadt, die dann quasi kampflos fiel, während Lailuma und ich noch zu Hause unter unseren Decken schliefen. Die Bevölkerung von Mazar-e-Scharif war Opfer einer politischen Intrige geworden.

Der Verräter, der uns an die Taliban ausgeliefert hatte, hieß Abdul Malik Pahlawan. Er war ein ehemaliger Mitstreiter von Dostum – und sein Rivale. Er hatte dem General vorgeworfen, seinen Bruder Rasul Pahlawan und dessen Leibgarde ermordet zu haben. Ob das stimmt, weiß ich nicht. Abdul Malik glaubte es jedenfalls. Aus Rache verhandelten dieser Abdul Malik Pahlawan und ein paar andere Verschwörer heimlich mit Dostums Feinden, also mit den Taliban. Zuerst jagten sie Dostums Verbündeten, den weißbärtigen Tadschiken Mohammed Ismail Khan ins Exil. Dann lieferten sie uns, die Einwohner von Mazar-e-Scharif, den Taliban ans Messer. General Dostum selbst konnte sich gerade noch in Sicherheit bringen. Die Taliban hatten Abdul Malik wohl versprochen, ihm freie Hand über große Teile von Nordafghanistan zu lassen, ihn quasi als Herrscher einzusetzen, aber daran erinnerten sie sich nach dem erfolgreichen Einmarsch selbstverständlich nicht mehr …

Die Talibankrieger schlossen alle Büros und Schulen und erklärten sich zu den neuen Herren von Mazar-e-Scharif. Die Paschtunen innerhalb der Bevölkerung halfen ihnen dabei: Sie begrüßten die neuen Besatzer, indem sie weiße

Flaggen in die Fenster hängten. Die Gotteskrieger marschierten, ihre Kalaschnikows in Händen, mit flatternden weißen Gewändern durch die Straßen. Die jungen Männer, die im Namen Allahs zu kämpfen glaubten, strotzten nur so vor Selbstvertrauen. Und ich verzagte: Was sollte jetzt aus mir und meiner Familie werden?

Glücklicherweise waren Lailuma und ich am Morgen nicht früh genug am Flughafen gewesen, um ihnen direkt in die Arme zu laufen. Vielleicht hätten wir die Übernahme sonst nicht überlebt. Aber wir waren sicher, dass es nicht lange dauernd würde, bis sie mit uns und anderen Dostum-Getreuen abrechnen, also kurzen Prozess machen würden. Wir waren nicht länger sicher.

In unserer Ratlosigkeit blieben wir erst einmal im Haus und taten gar nichts. Wir befanden uns in einer Art Schockstarre. Hinter verrammelter Tür hörten wir leise Radio und warteten ab, was passierte. Ich glaube, dass unsere Nachbarn es genauso machten: In der Stadt herrschte Totenstille. Keiner verließ das Haus. Auch die Läden blieben geschlossen. Wir lebten von den Lebensmittelvorräten, die wir zu Hause gehortet hatten: Reis, Bohnen, Mehl, eingemachtes Gemüse und Öl lagerten in einer Kammer, so dass wir uns erst einmal keine Sorgen machen mussten.

Hin und wieder klopfte ein Nachbar, um ein wenig Öl oder Mehl zu erbitten. Bereitwillig gaben wir her, was wir entbehren konnten. Schließlich wussten wir nicht, wann wir einmal ihre Hilfe brauchen würden. Bei solchen Gelegenheiten tauschten wir auch Informationen über das aus, was in der Stadt vor sich ging. Den Gerüchten zufolge plante die schiitische Bevölkerung in den Vierteln rund um Syedabad Widerstand zu leisten. Die Schiiten, die der Volksgruppe der Hazara angehörten und sich in der Wahdat-Partei organisiert hatten, waren traditionell die Todfeinde der Paschtunen und erwarteten sich von deren Herrschaft massive Diskriminierungen. Sie suchten nach freiwilligen Mitstreitern, um Widerstand zu leisten. Mein Bruder Zainullah wollte sofort aufbrechen, aber mein Vater hielt es für nicht angebracht, dass er sich mit den Hazara verbündete. Schließlich waren wir Usbeken, Dostums Leute. Und aufgrund meiner und Lailumas Position in dessen Armee war unsere Situation ohnehin schwierig genug.

In den nächsten Tagen blieb es erstaunlich ruhig. Wir hörten keine Kampfgeräusche. Nur in den Nächten: Sobald es dunkel wurde, zog die Opposition einen Ring um die Stadt. Dann schossen die Kämpfer der Nordallianz mit ihren Gewehren in die Luft, damit wir wussten, dass sie sich in der Nähe befanden. Sie wollten den Bewohnern von Mazar-e-Scharif zeigen: Hier sind wir! Haltet durch! Wir haben euch nicht im Stich gelassen.

Damals dachte ich, dass auch Dostum persönlich unter den Kämpfern wäre, denn im Radio hörte es sich so an. Auf den von ihm kontrollierten Frequenzen hielt der General Durchhaltereden: »Habt keine Angst«, schwor er die Bevölkerung ein. »Wir werden den Feind vertreiben.« Aber später erfuhr ich dann, dass er sich zu diesem Zeitpunkt bereits in die Türkei abgesetzt hatte. Trotzdem machten uns die Schüsse der Widerständler Mut: Sie waren wie ein Versprechen, dass die Nordallianz kommen und uns retten würde. Und tatsächlich wendete sich das Blatt gut eine Woche nach dem Überfall.

Am 30. Mai wurden die Taliban von den Schiiten in Syedabad in einen Hinterhalt gelockt. Danach brach der Aufstand los: Die Bevölkerung von Mazar-e-Scharif erhob sich gegen die paschtunischen Besatzer. Es war ein kollektiver Wutausbruch, der komplette Wahnsinn. Plötzlich herrschte selbst bei uns im Viertel der totale Krieg auf den Straßen: Alte, Frauen und sogar Kinder griffen zu den Gewehren. Sie töteten Taliban, wo auch immer sie sie erwischen konnten.

Einige Schützen hatten sich auf dem Dach der Blauen Moschee verschanzt: Sobald ein Talib sich in den Hof wagte, wurde er von dort oben abgeschossen. Einen Paschtunen, der ebenfalls aufs Dach geklettert war, stürzten sie rücklings die Mauer hinunter. Der Hof entwickelte sich zur Todesfalle für die Taliban.

Wer den Befehl für den Aufstand gegeben hatte, weiß ich nicht. Später hieß es, dass es vielleicht sogar Abdul Malik selbst gewesen sei: Nachdem die Taliban Abdul Razzak zum neuen Militärchef im Norden ernannt hatten und für Malik nur der Posten des stellvertretenden Verteidigungsministers geblieben war, fühlte er sich wohl um die Früchte seines Deals betrogen. Er musste sich eingestehen, dass die Taliban ihn nur benutzt hatten, um in die Stadt zu kommen. Und jetzt dachten sie nicht daran, ihn an der Macht zu beteiligen – jedenfalls nicht in dem Maße, wie er es sich erhofft hatte. Als sie begannen, seine Männer zu entwaffnen, wechselte Malik erneut die Seiten: Er vereinigte seine Miliz mit den Schiiten der Wahdat-Partei. Gemeinsam nahmen sie Tausende Taliban gefangen. Unter der Aufsicht von Maliks Bruder, Gul Mohammed Pahlawan, wurden die Gefangenen massenhaft exekutiert.

Als alles vorbei war, lagen überall auf den Straßen Leichen herum. Tausende der Madrasa-Studenten, aber auch paschtunische Zivilisten waren erschossen oder mit Messern niedergemetzelt worden. Auch vor unserem Haus verweste ein toter Kämpfer in der unbarmherzigen Sonne: Mit einer Mischung aus Ekel und Erleichterung betrachtete ich den Leichnam.

Wie alle Männer beteiligten sich mein Vater und meine Brüder an den Aufräumarbeiten. Sie stapelten die Toten auf Pick-ups und brachten sie in die Wüste. Dort waren bereits große Gräben ausgehoben worden, in die sie die Leichen kippten. Es gab kein Gebet; kein Mullah gab sich dafür her, ihren verdammten Seelen Segen zu spenden. Dann wurden die Gruben schnell zugeschüttet und – als wolle man sichergehen, dass sie auch ganz bestimmt nicht mehr aufstanden – mit Bulldozern planiert.
Zehn Tage nach dem Alptraum kehrten meine Schwester und ich zur Arbeit auf den Flughafen zurück. Doch dort hatte noch niemand aufgeräumt. Es war ein heißer Junitag, und das gesamte Areal stank bestialisch nach Verwesung. Voller Ekel flüchteten wir in unser Büro, wo wir uns mit Unmengen von Parfüm einsprühten. Doch der Geruch begleitete uns noch wochenlang: Es war, als habe er sich in jedem Winkel des Geländes eingenistet.

Seit diesem Gemetzel hassten die Taliban die Stadt und ihre Bewohner. Und wir hatten Respekt vor ihnen. Wir hatten der Niederlage ins Auge gesehen. Niemand in Mazar-e-Scharif fühlte sich mehr unverwundbar, geschweige denn sicher. Uns allen war jetzt klar, was wir zu erwarten hatten, wenn wir den Kampf nicht endgültig zu unseren Gunsten entschieden: Keiner konnte auf die Gnade der gedemütigten Gotteskrieger hoffen, sollten sie Mazar-e-Scharif erneut einnehmen. Ihre Rache an den Bewohnern der Stadt würde fürchterlich sein.
Die Taliban ließen keinen Zweifel daran, dass sie es uns heimzahlen wollten: Im Herbst kamen sie wieder. Diesmal mit schwerem Geschütz. Sie bombardierten und belagerten Mazar-e-Scharif drei Wochen lang. Es kam zu Plünderungen, und Hunderte von Zivilisten starben. Aber die

Nordallianz konnte sie noch einmal vertreiben, dank General Dostum. Er vertrieb Abdul Malik. Wir atmeten auf, denn wir dachten, mit ihm kehre die Stabilität zurück. Doch wir hatten uns getäuscht.

Die Taliban ließen uns nur einen einzigen Winter Ruhe. Sobald der Schnee auf den Straßen geschmolzen war, fingen sie im Frühjahr 1998 wieder an, in der Region ihr Unwesen zu treiben. Sie kamen mit einem Aufgebot von achttausend Mann in die Provinz Faryab, und bereits im Sommer kontrollierten sie weite Teile des Nordens. Vor allem bemächtigten sie sich der Versorgungswege; unsere Leute waren von internationaler Unterstützung abgeschnitten. Natürlich hatten Lailuma und ich entsprechend viele Einsätze zu fliegen. Es war eine Zeit der Herausforderungen, doch sobald ich mit dem Hubschrauber in der Luft war, wusste ich wieder, wie sehr ich meinen Beruf liebte.

Dann überfielen die Taliban Anfang August Dostums Hauptquartier in Scheberghan. Nach wie vor flogen Lailuma und ich sehr oft in die einhundertdreißig Kilometer entfernte Hauptstadt der Nachbarprovinz Mazar-e-Scharifs, wo wir auch unser Appartement hatten.

Ich erinnere mich noch genau an den Tag, an dem ich am Flughafen von Scheberghan den Anruf von unserem Kommandanten entgegennahm. Glücklicherweise waren Lailuma und ich zusammen unterwegs. »Wir haben die Kämpfe verloren«, stellte er nüchtern fest. »Macht, dass ihr nach Hause kommt!«

»Sollen wir gleich nach Mazar-e-Scharif starten?«

»Starten? Wohin wollt ihr starten? Der Helikopter bleibt am Boden.«

»Ja, aber ... Wie sollen wir denn dann zurückkommen?«

»Lasst euch etwas einfallen.« Dann sagte er noch, wir sollten uns beeilen, weil die Taliban kurz vor Mazar-e-

Scharif stünden. Dostum könne sie nicht mehr aufhalten. »Beeilt euch, wenn ihr noch zurückwollt. Sonst ist es zu spät!«

Eine furchtbare Nachricht. Lailuma und ich sahen uns mutlos an, und auch ich empfand nicht die gewohnte Zuversicht.

»Heißt das, Dostum hat die Stadt schon aufgegeben?«, fragte Lailuma mich. Sie klang so verzweifelt, wie ich mich fühlte.

Ich nickte traurig. »Genau danach hat es sich leider angehört.«

»Aber das kann doch nicht sein! Das können sie doch nicht machen!«

»Komm, wir müssen zurück und die Familie warnen«, drängte ich sie. »Vielleicht haben wir, wenn wir rechtzeitig bei ihnen sind, noch eine Chance, gemeinsam aus der Stadt zu fliehen.«

Ein Kamerad bot uns an, uns in seinem Privatauto mitzunehmen. Glücklich, dass doch noch eine Möglichkeit für uns auftat, uns mit unserer Familie zu vereinen, fuhren wir mit seinem roten Lada zuerst zu unserem Appartement in Scheberghan. In aller Eile rafften wir unsere Kleidung zusammen. Dann ging es auf dem Straßenring nach Osten, der Scheberghan und Mazar-e-Scharif verbindet.

Auf der Straße war alles ruhig. Nur der Asphalt flimmerte in der Hitze. Ich litt unter fürchterlichen Kopfschmerzen, denn die ganze Fahrt über beschäftigte mich nur eine einzige Frage: Was sollte nur aus uns und unserer Familie werden? Wo konnten wir noch hin? Die Fluchtwege nach Osten und Westen, also in Richtung Iran und Pakistan, waren dicht. In den paschtunischen Gebieten im Süden Afghanistans herrschten die Taliban sowieso, aber nun hat-

ten sie auch fast den gesamten Norden im Griff. Gab es wirklich kein Entkommen mehr für uns?
Zwei Stunden später erreichten wir Mazar-e-Scharif, wo man noch nichts von der heraufziehenden Katastrophe ahnte: Die Menschen gingen ihrer Arbeit nach. Wir aber fuhren sofort nach Hause und berichteten unserem Vater, was wir erfahren hatten. Er war entsetzt über die Neuigkeiten, aber ratlos wie wir. Gemeinsam überlegten wir, ob es noch einen Weg aus Mazar-e-Scharif – und aus Afghanistan – für uns gäbe. Aber die Taliban waren jetzt praktisch überall. Es wäre zu gefährlich für uns, ihnen auf der Flucht in die Arme zu laufen. Sie hätten uns auf der Stelle erschossen. Außerdem wollte mein Vater nicht, dass die Familie sich trennte.
Vater entschied also, dass wir zunächst in Mazar-e-Scharif bleiben würden. »Habt keine Angst«, sagte er zu uns: »Entweder wir überleben gemeinsam, oder wir sterben zusammen. Das liegt allein in Gottes Hand.«
Die Kämpfe um die Stadt begannen bereits am nächsten Tag. Meine Schwester Scharifa wurde in der Universität davon überrascht, denn sie hatte sich, trotz unserer Warnungen, nicht davon abhalten lassen, ihre Vorlesungen an der medizinischen Fakultät zu besuchen. Sie meinte, wir übertrieben mit unserer Schwarzmalerei. Gegen Mittag aber brachten zwei ihrer Kommilitonen sie mit dem Taxi nach Hause. Sie war zur Sicherheit streng verhüllt, nur ihre Augen leuchteten groß vor Furcht unter dem Kopftuch hervor. In der Innenstadt tobten heftige Kämpfe zwischen Polizeikräften und den Taliban: Mitten im Unterricht hatten die Studenten die Salven der Maschinengewehre und die Schreie der Verwundeten gehört. Auch das Gebäude der Universität sei getroffen worden. Der Professor habe die Vorlesung abgebrochen und sie nach Hause

geschickt. Die Straßen seien wie leer gefegt gewesen. Scharifas Freunde verabschiedeten sich, um sich zu ihren eigenen Familien zu flüchten, die jetzt ihren Schutz benötigten. Wir dankten ihnen, dass sie unsere Schwester nach Hause gebracht hatten: Eine junge Frau durfte an einem solchen Tag unter keinen Umständen alleine unterwegs sein.

Nun begann der Rachefeldzug der Taliban. Wie wir befürchtet hatten, gab es für die Gotteskrieger nur ein Ziel: Wir alle, jeder einzelne Bürger der Stadt, sollten für die Demütigung bezahlen, die die Taliban erlitten hatten.

Als sie unser Stadtviertel erreichten, hörten wir zuerst das Motorengebrumm ihrer Jeeps. Dann hallten Schüsse. In unserer Wohnung gab es zwei Fenster nach vorne zur Straße hin. Dort versteckten wir uns hinter der Gardine und beobachteten, was vor sich ging: Lailuma, Scharifa, ich und die anderen Familienmitglieder starrten angstvoll hinaus.

Ein Dutzend weißer Fahrzeuge schob sich durch unsere Straße, besetzt mit Taliban. Sie hatten lange, schwarze Bärte. Manche hatten sich mit dem Turban das Gesicht verhüllt, so dass nur die Augen aus dem Stoff herausschauten. Es war ein bedrohlicher Anblick. Sie schwenkten weiße Fahnen und riefen: »*Allahu akbar* – Gott ist der Größte!« Wer wegrannte, auf den machten sie Jagd. Erbarmungslos knallten diese selbsternannten Gotteskrieger sogar flüchtende Kinder ab.

Ich sah, wie unser fünfzehnjähriger Nachbar ihnen entgegentrat. Er wollte wohl nur etwas fragen, aber sie feuerten ihm eine Kugel in den Bauch. Er fiel sofort um und war tot. Meine Schwester Scharifa wollte sofort zu ihm laufen, um ihm zu helfen; immerhin war sie Medizinstudentin. Aber Vater hielt sie am Arm zurück. »Lass den Unsinn! Niemand kann ihn mehr retten«, fauchte er sie an. Die

Leiche des Jungen blieb einfach auf der Straße liegen, und ich fühlte mich entsetzt an die Situation vor Monaten erinnert.

Dann gingen die Taliban von Haus zu Haus. Sie klopften an die Türen. Öffnete ein Angehöriger der Hazara, erschossen sie ihn auf der Schwelle. Auf diese Weise metzelten sie ganze Familien nieder, vor allem aber die Männer und männlichen Jugendlichen. Von den Frauen habe ich gehört, dass viele vergewaltigt wurden. Natürlich versuchten alle, sich zu verstecken, aber das war gar nicht so einfach, denn die Taliban durchkämmten jedes einzelne Haus. Unser Vater befahl mir und Lailuma, uns in unserer Vorratskammer zu verbergen. Wir gehorchten ihm wie in Trance. Während wir uns unter einer alten Decke zwischen Mehl- und Reissäcken versteckten, schob er von außen den Küchenschrank davor. Dann hörten wir, wie es auch an unserer Wohnungstür klopfte. Ich war mir sicher: Jetzt ist unser Leben zu Ende. In dem Gebet, das ich sprach, flehte ich Allah um Hilfe an. Ich sei stets ein tugendhafter Mensch gewesen. Er möge dies bitte berücksichtigen, wenn er über mich richte. Und ich war sicher: Das wäre bald.

Eine Gruppe von Männern stürmte in die Wohnung. »Gebt uns eure Gewehre!«, bellten sie so laut, dass auch wir in der Kammer es ohne Probleme verstanden.

»Wir haben keine Gewehre«, beteuerte meine Mutter schluchzend. »Wir sind eine ganz normale Familie …«

»Sag deiner Frau, sie soll still sein!«, fuhr ein Talib meinen Vater an.

Ich nahm Lailumas Hand, die sich genauso kalt und feucht wie meine eigene anfühlte. Unter der Decke konnte ich unseren Schweiß riechen: Wir hatten beide furchtbare Angst.

Draußen hörten wir, wie die Männer herumpolterten und in der Wohnung mit Sachen um sich warfen. Aber auch über unseren Köpfen rumpelte es. Offenbar wüteten die Taliban zeitgleich in mehreren Wohnungen. Wir vernahmen Schüsse und Schreie. Ich fürchtete bereits, dass einer unserer Nachbarn exekutiert worden wäre. Aber später erfuhr ich, dass die Taliban nur in die Luft geschossen hatten, um im ganzen Haus Panik zu verbreiten.
Sie fanden keine Waffen bei uns, wohl aber in der Wohnung eines Kameraden, der ebenfalls Pilot war. Sie konfiszierten sein Gewehr und verprügelten den armen Kerl so schlimm, dass er tagelang nicht mehr laufen konnte. Das war zunächst die Rettung für mich und meine Schwester: Ihnen erschienen die anderen Wohnungen im Haus interessanter. Noch wussten die Taliban ja nicht, dass wir beide hier wohnten. Hätten sie an jenem Augusttag etwas gründlicher nachgesucht, hätten wir vermutlich nicht überlebt.

Die Vorratskammer war unser Segen und Fluch zugleich: Wir sollten sie tagelang nicht mehr verlassen. Lailuma und ich aßen und schliefen in dieser Kammer. Sie wurde zu unserer Gefängniszelle innerhalb der Wohnung. Wenn wir uns nachts zwischen Bohnen und Einmachgläser betteten, plagten uns schreckliche Alpträume. Ich träumte oft, dass die Taliban hereinstürmen und uns holen würden. Auch tagsüber kamen wir nicht zur Ruhe, denn die Taliban durchkämmten unser Viertel immer wieder. Sie suchten nach Waffen – und nach ihren Feinden.
Einmal fragten sie im ganzen Haus, wo die beiden Pilotinnen wohnten. Sie hatten von uns gehört. Jetzt war alles aus. Dann hörten wir auch bei uns ein Klopfen. Vater öffnete und behauptete, im Haus gebe es keine Pilotinnen.

Lailuma und ich wagten in der Kammer kaum zu atmen, während er draußen mit ihnen sprach. Als er endlich die Wohnungstür hinter sich schloss, trauten wir uns aus dem Versteck. Vater sah uns traurig an. Er war sichtlich gealtert. Nie war er mir bislang so alt und schwach vorgekommen. Uns war klar, dass die Männer zurückkommen würden. Lailuma und ich fühlten uns schrecklich: Erneut brachten wir die ganze Familie in Gefahr.

Es gab nur eine Lösung: Wir mussten schnellstmöglich aus Mazar-e-Scharif verschwinden. Aber dazu brauchten wir Geld. Nachdem unser Pilotinnen-Gehalt als Einkommensquelle der Familie weggefallen war, waren wir knapp bei Kasse. Mein Vater begann, alles zu verkaufen, was wir in der Wohnung hatten: die Teppiche, die Schlafmatten, Kissen, selbst den Gaskocher aus der Küche.

In der Zwischenzeit fand er Bekannte, bei denen Lailuma und ich übernachten konnten. Ihr Familienoberhaupt, Herr Anwar, war ein großer, gutmütiger Tadschike aus Baglan. Er war Fabrikarbeiter und deshalb für die Taliban uninteressant, die sich eher auf die Mittelschicht konzentrierten, wo sie ihre Gegner vermuteten. Und da sich unsere Cousine kurze Zeit zuvor mit dem Sohn von Herrn Anwar verlobt hatte, waren wir so gut wie mit ihm verwandt.

Abends huschten wir unter der Burka versteckt in sein Haus, das nur hundert Meter weit von unserem lag. Wir schliefen in einem Raum mit ihm, seiner Frau und den vier Kindern. Lailuma und ich wussten nur zu gut, dass auch diese Familie ihr Leben aufs Spiel setzte, um uns zu helfen. Wir waren ihnen sehr dankbar –, aber wir hatten auch ein schlechtes Gewissen. Morgens warfen wir uns erneut die Burka über und hasteten zurück in unsere eigene Wohnung, genauer gesagt: in die Vorratskammer, die sich mittlerweile ziemlich geleert hatte. Wir wollten der Familie von Herrn Anwar nicht auch noch tagsüber zur Last fallen: Er hatte genug damit zu tun, seine eigene Familie satt zu bekommen.

Doch als wir eines Morgens zurückkamen, fanden wir unsere Familie in heller Aufregung. Wir sahen in aufgewühlte Gesichter. Offenbar hatte keiner ein Auge zugetan. Auch mein Vater wirkte erschöpft. Meine Mutter und die Frau meines Bruders Zainullah saßen in einer Ecke des Wohnzimmers und weinten. Voller böser Vorahnungen fragten wir sie, was in der Nacht vorgefallen sei. Erst wollte keiner mit der Sprache heraus, doch schließlich berichtete meine Schwester Scharifa unter Tränen, was für eine Tragödie sich abgespielt hatte.

Kurz nachdem wir gegangen waren, hatte es an der Tür geklopft, laut und aggressiv. Mein ältester Bruder Zainullah und mein jüngster Bruder Asef hatten geöffnet. Dann hatte Scharifa gehört, wie sie mit ein paar Männern vor der Tür diskutierten. Kurz darauf war eine Gruppe von Taliban ins Wohnzimmer gestürmt: vier junge Paschtunen mit gelocktem, schwarzem Bart. Sie hatten ihre Kalaschnikows auf die Frauen gerichtet und verlangt, dass Lailuma und ich uns zu erkennen geben sollten. »Wir wissen genau, dass die beiden Pilotinnen hier sind. Los, zeigt euch!«, hatten sie gebrüllt.

Natürlich war niemand hervorgetreten. Meine Mutter, meine Schwestern, unsere Schwägerin und die Kinder waren nur furchtbar erschrocken gewesen. Das Baby von Zainullahs Frau hatte angefangen zu weinen. Als die Frauen schwiegen, ging den Taliban wohl auf, dass sie die falschen bedrohten. »Gib deine Töchter heraus!«, hatten sie meinen Vater, der ebenfalls mit im Wohnzimmer war, angebrüllt. »Wenn du uns nicht sagst, wo sie sind, töten wir alle deine Kinder.« Wütend schlugen sie mit ihren Stöcken auf ihn ein. Doch obwohl Vater vor Schmerz stöhnte, blieb er dabei, dass Lailuma und ich nicht da seien, weil wir die Stadt längst verlassen hätten. Aber sie glaubten ihm nicht. »Wie du willst«, sagten sie schließlich. »Wenn du deine Töchter nicht hergeben willst, müssen wir eben deine Söhne mitnehmen: Sie werden für ihre Schwestern büßen.«

Die Männer fesselten dem achtzehnjährigen Asef und dem fünfunddreißigjährigen Zainullah die Hände. Zainullahs Frau schrie wie am Spieß, als die Taliban die beiden abführten. Sie flehte sie an, ihr Mann sei unschuldig, er habe eine Frau und eine Familie zu versorgen. Mit den Aktivitäten seiner Schwestern habe er nichts zu tun. Aber keiner schenkte ihr Gehör: Mein Vater vergrub das Gesicht in den Händen und begann zu weinen.

»Jetzt sind die beiden schon die ganze Nacht weg«, berichtete meine Schwester aufgelöst. »Was werden sie ihnen antun?«

Lailuma und ich wussten keine Antwort. Wir fühlten uns unsäglich schlecht, weil wir unsere Familie ins Unglück gestürzt hatten und nun unsere Brüder für uns büßen sollten. Es war so ungerecht, dass sie anstelle von uns beiden bestraft werden sollten.

Fieberhaft überlegten wir, was wir tun konnten. Nicht weit von uns wohnte ein ehemaliger Klassenkamerad, der neuerdings einen Turban trug und sich einen Bart hatte wachsen lassen. Wir vermuteten stark, dass er jetzt für die Taliban arbeitete. Lailuma und ich nahmen unseren ganzen Mut zusammen, dann suchten wir ihn unter der Burka versteckt auf und baten ihn, ein gutes Wort für unsere Brüder einzulegen. Er sah uns nachdenklich an, doch am Ende versprach er uns, sich für sie einsetzen zu wollen. Uns blieb

nichts anderes übrig, als nach Hause zurückzukehren – und zu warten. Aber nichts geschah. Unsere Brüder kamen nicht wieder.
Wir alle waren wie gelähmt vor Sorge. Mein Vater sagte gar nichts. Mutter weinte nur still vor sich hin. Und Zainullahs Frau durchbohrte uns mit vorwurfsvollen Blicken.
Am Nachmittag hielten wir es nicht länger aus. Lailuma und ich begriffen, dass wir allen zur Last fielen. Wir waren für unsere Familie zu einer Bürde geworden.
Keiner widersprach, als wir unseren Entschluss verkündeten: Wir wollten uns den Taliban freiwillig stellen.

Kapitel 5:

Zurück ins Mittelalter

Kurz vor Sonnenuntergang machten Lailuma und ich uns zu Fuß und diesmal tatsächlich unbegleitet von männlichen Familienmitgliedern auf den Weg zum Hauptquartier der Taliban. Mein Vater küsste uns zum Abschied segnend auf die Stirn, bevor wir den Gesichtsschutz unserer Burkas herunterklappten. Er sagte, Gott werde uns beschützen. Ihm standen Tränen in den Augen, als er fortfuhr: »Ich lege euer Leben in seine Hand.«

Lailuma und ich sprachen nicht viel, während wir durch die dämmrigen Straßen liefen. Im Vergleich zu Dostums Zeiten waren kaum Menschen unterwegs. Es gab keinen Grund mehr, vor die Tür zu gehen. Alle Restaurants, Kinos, Friseurstuben und Teehäuser waren geschlossen. Vergnügungen wie Rauchen oder Brettspiele waren ebenfalls untersagt. Es wagte sich nur aus dem Haus, wer etwas Dringendes zu erledigen hatte.

Wir fühlten uns wie zwei zum Tode Verurteilte auf dem Weg zum Schafott. Gewissermaßen waren wir das ja auch: Wir hatten keine Ahnung, was die Taliban mit uns anstellen würden – und erwarteten das Schlimmste. Gleichzeitig waren wir überzeugt, das Richtige zu tun. Wir mussten versuchen, unsere Brüder zu retten. Das war unsere Pflicht. Etwas anderes stand gar nicht zur Debatte, als uns selbst als Tauschobjekte anzubieten. Sonst hätten wir unseren Eltern nie wieder in die Augen sehen können. Hoffentlich hatten wir nicht schon zu lange gewartet.

Das Hauptquartier der Gotteskrieger befand sich nur einen Kilometer weit von unserer Wohnung in dem ehemaligen Privathaus von General Dostum. Es war ein mehrstöckiges Gebäude mit einem schönen, begrünten Innenhof, in dem Dostum Pfauen gehalten hatte. Von diversen Zusammenkünften und Konferenzen hatten wir es als einen freundlichen hellen Ort in Erinnerung. Aber als wir nun davor anhielten, kam uns das Gebäude finster und bedrohlich vor. Ich starrte Lailuma durch das Gitterfenster der Burka wortlos an – und sie nickte stumm. Ich nahm all meinen Mut zusammen und klopfte an das Metalltor.

Ein bärtiger Mann öffnete. Er sah noch recht jung aus und war offensichtlich erstaunt, dass plötzlich zwei unbegleitete Frauen vor ihm standen. Unsicher rief er seine Mitstreiter herbei. Sie musterten uns grimmig, denn wir waren mitten ins Abendgebet geplatzt. »Was wollt ihr hier?«, fragten sie uns auf Paschtu.

»Wir sind die Pilotinnen, die ihr sucht«, verkündete ich mit lauter Stimme. »Wir wollen uns stellen.«

Die Männer schienen verwirrt. »Ihr habt unsere Brüder gefangen genommen«, erklärte ich. »Sie sind unschuldig. Tötet uns, aber lasst sie leben!«

Jetzt begannen einige von ihnen zu verstehen, wovon ich sprach. Sie riefen sich ein paar Worte in ihrem paschtunischen Dialekt zu. Der Anblick dieser jungen Kerle mit ihren albernen Bärten machte mich wütend: Vermutlich waren die meisten von ihnen ungebildet. Sie hatten lediglich den Religionsunterricht in ihren Koranschulen besucht –, aber nichts über die Welt gelernt. Woher nahmen sie die

Unverfrorenheit zu glauben, sie hätten das Recht, mir und meiner Familie das Leben schwerzumachen. Und vor ihnen sollte ich Respekt haben?
»Da sind wir also, das wolltet ihr doch«, redete ich mich weiter in Rage. »Und was wollt ihr jetzt mit uns anfangen? Wollt ihr uns bestrafen? Wollt ihr uns ins Gefängnis werfen? Bitteschön, macht das ruhig. Es ist uns egal. Aber lasst gefälligst unsere Brüder nach Hause gehen. Wir haben uns nichts zuschulden kommen lassen: Wir sind Pilotinnen, das ist unser Beruf. Wir haben unser Geld immer auf ehrliche Weise verdient ... Wir sind keine Kriminellen!«
Mein Redeschwall irritierte sie sichtlich. Aber wenn ich erst einmal in Fahrt komme, hält mich so schnell nichts mehr auf. Nicht einmal die Taliban. Und ich *war* wütend! Einer der Männer fragte nach meinem Namen und sagte, wir sollten warten. Dann ging er ins Haus zurück, wohl um mit ihrem Anführer zu reden. Währenddessen fuhr ich draußen fort, vor der verbleibenden Gruppe meinen Vortrag über Gerechtigkeit und Gleichberechtigung zu halten. Ich hatte mich in Rage geredet. Zum Glück kam der Mann bald darauf zurück – hinter ihm meine Brüder, Zainullah und Asef. Beide waren an den Händen gefesselt, aber sonst schien es ihnen gutzugehen. Ich war unendlich erleichtert, sie zu sehen.
Erstaunt sah ich zu, wie die Taliban ihnen die Fesseln abnahmen. Jetzt wusste ich sicher, dass Lailuma und ich die richtige Entscheidung getroffen hatten. Und ich war bereit, den Preis für die Freiheit meiner Brüder zu zahlen. Ich streckte den Taliban meine Arme hin, damit sie nun mir die Hände zusammenbinden konnten. Aber sie taten nichts dergleichen.
»Macht, dass ihr verschwindet«, zischten sie und schubsten uns unsanft zurück auf die nächtliche Straße.

Plötzlich waren wir alle frei. Die Taliban hatten auf den Austausch verzichtet. Mein Vater hatte recht behalten: Allah hatte uns beschützt.
Noch am selben Abend rafften wir alles zusammen, was wir tragen konnten, und die gesamte Familie verließ unsere Wohnung auf Nimmerwiedersehen. Wir wussten zwar nicht genau, was die Taliban bewogen hatte, uns gehen zu lassen. Möglicherweise steckte unser ehemaliger Schulkamerad dahinter, vielleicht hatte seine Fürsprache geholfen. Aber uns war klar, dass die bedingungslose Freilassung nur eine Galgenfrist darstellte: Wir mussten dringend verschwinden.
Wir verbrachten die Nacht bei entfernten Verwandten, die im Stadtteil Nure Khoda wohnten. Eigentlich hatte mein Vater noch den restlichen Hausstand verkaufen wollen, damit wir genug Geld für unsere Flucht hätten. Aber am nächsten Tag erreichte uns eine Nachricht des ehemaligen Schulkameraden. Er hatte seinen Sohn als Boten hinter uns hergeschickt und ließ uns ausrichten, es habe Unstimmigkeiten in der Führung gegeben: Die Taliban planten, uns wieder zu verhaften. Sie wüssten, wo wir uns verbargen. Er könne nichts mehr für uns tun …
Dann ging alles ganz schnell: Knapp zwei Stunden später wanderte unsere gesamte zwölfköpfige Familie zur Bushaltestelle, die Frauen selbstverständlich unter der Burka. Das Geld, das wir für einen Teil des Hausrats erlöst hatten, reichte, um für uns alle Tickets nach Kabul zu kaufen. Wir bereiteten uns auf eine anstrengende Reise vor. Die Hauptstadt liegt zwar nur dreihundert Kilometer südlich von Mazar-e-Scharif, mittlerweile dauerte die Fahrt jedoch zwei Tage: Seitdem Massoud den Salang-Tunnel gesprengt und damit die Nord-Süd-Verbindung des Landes gekappt hatte, waren langwierige Umwege über die Provinzen Samangan, Baghlan und Bamian nötig.

Trotzdem war der Bus bis auf den letzten Platz besetzt, als wir uns schließlich auf den Weg machten. Ich hatte einen Gangplatz. Neben mir saß eine dicke Frau, die sich unglaublich breit machte – insbesondere nachts, wenn sie schlief. Aber da sie taubstumm war, konnte ich sie nicht darauf hinweisen. Ich versuchte, es mir trotzdem bequem zu machen und ein wenig zu dösen, müde genug war ich nach den Ereignissen.

Plötzlich, etwa um drei Uhr nachts, quietschten die Reifen des Busses. Der Fahrer war wohl ebenfalls eingenickt und von der Straße abgekommen, jetzt versuchte er durch eine Vollbremsung zu retten, was zu retten war. Die Passagiere schrien erschrocken auf, als der Bus umkippte. Er stürzte auf meine Seite um. Auf einmal lag die dicke Frau mit ihrem ganzen Gewicht auf mir. Und über ihr viele andere Passagiere der den Männern vorbehaltenen Busseite. Ich bekam keine Luft mehr. Panisch versuchte ich, mich unter den Menschenbergen hervorzuarbeiten. Es war stockdunkel. Ich rief um Hilfe, doch keiner von meinen Angehörigen antwortete. Die Insassen des Busses befanden sich alle in heller Aufregung: Mit bloßen Händen zertrümmerten sie die Scheiben. Der Mann der dicken Frau, der uns gegenübergesessen hatte, rief ununterbrochen ihren Namen: »Zafar!« Aber sie konnte sich nicht verständlich machen. Also streckte ich ihm meine Hand entgegen, und er zog mich heraus aus dem Getümmel.

Endlich bekam ich wieder Luft. Aber ich hatte starke Schmerzen und war verwirrt. Ich sah Zainullahs Frau Nadie mit verdrehten Augen auf dem Boden liegen. Die Zunge hing ihr aus dem Mund. Es war ein gespenstischer Anblick. Ich glaube, dass ich durch den Schock verwirrt war. Jedenfalls kann ich mich nicht mehr erinnern, was danach geschah. Ich weiß nicht, wie wir von der Unfallstelle ins

Krankenhaus gekommen sind. Irgendjemand muss uns wohl dorthin gebracht haben. Aber mein Kopf ist vollkommen leer, wenn ich mich an diese Zeit zu erinnern versuche.

Was ich als Nächstes weiß, ist, dass ich in der Klinik des Provinzstädtchens Mikhesarin langsam wieder zu mir kam. Im ersten Moment dachte ich, ich sei mit dem Hubschrauber abgestürzt. Ich sah, dass Schulter und Hand bandagiert waren – und konnte es mir nicht erklären. Ein junger Arzt erzählte mir, mein Arm sei mehrfach gebrochen.

Auch meine Mutter hatte sich böse verletzt: Sie lag mit einem Trümmerbruch der Schulter neben mir. Während ich immer wieder das Bewusstsein verlor, redete sie beruhigend auf mich ein. Sie versuchte, mich in die Wirklichkeit zurückzuholen. Aber es war eine Wirklichkeit, der ich nicht viel Positives abgewinnen konnte. Ich glaube, dass es mir auch deshalb so schwerfiel, mich darauf einzulassen. Ich dämmerte wieder weg.

Für die unverletzten Familienmitglieder hatte mein Vater ein Zimmer in der Nähe der Klinik gemietet. Wie ich später erfuhr, schliefen sie dort auf dem blanken Boden, weil wir kein Geld mehr für Decken hatten. Es reichte gerade so noch zum Essen. Jeden Tag kam Lailuma, um meiner Mutter, meiner Schwägerin Nadie und mir etwas Frisches vom Markt zu bringen: Einmal hatte sie Aprikosen dabei, dann einen Granatapfel. Schließlich hatte sie kein Geld mehr für Obst. Um mich aufzumuntern, erzählte sie mir, dass wir bald nach Hause fahren würden. Als ich sie fragte, worauf wir denn warteten, sah sie mich traurig an. Da begriff ich, dass ich dringend gesund werden musste.

Nach ungefähr einer Woche waren wir drei wieder so weit hergestellt, dass unsere Familie die Reise nach Kabul fortsetzen konnte. Der behandelnde Arzt stellte uns für seine Tätigkeit nichts in Rechnung. Er sagte, wir sollten ihn irgendwann bezahlen, wenn wir das Geld hätten. Ich glaube sogar, dass er meinem Vater noch etwas für die Bustickets lieh.

Erneut warteten wir an einer staubigen Haltestelle. Als der Bus aus Mazar-e-Scharif endlich mit Verspätung eintraf, wünschte ich mir nichts sehnlicher, als in mein altes Leben zurückzukehren. Aber ich ahnte, dass es Wochen dauern würde, bis ich wieder richtig bei Kräften wäre. Und ich befürchtete, dass die Pilotentage unwiederbringlich verloren waren. Ich setzte mich neben Lailuma, um mit ihr einer ungewissen Zukunft entgegenzufahren.

In Kabul fanden wir nichts mehr so vor, wie wir es zwei Jahre zuvor verlassen hatten. Unser Haus quoll förmlich über vor Menschen. Es war heruntergekommen, und in den Zimmern wucherte der Schimmel. Wir waren unangenehm überrascht, dass die Familie, der wir das Haus überlassen hatten, sich so wenig um den Erhalt der Bausubstanz gekümmert hatte, denn es war immerhin nahe Verwandtschaft: Meine ältere Schwester Leila wohnte dort mit ihrem Mann, dessen Geschwistern und ihren Schwiegereltern. Insgesamt zweiundvierzig Personen zählte ihr Clan.

Natürlich waren sie nicht allzu erfreut, als wir plötzlich vor der Tür standen. Aber sie machten gute Miene zum bösen Spiel: Erst einmal kochten sie uns etwas zur Begrüßung, wie es die Tradition der Gastfreundschaft verlangt. Einen Monat lang teilten wir uns das Haus, bis die Familie meiner Schwester eine andere Bleibe gefunden hatte. Dann machten sich meine Brüder an die Renovierungsarbeiten. Und mein Vater übernahm wieder seinen kleinen Lebensmittelladen. Es schien auf den ersten Blick, als habe sich nicht viel verändert.

Und doch: Lailuma und ich durften fortan das Haus nicht mehr verlassen. Wir waren Gefangene in unseren eigenen vier Wänden, auch wenn die Taliban in Kabul glücklicherweise nicht mehr aktiv nach uns suchten. Aber sie hatten das leer stehende Haus neben unserem mit Beschlag belegt und darin eine Art Gästehaus eingerichtet. Zeitweise wohnten dort bis zu dreißig ihrer Anhänger. Als wir die Taliban zum ersten Mal dort ein und aus gehen sahen, erschraken wir sehr. Denn für uns bedeutete es, dass wir uns nicht einmal im Schutz unserer Gartenmauern frei bewegen konnten. Selbst wenn wir draußen am Brunnen Wasser holten oder zur Toilette gingen, mussten wir uns unter der Burka verstecken.

Was uns blieb, war das Innere des Hauses. Dort vertrieben wir uns die Zeit mit Handarbeiten. Ich begann wieder, Teppiche zu knüpfen. Das war ziemlich öde. Aber leider besaßen wir keine Bücher und hatten auch keinen Fernseher, um uns die Zeit zu vertreiben. Scharifas medizinische Fachliteratur hatten wir wegen der darin enthaltenen Abbildungen des menschlichen Körpers vorsichtshalber verbrannt. Und Lailuma musste ohne ihren geliebten Kassettenrekorder auskommen. Wenn die Popsongs über die Mauer nach außen gedrungen wären, hätten wir uns in größte Schwierigkeiten gebracht.

Unser neues Dasein war ein absoluter Kontrast zu dem aktiven Leben, das wir bisher geführt hatten – und es fiel uns schwer, uns daran zu gewöhnen. Besonders mir. Ich fühlte mich, als hätte man mir die Flügel gestutzt. Im Rückblick verschwimmen diese Tage, an denen nichts, aber auch gar nichts passierte. Morgens, bei Sonnenaufgang, quälten wir uns vom Lager, frühstückten lange und

widmeten uns dann bis zur Abenddämmerung unseren jeweiligen Handarbeitsprojekten.
Ich erinnere mich noch an die Motive der Teppiche, die ich knüpfte: verschlungene Blumen, Blätter, bunte Vögel. Lailuma hingegen stickte lieber. Mit abstrakten Mustern verzierte sie in dieser Zeit so viele Decken und Kissenbezüge, dass es für drei Hochzeitsausstattungen gereicht hätte. Was hätten wir sonst tun sollen? Es ist schrecklich, dazu verdammt zu sein, die ganze Zeit nur in einem einzigen Raum herumzusitzen. Bald tat mir davon der Rücken weh. Ich lechzte nach frischer Luft, nach Bewegung, nach dem Austausch mit anderen Menschen. Aber da war nichts zu machen: Es war, als hätte ein böser Zauberer während unserer Abwesenheit die gesamte Stadt verhext.
Alle unsere Nachbarn trugen jetzt Bart. Sie sahen aus wie Taliban. Auch meine Brüder ließen sich Bärte wachsen. Aschraf, der wegen seines Medizinstudiums in Kabul geblieben war, hatte bereits eine lange, lockige Haarpracht. Die anderen beiden Brüder versuchten nun, es ihm gleichzutun.
Trotzdem wirkten sie nicht wie »echte« Gotteskrieger. Die konnte man nämlich daran erkennen, dass sie Stöcke und Kalaschnikows bei sich trugen. Manchmal schlugen sie damit auch zu. Besonders gern verprügelten sie Frauen: Frauen, die ohne Begleitung unterwegs waren, Frauen, die Taxi fuhren, Frauen, deren Burka zu »kurz« war oder die zu »provozierende« Schuhe trugen, Frauen, die im Fluss ihre Wäsche wuschen. Auch Schneider, die bei Frauen die Körpermaße abnahmen oder die in ihrer Werkstatt Modemagazine ausliegen hatten, wurden verdroschen und mit Gefängnisstrafen bedroht.
Der Bewegungsradius meiner jüngeren Schwester Scharifa war nicht ganz so eingeschränkt wie der von Lailuma und

mir. Manchmal ging sie versteckt unter der Burka zum Markt, um Gemüse und Lebensmittel für uns zu kaufen. Ich beneidete sie um diese Ausflüge: Mir erlaubte Vater nicht einmal, meine Knüpfarbeiten auf dem Markt abzuliefern. Eine Händlerin brachte mir das Garn und holte die fertigen Teppiche wieder ab, damit ich keinen Fuß vor die Tür setzen musste.

Aber Scharifa machte auch schlechte Erfahrungen. Einmal erwischte sie ein Talib, als sie sich an einer Imbissbude einen Teller Suppe bestellte. Sie glaubte zuerst, der Mann sei ebenfalls ein Gast. Aber er hatte sich nur verstellt und ihr aufgelauert. Kaum setzte sie sich vor ihren Teller, holte er seinen Schlagstock hervor, den *Schalag*. Scharifa sprang auf und ergriff die Flucht. Die anderen Gäste lachten, als der Talib den Knüppel schwingend hinter ihr herrannte. Aber Scharifa bekam einen gehörigen Schrecken. Sie kam mit klopfendem Herzen nach Hause und hatte sogar ihre Einkäufe stehen gelassen. Eine Weile wagte sie sich überhaupt nicht mehr vor die Tür. Genau das wollten die Taliban mit solchen Aktionen erreichen.

Auch die Männer und Jungen hatten Angst vor ihnen. Je kleiner die Jungen waren, desto mehr ließen sie sich von ihrem Gehabe einschüchtern. Mein zehnjähriger Neffe Adschmal weinte morgens oft, weil er sich vor seinen Lehrern fürchtete; es waren ja ausnahmslos Taliban. Sie kamen mit ihren Schalags und sogar Kalaschnikows zum Unterricht, und sie ließen keinen Zweifel daran, dass sie die Waffen gebrauchen würden. Wie seine Lehrer musste Adschmal im Unterricht weiße Gewänder und einen Kinderturban tragen. Jeans waren strengsten verboten. Als er einmal ohne Turban kam, verprügelten sie ihn und schickten ihn wieder heim. Das passierte ihm nie wieder. Trotzdem fanden wir auf seinem Rücken und den Fingern die

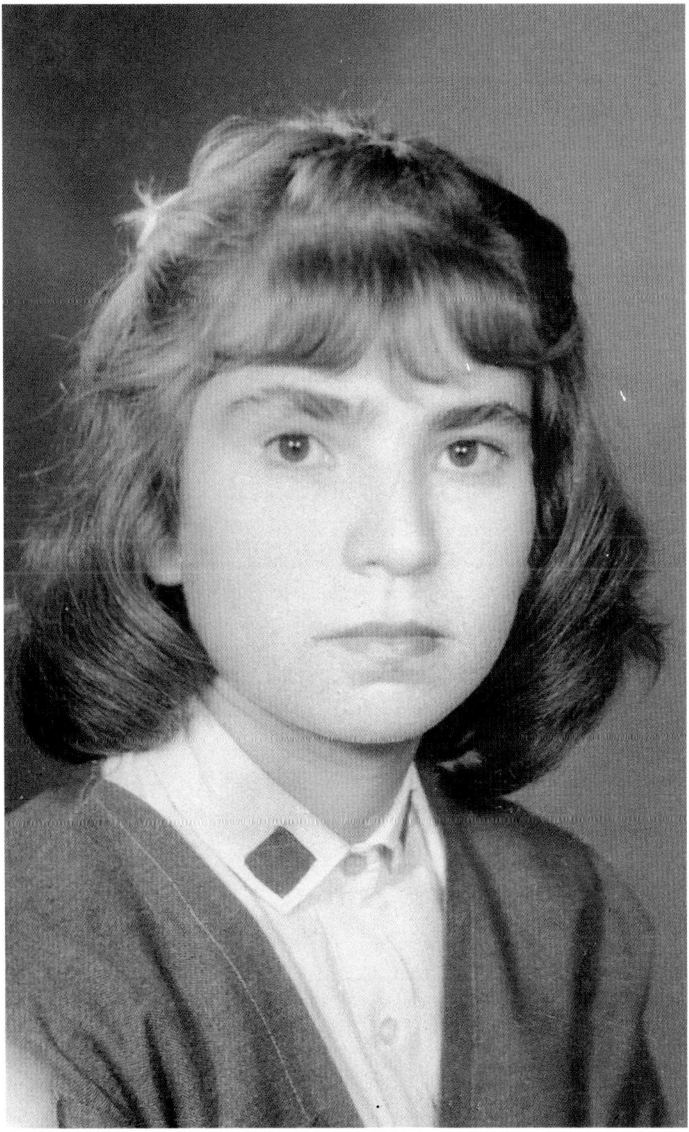

Latifa als Schülerin im Jahr 1987, damals befindet sich Afghanistan noch unter sowjetischer Besatzung.

In ihrem Gymnasium trägt Latifa 1988 selbst verfasste Gedichte vor.

Die modebewusste Latifa lässt sich vom Sowjetstil beeinflussen (1989).

Die Pilotenausbildung beginnt 1989, ab jetzt trägt Latifa die Uniform der Luftwaffe.

Latifa (l.) und ihre Schwester Lailuma bei der Abschlusszeremonie der Luftwaffen-Akademie 1992.

Die Presse berichtet über die ersten afghanischen Pilotinnen Latifa (r.) und Lailuma Nabizada.

گرانه ده . هغې وویل ،ماداسیمه له
دطالبانو له ړنګېدو وروسته جنرال

هواخخه ولیده چې خومره زرغونه او
له ګلانو ډکه وه . داسې احساس مې
عبدلرشید دوستم دغو میرمنو ته
۴۰۰۰ امریکایي ډالره تاوان ورکړ

Latifa holt im Hinterhof Wasser, um Tee zu kochen (1995).

Während der Mudschaheddin-Zeit trägt Latifa nur einen leichten Schleier (1994).

Latifa bereitet sich auf einen Flug mit ihrer geliebten Mi-17 vor.

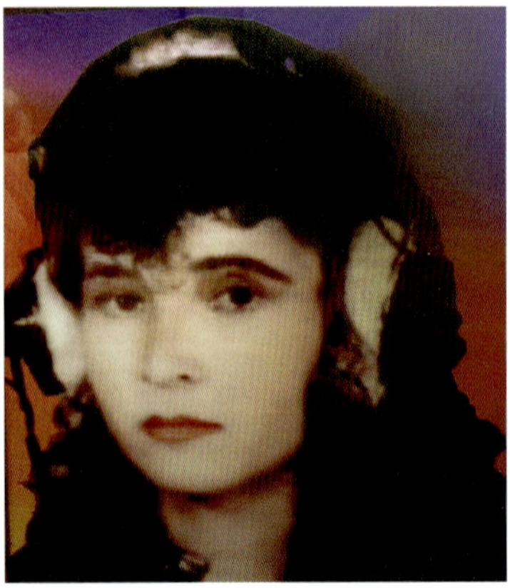

Lailuma im Cockpit ihres Helikopters (1996).

Mit Kopfhörern schützt sich Lailuma vor dem Lärm beim Fliegen.

Latifa heiratet 2004. Mit ihrem Brautkleid erregt sie Aufsehen, weil der Ausschnitt so tief ist.

Latifa und ihr Mann Homayun als frisch verheiratetes Paar (2004).

Latifa mit ihrem Mann Homayun (r.) und Kollegen am Flughafen (2007).

Latifa und Homayun mit ihrem Baby Malalai vor der Blauen Moschee in Mazar-e-Scharif.

Latifas Tochter Malalai im Alter von vier Jahren (2010).

Lailuma stirbt 2006 im Alter von 34 Jahren bei der Geburt ihrer Tochter.

Latifas Mutter und ihr Bruder Ashraf trauern um die verstorbene Lailuma.

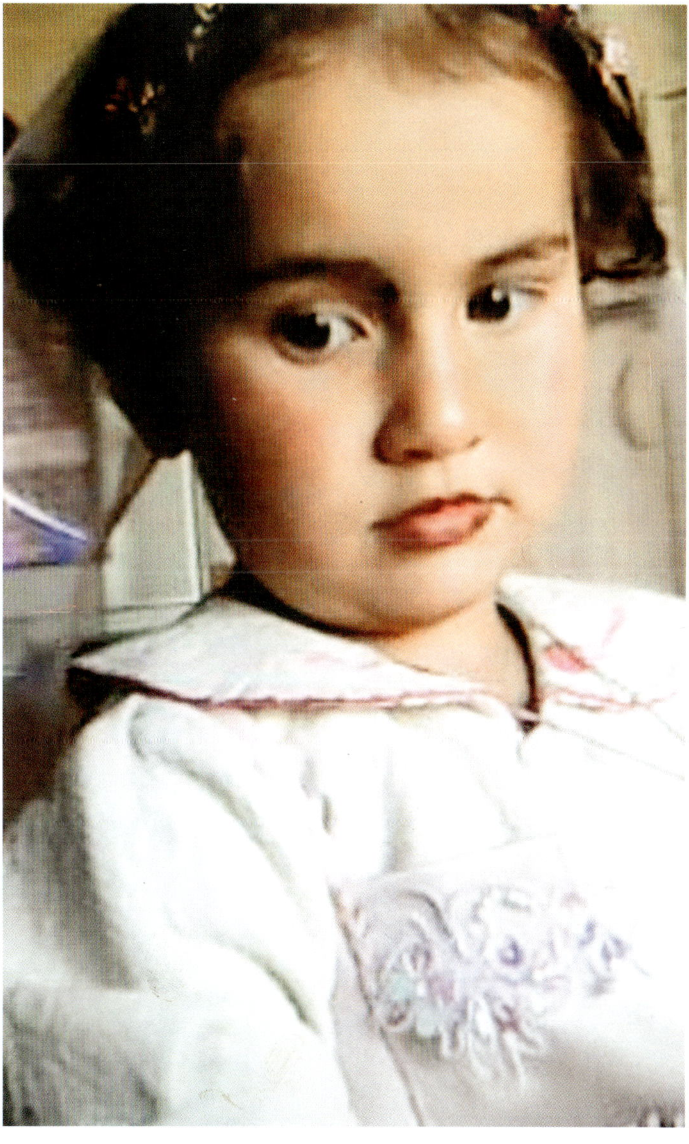

Latifas Tochter Malalai mit zwei Jahren (2008). In diesem Alter fliegt sie bereits täglich kreuz und quer über Afghanistan hinweg.

Latifa und Homayun schauen sich auf dem Computer einen Film über die gemeinsamen Flüge von Mutter und Tochter an.

Latifa (r.) und die amerikanische Pilotin Natascha (M.) während ihrer Reise nach Los Angeles.

Latifa und ihre Tochter Malalai (2014).

Lailumas Tochter Maryam klammert sich an ihre Großmutter. Sie weiß noch nicht, wer ihre Mutter ist (Herbst 2013).

Latifa und Malalai mit Coautorin Andrea-Claudia Hoffmann vor dem Haus in Kabul (2013).

Spuren ihre Stöcke. Wenn wir ihn fragten, was passiert sei, zitterte er und weigert sich, eine Antwort zu geben. Irgendwann beichtete er mir, dass er sich beim Vortrag der Koranverse, die er auswendig lernen musste, ständig verhaspelte. Seine überwältigende Angst vor Schlägen führte dazu, dass er nur noch mehr Prügel bekam.

Einmal machte Adschmals Klasse einen Ausflug ins Stadion. Dort waren ein Mann und eine Frau bis zum Kopf in die Erde eingegraben. Die Taliban erzählten den Kindern, die beiden hätten Unzucht miteinander getrieben. Adschmal wusste noch nicht, was »Unzucht« war. Aber er lernte, dass man deswegen einen Stein in die Hand nehmen und ihn dem Mann oder der Frau an den Kopf schleudern durfte, bis sie starben. Er zielte genau auf die Stirn der Frau – und traf. Als sie daraufhin blutete und ihr Kopf nach unten wegsackte, lobten die Taliban-Lehrer ihn. Adschmal plagten jedoch noch monatelang Alpträume. Er wurde das Bild der sterbenden Frau nicht mehr los. Wir mussten ihn immer wieder trösten. Seine Mutter versicherte ihm ein ums andere Mal, dass die Frau bestimmt wirklich böse gewesen sei und gewiss ihre Strafe verdient habe. Schließlich glaubte er es und beruhigte sich wieder. Auf diese Weise korrumpierten die Taliban bereits die jungen Männer und machten sie zu Mittätern bei ihrer Hetzjagd auf Frauen.

Das alles bedrückte mich. Ich stellte mir vor, unser Leben werde immer so weitergehen, und ich müsste eingesperrt in unserem Haus ausharren und diese zum Himmel schreienden Ungerechtigkeiten weiter mit ansehen. Der Gedanke war unerträglich.

Eigentlich bin ich kein ängstlicher Mensch. Es ist nicht meine Art, mich zu verstecken. Aber ich musste auf meine Familie Rücksicht nehmen: Wir lebten in gegenseitiger

Abhängigkeit, und einen Ausweg gab es nicht. War ich in Sicherheit, so waren sie sicher. Mir blieb keine Wahl, ich musste im Haus in dieser erdrückenden Lage ausharren.

Eines Abends setzte sich mein Vater zu Lailuma und mir an den Bochari, um uns einen Vorschlag zu machen: Er fragte, was wir beide davon hielten, das Land zu verlassen. Vater hatte einen Freund, der in der pakistanischen Stadt Peschawar lebte. Der Mann besaß eine kleine Teppichmanufaktur. Bei ihm könnten wir zunächst unterschlüpfen. »Von dort müsst ihr weiter in ein westliches Land«, erklärte er uns seinen Plan. »Am besten in die USA. Wendet euch an die UNO.« Vater meinte, dass sich uns bestimmt neue Möglichkeiten eröffneten, wenn wir uns erst außerhalb der absurden Welt der Taliban befänden. Er wollte seinen Freund bitten, uns zu helfen. Lailuma und ich hatten nicht wirklich eine Wahl: In Afghanistan ist es nicht üblich, dass Töchter den Wünschen ihres Vaters widersprechen.

Also willigten wir ein. Vater verfasste den Brief an den Mann in Peschawar und bestimmte unseren jüngsten Bruder, Asef, zu unserem Reisebegleiter. Wenige Tage später brachen wir auf. Es war das erste Mal, dass wir nach mehreren Monaten der Quasi-Gefangenschaft durch das Gartentor gehen konnten, und obwohl ich traurig war, meine Familie zu verlassen, war ich voller Neugierde und Vorfreude auf die Reise.

Unter der Burka versteckt, liefen wir durch die Straßen unseres Wohnviertels in Richtung Stadtzentrum. Ich war es nicht mehr gewohnt, so viele fremde Menschen um mich zu haben. Durch das Gitterfenster der Burka musterte ich die Passanten: die bärtigen Männer und die Frauen, die wie gesichtslose blaue Schatten wirkten. Auch Lailuma und ich, dachte ich, waren solche gesichtslosen Wesen. Das blaue Gewand wirkte wie eine Tarnkappe: Niemand beachtete uns.

An der Mahmud-Khan-Brücke im Stadtzentrum mieteten wir uns ein Auto, einen kleinen Corolla, und verpflichteten einen Fahrer. Er sollte uns in die ostafghanische Stadt Dschalalabad bringen. Sie liegt etwa hundertfünfzig Kilometer östlich von Kabul, nah an der Grenze zu Pakistan. Dschalalabad hatte es zu der traurigen Berühmtheit gebracht, die erste Stadt zu sein, die von den Taliban eingenommen worden war. Dort besorgte Asef noch Benzin und Wasser.

Dann ging es weiter auf den Chaiber-Pass, die uralte Verbindungsstraße zwischen Afghanistan und Indien. Sie führt durch eine weitläufige, steppenartige Bergwelt. Hin und wieder nur wird die Einheitsfarbe der schlammbraunen Landschaft vom Grün der Bäume unterbrochen, die dort wachsen, wo Wasser fließt. In der Ferne sahen wir die schneebedeckten Gipfel des Hindukusch, die auf der pakistanischen Seite der Grenze noch mächtiger aufragten. Die Straße wurde immer kurvenreicher, die Luft dünner.

Der Grenzübergang Torkham lag an einer Brücke, die über ein langgestrecktes Tal führte. In dieser Höhe wuchs kaum noch etwas, die Gegend war schroff und felsig. Wir zahlten unseren Fahrer aus und schickten ihn zurück nach Kabul, denn das letzte Stück über die Brücke mussten wir zu Fuß zurücklegen. Bereits vom Parkplatz aus sah ich, dass auf ihr reger Verkehr herrschte: Die Passanten drängten in beiden Richtungen aneinander vorbei.

Vor der Brücke bemerkte ich ein Steinhäuschen und eine Schranke. Neben ihr stand ein Soldat. Da ich die Uniform noch nie gesehen hatte, schloss ich, dass es ein pakistanischer Grenzbeamter sein musste. Er kontrollierte die Leute, die in Richtung Osten wollten; in der Gegenrichtung gab es keinerlei Kontrollen. Kaum hatte ich diesen Zusammenhang begriffen, schlug mein Herz schneller: Dieser Pakistani wollte doch hoffentlich nicht unsere Ausweise sehen? Da Afghanistan die Grenze nicht anerkannte, waren wir automatisch davon ausgegangen, dass uns dort niemand kontrollieren würde. Keiner von uns dreien besaß einen Pass!

»Asef, schau mal ...«, flüsterte ich und zupfte meinen Bruder am Ärmel.

Er hatte den Grenzer bereits bemerkt und wirkte ebenfalls beunruhigt. »Wartet hier«, sagte er zu Lailuma und mir. »Ich werde ihn fragen, was er will.«

Wir sahen ihm nach, als er in Richtung des Kontrollhäuschens ging. Der Grenzer hielt gerade zwei Männer an. Erst nachdem sie ihm ihre Dokumente gezeigt hatten, ließ er sie passieren. Ich war verzweifelt: Sollten sich unsere Pläne bereits hier zerschlagen? Ich machte mir bittere Vorwürfe, dass ich mich nicht informiert hatte, was für Reisedokumente wir brauchten. Aber wo auch? Und wie hätte ich bei den Taliban einen Pass beantragen können?

Gebannt beobachteten wir, wie mein Bruder den Grenzer ansprach und mit ihm verhandelte. Dann drückte er dem Mann einen Schein in die Hand. Schließlich winkte er uns zu sich. Ich versuchte, an seinem Gesicht abzulesen, ob er gute oder schlechte Nachrichten für uns hatte. Mein Herz machte einen Sprung, als ich Asef lächeln sah. Als wir bei ihm ankamen, winkte er uns weiter.

»Wie viel hat es gekostet?«, fragte ich ihn, als wir bereits auf der Brücke waren.

»Einen Dollar«, antwortete er. »Für mich.« Das war der Standardpreis. Lailuma und ich durften gratis passieren, weil wir Frauen waren. Wir zählten im Grenzverkehr nicht.

Und dann waren wir in Pakistan. Wir hatten das Land der Taliban verlassen. Erleichtert drückte ich Lailuma an mich.
Auf der anderen Seite der Brücke warteten Busse. Die Fahrer riefen den Neuankömmlingen ihre Fahrtziele entgegen. Bald hatten wir den Bus nach Peschawar gefunden und stiegen ein. Rasch füllte er sich, und als alle Plätze besetzt waren, fuhren wir los. Die Landschaft auf der pakistanischen Seite ähnelte der auf der afghanischen Seite des Chaiber-Passes. Ich hatte nicht das Gefühl, mich jetzt in einem anderen Land zu befinden. Auch die Menschen, die auf den Straßen unterwegs waren, unterschieden sich kaum von denen in unserer Heimat. Einzig die Straßenschilder, die die Namen jetzt auch in lateinischen Buchstaben auswiesen, deuteten darauf hin, dass wir Afghanistan verlassen hatten. Und natürlich gab es keine Taliban. Hofften wir.
Nach einigen Stunden erreichten wir die Millionenstadt Peschawar. Wir waren in der Fremde angekommen. Von einem Taxi ließen wir uns zu der Adresse bringen, die mein Vater uns aufgeschrieben hatte. Es brachte uns in ein ärmliches Viertel am Stadtrand, in dem viele Afghanen lebten. Auch dort sah es ganz so aus wie bei uns daheim. Wie im Kabul der Jahre vor den Taliban, meine ich: Obwohl es bereits dunkel war, herrschte auf den Straßen noch reger Betrieb. Ein Obsthändler pries seine Ware auf Paschtu an. Wir fragten ihn nach Herrn Sadare Alam und wurden zu einem Hinterhaus geschickt, wo wir den Freund meines Vaters fanden. Da Herr Alam kein Telefon besaß, hatte mein Vater ihn nicht über unsere Ankunft informieren können. Wir klopften also einfach bei ihm an.
Ein älterer afghanischer Herr mit buschigem Bart und ebenso buschigen Brauen erschien in der Tür. Er trug ein

langes, khakifarbenes Hemd sowie einen Wollschal und war sehr erstaunt, uns zu sehen. Als wir ihm den Namen unseres Vaters nannten, bat er uns sofort herein. Sein Wohnzimmer war mit bunten Teppichen ausgelegt. Eine der Frauen des Hauses servierte uns Tee aus einer Silberkanne. Es war ein traditionsbewusster, aber nicht sehr reicher Haushalt.
Mein Bruder überreichte unserem Gastgeber den Brief meines Vaters, und Herr Alam las ihn mehrmals aufmerksam. Dann erklärte er, dass er sehr glücklich sei, uns zu helfen: Sein Haus sei jetzt unser Haus. Das solle Asef meinem Vater nach seiner Rückkehr in Kabul ausrichten. Ich glaube heute, dass Herr Alam aufgrund irgendeiner früheren Begebenheit bei unserem Vater in der Schuld stand. Aber ich habe nie erfahren, was genau das gewesen sein könnte. Jedenfalls schien es für ihn eine Frage der Ehre zu sein, die Bitte meines Vaters zu erfüllen, und er nahm uns wie seine Töchter bei sich auf.
Der Abschied von meinem Bruder fiel mir schwer. War der Aufbruch aus Kabul noch vom Reisefieber und der Neugierde auf das neue Land überlagert gewesen, so stand jetzt das Gefühl des Verlustes im Vordergrund. Ich versuchte zwar, mir nichts anmerken zu lassen, aber tief in meinem Innern war ich traurig, und auch Laliuma musste die Tränen hinunterschlucken: Es kam uns so vor, als würden wir durch Asefs Abreise die letzte Verbindung zu unserem alten Leben kappen.
Lailuma und ich versuchten in der Folgezeit, uns einzuleben. Wir wollten unserem Gastgeber nicht auf der Tasche liegen, daher verdingten wir uns in seiner Teppichmanufaktur. Wir fertigten Teppiche nach seinen Zeichnungen an. Da die Teppiche sehr lang waren und komplizierte Muster hatten, arbeiteten wir oft wochen-, manchmal so-

gar monatelang mit mehreren Arbeiterinnen an demselben Stück. Machte eine von uns einen Fehler, mussten wir die Knoten wieder auf- und an der betreffenden Stelle weiterknüpfen.

Es waren unglaublich monotone und eintönige Tage: Bei Sonnenaufgang standen wir auf, gingen in die Werkstatt hinüber und knüpften dort bis mittags. Nach einer kurzen Pause, in der wir gemeinsam zu Mittag aßen, arbeiteten wir weiter bis zum Sonnenuntergang. Nach dem Abendessen legten wir uns schnell schlafen – einerseits, weil wir müde waren, andererseits, weil es sonst nichts zu tun gab. Immerhin waren wir satt. Aber wir gingen nie aus. Wohin auch? Wir kannten niemanden in Peschawar und hatten auch keine Verwandten dort. Also machten wir nichts, außer arbeiten, essen und schlafen. Jeden Tag. Hatten wir ein Gefängnis gegen ein anderes getauscht?

Wie soll ich unser Dasein im Exil beschreiben? Lailuma und ich waren nicht glücklich. Wir hatten uns unser Leben in Pakistan nicht so trist vorgestellt. Nach einer Weile verfielen in eine Depression. Oft weinten wir nachts. Wurde Frau Alam, mit der wir das Zimmer teilten, davon wach, versuchte sie, uns zu trösten. Sie war bereits eine ältere Frau und erinnerte mich in vielem an meine Mutter: Stets trug sie ein schwarzes Kopftuch und verbrachte den ganzen Tag damit, den Koran zu lesen und zu beten. Wenn ich sie durch mein Weinen aus Versehen nachts weckte, bekam ich ein schlechtes Gewissen: Ich wollte ihr gegenüber nicht undankbar erscheinen, wo sie doch so freundlich zu mir und Lailuma war.

Doch ich vermisste meine Mutter sehr. Die Trennung von ihr setzte mir zu: Ich sehnte mich nach ihrer Zuneigung, ihrem Trost, ihrem ruhigen, freundlichen Wesen. Ich konnte auf alles verzichten – nur nicht auf sie. Jetzt, wo unser Leben nicht mehr so aufregend war wie früher, hatte ich Zeit, über vieles nachzudenken. Sicherlich hatte sie es mit mir nicht leicht gehabt. Voller Scham erinnerte ich mich an meine Eskapaden als Jugendliche: meine Kurzhaarfrisur, die unorthodoxe Kleidung. Dann der Wunsch, in die Armee einzutreten und Pilotin zu werden. Was hatte ich meiner Mutter nicht alles zugemutet! Und wie gelassen war sie doch stets geblieben. Ich bewunderte sie zutiefst dafür. Gleichzeitig bereute ich jeden Streit, den ich vom Zaun gebrochen hatte. Wozu hatte ich ihr das alles nur angetan? Um mich am Ende wie eine Diebin aus dem Land zu stehlen und sie alleine zu lassen? Lailuma und ich hatten etwas Besonderes sein wollen. Aber jetzt waren wir doch wie jeder andere. Wir waren gewöhnlich. Schlimmer als das: Wir waren Flüchtlinge und auf das Wohlwollen anderer angewiesen.

Dabei war es ursprünglich gar nicht unser Plan gewesen, auf Dauer bei Herrn Alam und seiner Familie zu bleiben. Auch Vater hatte das nicht so vorgesehen: Er wollte, dass wir von Pakistan aus in ein anderes Land ausreisten, wo man uns Asyl gab. Seiner Vorstellung nach mussten uns die Vereinten Nationen dabei helfen. Hatten nicht gerade erst verschiedene Staatschefs in Reden vor der UN-Vollversammlung ihre Solidarität mit den unterdrückten afghanischen Frauen bekräftigt?

Also schrieben Lailuma und ich einen Brief an den damaligen UNO-Generalsekretär Kofi Annan. Außerdem verfassten wir unsere Lebensläufe. Herr Alam brachte diese Schriftstücke und unser Diplom von der Luftwaffenakademie zu einer Schreibstube auf dem Bazar, um sie abtippen und ins Englische übersetzen zu lassen. Mit den fertigen Dateien in der Tasche zogen wir in ein Internetcafé. Da keine von uns über eine eigene E-Mail-Adresse verfügte, baten wir den Cafébesitzer, sie in unserem Namen an Herrn Kofi Annan in New York zu schicken. Gegen Bargeld natürlich. Dann hieß es warten. Woche für Woche begleitete uns Herr Alam in das Café und fragte nach Neuigkeiten. Aber die Antwort war stets negativ: Nie hatte jemand geantwortet. War die Mail etwa nicht angekommen? Vorsichtshalber ließen wir sie ihn ein zweites Mal abschicken. Erneut warteten wir. Aber wir bekamen keinerlei Antwort aus New York: Offenbar interessierte sich dort – entgegen aller anderslautenden Beteuerungen – doch niemand für das Schicksal afghanischer Frauen.

Wir waren unglaublich enttäuscht. Vor allem hatten wir keine Ahnung, was wir jetzt noch tun sollten. Die Zeit verrann, ohne dass wir wussten, wie es weiterginge. Inzwischen war über ein Jahr seit unserer Flucht nach Peschawar vergangen, und wir verloren die Hoffnung, Pakistan je in Richtung Amerika zu verlassen. Wir hatten niemanden, der uns unterstützte. Nirgendwo. An wen sollten wir uns wenden?

Jeder Tag erschien uns genauso öde wie der vergangene oder der, der noch vor uns lag. Es gab keinerlei Perspektive, kein Ziel. Wir hörten auch auf, im Fernsehen die Nachrichten zu schauen, weil wir dachten, dass sich die Situation in Afghanistan sowieso niemals ändern würde. Es machte uns nur traurig, das Drama, das sich dort abspielte, auch noch mitzuverfolgen. Die Zeit, in der Lailuma und ich Helikopter gesteuert hatten, rückte immer mehr in den Nebel der Vergangenheit und kam uns bald vor wie ein Traum. Manchmal zweifelte ich ernsthaft, ob das überhaupt jemals stattgefunden hatte: Vielleicht entsprang die Vorstellung, dass ich Pilotin sei, nur meiner Fantasie?

Hätte ich Lailuma nicht an meiner Seite gehabt, wäre ich an solchen Überlegungen wohl vollends verzweifelt. Aber selbst zu zweit taten wir uns schwer, uns mit der Monotonie unseres Alltags abzufinden, sie einfach anzunehmen. Sollte unser Leben von nun an einfach so weitergehen, fragten wir uns: Sollten wir tagein, tagaus Teppiche knüpfen? Es war ein deprimierender Ausblick.

Doch dann stand eines Tages plötzlich Asef vor der Tür. Ich war überrascht – und auch ein bisschen erschrocken, meinen Bruder so unerwartet zu sehen. Denn wir hatten in all der Zeit keinerlei Telefonkontakt zu meinen Eltern gehabt. Hoffentlich brachte er keine schlechten Nachrichten?

»Vater möchte, dass ihr zurückkommt«, sagte er, als wir zusammen mit Herrn Alam auf den Kissen im Wohnzimmer saßen und Tee tranken. »Ihr habt lange genug versucht, weiter in den Westen zu reisen. Aber es hat nicht geklappt. Ihr sollt nicht alleine hier in der Fremde bleiben.«

Lailuma und ich sahen ihn an. Wir waren gerührt, dass Vater unsere Rückkehr wünschte, aber auch skeptisch.

»Und die Taliban ...?«, fragte ich – und verstummte. In der Andeutung schwangen viele Befürchtungen mit, die ich nicht aussprechen wollte. Asef wusste auch so, was ich meinte. Was, wenn sie immer noch nach uns suchten? Konnten wir es verantworten, abermals unsere Familie zu gefährden?

»Ach, die Taliban«, sagte Asef und machte eine wegwerfende Handbewegung. »Die haben euch doch längst vergessen.«

Lailuma und ich waren uns nicht sicher, ob wir das glauben konnten. Aber wir diskutierten nicht lange: Wenn Vater die Entscheidung gefällt hatte, würden wir selbstverständlich zurückgehen. Es gab sowieso nichts, das uns in Pakistan hielt. Mit oder ohne Taliban zogen wir es vor, in Kabul zu leben.

Der Tag, an dem wir unsere Familie endlich wiedersahen, war ein Freudentag. Wie bereits bei unserer Hinreise hatten wir einen Tag gebraucht, um die Strecke zwischen Peschawar und Kabul zurückzulegen, und trafen in der Abenddämmerung ein. Meine Mutter wartete bereits hinterm Gartentor auf uns. Meine Geschwister erzählten mir später, sie habe den ganzen Tag dort gewartet. Und obwohl wir und auch sie selbst eine Burka trugen, versuchte sie sofort, uns in die Arme zu schließen. Doch das war in dem Kleidungsstück nur schwer möglich. Also schob sie uns ins Haus und warf mit beachtlichem Schwung die Tür hinter uns ins Schloss. Dann riss sie uns und sich selbst die blauen Gewänder vom Leib. Sie streichelte über unsere Gesichter und bedeckte uns mit unzähligen Küssen. Erst jetzt begriffen Lailuma und ich, wie sehr sie uns tatsächlich gefehlt hatte – und wir ihr.

»Meine lieben, lieben Kinder«, sagte Mutter immer wieder. »Endlich seid ihr zurückgekehrt.«

»Wir sind so froh, wieder hier zu sein«, beteuerten Lailuma und ich – obwohl uns beiden klar war, dass wir erneut in eine Gefängniszelle traten. Doch wir waren am Leben. Immerhin waren wir jetzt wieder mit den Menschen vereint, die uns etwas bedeuteten.

Wir waren noch nicht lange zurück in Kabul, als der Älteste unserer Nachbarschaft vor dem Gartentor stand. Mein Vater begrüßte ihn misstrauisch, denn dieser wichtige Mann, der alle Angelegenheiten im Viertel regelte, kam nie ohne Grund zu Besuch. Vater bat ihn einzutreten, aber der Mann blieb auf seinen Stock gestützt in der Tür stehen und rührte sich nicht von der Schwelle.

»Gibt es in diesem Haus Frauen, die arbeiten können?«, fragte er.

Mein Vater runzelte die Stirn. »Meinen Sie jemand Bestimmtes?« Er hatte den Verdacht, dass die Taliban den Mann geschickt hatten: Aufgrund seiner Position und als langjähriger Nachbar wusste er zweifelsohne von uns. Hatte er den Auftrag, uns für die Taliban aufzuspüren und uns aus unserem Versteck zu locken?
»Ich suche nach Frauen, die arbeiten wollen«, wiederholte der Besucher mit dem weißen Bart beharrlich. »Es gibt da eine Organisation: *Sasmane mellal* – die UNO. Die braucht Frauen hier im Viertel, die kochen können. Also wenn Sie jemanden wissen ... Sonst frage ich mal drüben bei den Nachbarn.«
Der Alte wandte sich bereits zum Gehen, als mein Vater ihn mit einer Geste zurückhielt. »Warten Sie einen Moment«, sagte er. »Ich habe Töchter im Haus, die sich langweilen. Ich werde sie fragen, ob sie Interesse an dem Angebot haben.«
Er ließ den Nachbarn auf der Schwelle stehen und kam eilig ins Haus. Vater wirkte unsicher, als er Lailuma und mir von dem Anliegen des Mannes erzählte. Er konnte sich dessen Beweggründe nicht recht erklären. Andererseits sah er wohl die Chance, uns aus unserer Isolation zu holen. Unser Bruder Aschraf, der mittlerweile als Arzt arbeitete, hatte bereits von dem Projekt der UNO gehört. Er konnte Vater beruhigen. »Dieses Programm gibt es tatsächlich«, bestätigte er. »Den Vereinten Nationen geht es darum, die Nahrungsmittelversorgung der Bevölkerung zu verbessern. Es ist eine gute Sache.«
Schließlich gelang es meinem Bruder, Vater zu überzeugen. Mein Bruder ging kurzerhand hinaus und bat den Stadtteilältesten, unsere Namen auf seine Liste zu setzen. Auf der anderen Seite der Gartenmauer brachen wir in Jubel aus. »Sagen Sie Ihren Schwestern, dass sie sich morgen

früh zur Arbeit melden sollen«, trug der Alte ihm auf und gab ihm zwei verschiedene Adressen: eine für Lailuma, die andere für mich.

Als es am Morgen losgehen sollte, waren wir richtig aufgekratzt: Es war schon eine gefühlte Ewigkeit her, dass wir uns für den Gang zur Arbeit fertig gemacht hatten. Deshalb zelebrierten wir unsere Morgentoilette voller Genuss. In Zeiten der Burka-Pflicht gab es natürlich nicht viel Auswahl, was die Kleidung einer Frau betraf. Auch unsere Frisur würde niemand bewundern. Trotzdem flocht ich Lailumas Haar sorgfältig und machte mir selbst einen Pferdeschwanz, bevor wir unseren Kopfputz unter schlichtem, blauem Tuch verschwinden ließen.

Dann machten wir uns auf den Weg zu den Adressen, die der Stadtteilälteste uns gegeben hatte. Sie lagen beide nicht weit entfernt von unserem Elternhaus, aber in unterschiedlichen Richtungen. Beides waren von der UNO angemietete Privathäuser. Vor dem Haus, zu dem ich gehen sollte, standen bereits zwanzig Frauen Schlange. Endlich kam eine Frau und sperrte uns die Tür auf. Sie erklärte uns, dass wir ein Team seien – und zusammen Teigwaren herstellen sollten. Ich musste innerlich grinsen. Nun kam ich also doch noch zu meiner Kooperation mit den Vereinten Nationen: Die UNO stellte mich als Nudelherstellerin ein.

Nachdem sich die Taliban lang gegen jede Einflussnahme von außen gesträubt hatten, gaben sie im Frühjahr 2000 grünes Licht für eine groß angelegte Lebensmittelhilfe der UNO. Das mussten sie, denn die Bevölkerung litt nach einer zweijährigen Dürreperiode Hunger. Überall in Afghanistan errichtete die UNO in diesem Jahr solche kleinen Manufakturen im Rahmen ihres World-Food-Programms. Über Pakistan gelangten mehrere Schiffsladungen Getreide ins Land.

In sogenannten *Maccheroni-sasi* verarbeiteten wir das Getreide zu Brot oder Pasta, die zu niedrigen Preisen an besonders bedürftige Personen abgegeben wurden – in der Regel also an Frauen. Ausschließlich Frauen arbeiteten auch in der Fertigung; meine Aufgabe war es, Spaghetti herzustellen: Jeden Morgen bei Sonnenaufgang knetete ich Unmengen von Teig aus Mehl, Wasser, Backmittel und Salz. Den drehte ich durch den Nudelwolf. Anschließend legte ich die Nudeln zum Trocknen aus. Wenn die Pasta hart war, verpackte ich sie in Pakete von je einem Kilo. Auf diese Weise produzierte ich rund sieben Kilo Spaghetti pro Tag.

Als Lohn erhielt ich am Ende einer Arbeitswoche zehn Kilo Weizen, genau zwei für jeden Werktag. Mit meiner gefüllten »Lohntüte« ging ich dann zum Markt, ließ den Weizen mahlen und brachte das Mehl nach Hause. Es tat mir unheimlich gut, und ich war sehr stolz, endlich wieder etwas zum Familieneinkommen beizutragen. Allein das Gefühl, etwas Sinnvolles zu tun und von anderen gebraucht zu werden, baute mich seelisch auf – und die Depression, die mich in den vergangenen Jahren begleitet hatte, löste sich in Luft auf.

Dank meiner neuen Tätigkeit genoss ich in meinem Leben wieder einen größeren Freiraum: Ich versteckte mich nicht länger zu Hause. Anders als Lailuma, die es vorzog, sich gleich nach der Arbeit daheim zu verkriechen, musste ich einfach raus, neuerdings oft in Begleitung meiner »kleinen« Schwester Scharifa, die mittlerweile Mitte zwanzig, aber wie ich selbst unverheiratet war, also noch zu Hause wohnte. Wir gingen beide gerne shoppen. Längst verfolgte mich nicht mehr die Angst, ich könnte den Taliban in die Arme laufen. Ich war jetzt Nudelherstellerin, keine Pilotin mehr. Was hätten sie mir tun sollen?

Was ich allerdings zu meiden versuchte, waren öffentliche

Gerichtsverhandlungen. Auf »Radio Scharia« kündigten die Taliban an, wann und wo ein Urteil vollstreckt werden sollte. »Herr Soundso hat dies oder jenes verbrochen«, hieß es dann. »Heute Nachmittag wird er auf dem Paschtunistan-Platz seine gerechte Strafe erhalten.« Das war eine Einladung, der viele Kabulis folgten, nicht zuletzt, weil sie sonst kaum Ablenkung hatten.

Einmal gerieten Scharifa und ich in ein solches Tribunal, das mitten im Zarnegar-Park abgehalten wurde. Eine Frau war angeblich unter der Burka nicht sittsam gekleidet gewesen. Zur Strafe zog ihr einer der Taliban einen Hieb mit der Peitsche über den bekleideten Rücken. Die Menge johlte begeistert. Fast automatisch kontrollierte ich den Sitz meiner Kleidung. War auch ja alles Ordnung? Schimmerte nirgendwo ein Stück Haut hervor?

Als Nächstes war ein Mann an der Reihe. Er hatte angeblich Melonen aus einem Geschäft gestohlen. Einer der Taliban befahl ihm, seine Hand auf eine Holzvorrichtung zu legen. Der arme Kerl zitterte vor Angst. Dann kam ein Talib mit einem Beil und ließ es mit voller Wucht auf das Gelenk des Verurteilten heruntersausen. Die Hand fiel zu Boden. Die Zuschauer waren hin- und hergerissen zwischen Schauder und Faszination. Der Mann hielt sich den blutenden Stumpf. Mir wurde schlecht. Ich zupfte Scharifa an der Burka und bat sie, schnell mit mir nach Hause zu verschwinden.

Ein anderes Mal kamen wir gerade von einer Shopping-Tour auf dem Maryam-Bazar. Das ist eine Einkaufsstraße in der Nähe von unserem Haus, in der man allerlei Haushaltsgegenstände kaufen kann. Wir hatten einen Sack Reis, Speiseöl und Feuerholz gekauft und waren richtig hungrig. Bevor wir alles nach Hause trugen, wollten wir uns deshalb in einem Straßenimbiss stärken.

Gerade hatten wir unser Leibgericht, eine Art Hamburger,

bestellt und auf den Stühlen am Stand Platz genommen, da hörte ich hinter mir ein Geräusch, das ich nur allzu gut kannte: Ein Auto hatte direkt neben dem Essstand angehalten. Und zwar nicht irgendein Auto. Es war ein weißer Toyota. Diesen Fahrzeugtyp konnte jede Frau in Kabul inzwischen am Motorengeräusch erkennen, wir alle hatten es zu hassen gelernt. Schon sahen wir Taliban aus dem Auto steigen, es waren drei. Alle mit Turbanen, den schwarz umrandeten Augen und mit Schlagstöcken in der Hand. »Die beiden schnappen wir uns«, sagte einer und deutete auf mich und Scharifa.

Meine kleine Schwester war bereits aufgesprungen. Sie hatte in diesen Dingen mehr Erfahrung als ich. »Lauf!«, rief sie mir noch zu – und war im nächsten Moment verschwunden.

Plötzlich sah ich überall um mich herum Taliban, die den Schalag schwangen. Ich versuchte, ihren Schlägen auszuweichen, und es gelang mir sogar: Ihre Knüppel donnerten krachend auf die Tische.

Wir bellten einander schlimme Schimpfworte zu. »Möge Allah die Seele deines Vaters verdammen«, brüllten sie.

»Möge Allah die Seele *deines* Vater verdammen«, gab ich zurück. Das ist so ungefähr das Übelste, was man in unserer Kultur sagen kann. Aber das war mir total egal: Ich war wütend.

Die anderen Imbissgäste feuerten mich an. »Renn, Schwester, renn! Wenn sie dich erwischen, töten sie dich!«, riefen sie. Aber das war leichter gesagt als getan.

Als ich endlich eine Lücke zwischen den gewalttätigen Kerlen entdeckte, rannte ich um mein Leben. Glücklicherweise trug ich passendes Schuhwerk. Ich rannte und rannte, bis mich meine Kräfte verließen. Hatte ich sie wirklich abgehängt?

»Du hast wahnsinniges Glück gehabt«, meinte Scharifa, als ich keuchend zu Hause ankam. »Ich dachte, die schlachten dich.«
Tatsächlich hatten mir die Taliban kein Haar gekrümmt. Aber es hatte sich richtig gut angefühlt, ihnen endlich mal die Meinung zu sagen: Sie waren nicht allmächtig – und ich keineswegs so hilflos, wie ich zeitweise geglaubt hatte. Langsam gewann ich mein altes Selbstbewusstsein zurück. Obwohl ich nicht mehr als Pilotin arbeitete, sondern als Spaghettiherstellerin im Reich der Taliban. Ich begann meine neue Identität wertzuschätzen – und damit auch mich selbst.
Lailuma ging es ebenfalls besser, seitdem sie in der Maccheroni-sasi arbeitete. Sie ging zwar weniger lange arbeiten als ich, war dafür aber bereits auf der Karriereleiter einen kleinen Schritt höher gestiegen: Die frühere Direktorin ihrer Schule war für ihre Einheit verantwortlich und erinnerte sich noch an sie aus ihrer Zeit am Maryam-Lyzeum. Und da sie wusste, dass Lailuma klug und vertrauenswürdig war, machte sie sie zur Chefin ihrer Maccheroni-sasi. Ich dagegen war anfangs nur eine gewöhnliche Arbeiterin – bis ich »entdeckt« wurde.
Eines Tages, ich war gerade wieder einmal beim Teigkneten, kam ein Mann zu uns. Es war der Bruder dieser ehemaligen Schuldirektorin. Sie hatte ihn beauftragt, nach dem Rechten zu sehen. Er sprach mit einigen meiner Kolleginnen und ließ sich von ihnen die Arbeitsaufteilung erklären. Dann kam er zu mir. Ich wusste sofort, wer er war, und begrüßte ihn mit seinem Namen. Da erkannte er mich auch: »Du bist doch Latifa, die Pilotin!«, sagte er und klang dabei fast erschrocken. »Was machst du hier in der Maccheroni-sasi?!«
»Ich arbeite«, antwortete ich fröhlich.
»Und stellst Nudeln her?«

»Was denn sonst?« Ich grinste unwillkürlich, denn er zog ein so ungläubiges Gesicht. »Mach dir keine Sorgen: Die Arbeit tut mir gut«, beteuerte ich. Er aber war der Meinung, dass ich unterhalb meiner geistigen Fähigkeiten eingesetzt würde. Nun ja, das ließ sich nicht leugnen. Ich versicherte ihm, dass ich damit kein Problem hätte. Aber er bestand darauf, mit seiner Schwester darüber zu reden.

Am nächsten Tag wurde ich befördert. Die vorherige Chefin erhielt einen Brief, der sie herabstufte, und ich bekam ihre Stelle. Nun war ich verantwortlich für die zwanzig Arbeiterinnen, die den Wechsel an der Spitze gelassen hinnahmen. Mein Gehalt stieg auf dreieinhalb Kilo Mehl. Zusammen mit den dreieinhalb Kilo, die Lailuma nach Hause brachte, war das so viel, dass wir es nicht einmal in unserer Großfamilie, die mittlerweile auf zwanzig Personen angewachsen war, aufbrauchen konnten. Also verkauften wir den Rest. Ob das im Sinne der UNO war, weiß ich nicht. Aber so verfuhren wir eben.

Als neue Leiterin musste ich mich vor allem um Logistik und Buchführung kümmern. Das machte mir großen Spaß, da es anspruchsvoller war als meine bisherige Tätigkeit. Regelmäßig verfasste ich Berichte für die UNO. Ich hatte jetzt die Schlüssel zur Maccheroni-sasi und zur Vorratskammer, legte Rechenschaft über unseren Verbrauch ab, bestellte neues Getreide und wachte darüber, dass von unserer Produktion nichts abhandenkam.

Nur sporadisch begegnete ich der Organisatorin des Programms, einer älteren Frau, die Englisch sprach. Aus welchem Land sie kam, weiß ich nicht genau, jedenfalls aus dem Westen. Wenn sie uns in der Herstellung besuchte, ließ sie sich von mir die Buchhaltung zeigen und fragte uns, was wir bräuchten. Meine Arbeiterinnen hatten stets eine lange Liste mit Forderungen – neue Maschinen, mehr

Getreide als Lohn und dergleichen. Die Ausländerin lächelte und notierte sich alles.
Der Höhepunkt unserer Arbeitswoche war die Essensausgabe am Samstagmorgen. Dann kamen die Frauen aus dem gesamten Viertel zu uns geströmt, und vor dem Haus bildete sich eine lange, Burka-blaue Schlange.
Wir führten Listen mit den Namen derjenigen, die von uns Lebensmittel beziehen durften. Um diese Listen gab es viel Streit: Die UNO forderte ständig, sie zu überarbeiten, da mehr Witwen und alleinstehende Frauen unterstützt werden sollten. Doch die Taliban sträubten sich. Die UNO drohte daraufhin, das Programm einzustellen. Und so ging es hin und her. In Wirklichkeit hatten aber weder die UNO-Vertreter noch die Taliban ein Interesse daran, das Projekt zu beenden. Beide Seiten blufften, was allen Beteiligten klar war. Ich mischte mich da nicht ein.
Streng hielt ich mich an die Namensliste, die mir vorlag, und kontrollierte, dass jede Frau genau das bekam, was ihr zustand. Normalerweise waren es fünf Kilo Pasta pro Woche. Manchmal stritten sich die Frauen, weil sie einander die Portionen neideten. Wenn es ums Überleben ihrer Kinder ging, verloren sie jedes Ehrgefühl: Sie versuchten, sich gegenseitig die Pakete aus den Händen zu reißen. Dann musste ich dazwischengehen und den Streit schlichten. In solchen Situationen dachte ich oft an meine Mutter. War sie ebenso verzweifelt gewesen? Wie hatte sie es nur damals geschafft, sich alleine mit uns zehn Kindern durchzuschlagen, als mein Vater im Gefängnis saß?
Ich war unendlich froh, dass diese Zeit zumindest für mich und meine Familie der Vergangenheit angehörte. Vielleicht, dachte ich, konnte man einfach alles überstehen, solange man die Hoffnung nicht aufgab? Als die Taliban an die Macht kamen, hatten Lailuma und ich

geglaubt, unser Leben sei zu Ende. Aber es war weitergegangen. Zugegeben, es war nicht mehr dasselbe wie früher, aber es hatte einen neuen Sinn bekommen. Zu diesem Zeitpunkt deutete nichts darauf hin, dass wir an der Schwelle zu einem weiteren Lebensabschnitt standen.

Kapitel 6:

Neustart unterm Sternenbanner

Ein Donnerhall irgendwo in den Bergen kündete zuerst von der bevorstehenden Zäsur. Das Geräusch war so laut, dass es uns alle frühmorgens aus dem Schlaf riss. Meine kleinen Nichten und Neffen begannen zu weinen. Vater schaltete das Radio ein, aber es hatte keinen Empfang. Nur ein Rauschen kam aus dem Gerät. Später erfuhren wir: Die Sendemasten waren von einer Rakete zerstört worden. Doch schon in dem Moment, als das Radio quasi tot war, wusste ich: Der Krieg hatte begonnen.

»Es geht los!«, sagte ich zu den anderen. »Habe ich euch nicht gesagt, dass es bald losgeht?« Ich war aufgeregt, allerdings vor Freude. Angst hatte ich nicht.

Bereits seit Wochen verfolgten Vater und ich jeden Abend zusammen die Nachrichten im persischsprachigen Programm der BBC (BBC-Farsi), den wir heimlich zu Hause empfingen: Dadurch hatten wir von dem Anschlag auf das World Trade Center in New York am 11. September 2001 gehört – und von der Wut der Amerikaner, die dafür eine Terrororganisation namens *al-Qaida* verantwortlich machten. Die Taliban, sagten sie, steckten mit den Terroristen unter einer Decke. Angeblich halfen sie ihnen, den Anführer Osama bin Laden in Afghanistan zu verstecken. Ich wusste nicht, ob das stimmte. Aber ich freute mich,

dass die Amerikaner entschlossen waren, die Taliban zu bekämpfen. In meinen Augen war jeder, der gegen die verdammten Madrasa-Studenten vorging, ein Held.
Das Krachen und die Explosionen gingen den ganzen Vormittag weiter. Die Leute blieben verängstigt in ihren Häusern. In der Maccheroni-sasi wartete ich vergeblich auf meine Kolleginnen. Als bis Mittag keine zur Arbeit kam, ging auch ich wieder heim. Meine Schwester, dieser Hasenfuß, hatte das Haus nicht verlassen.
»Komm, wir schauen mal, was auf dem Markt los ist«, schlug ich Lailuma vor. Ich war neugierig, und das mit gutem Grund: Wenn es wirklich zum Krieg kam, mussten wir Lebensmittelvorräte anlegen. Das sah vor allem meine Mutter ein. Lailuma zierte sich jedoch wie immer ein bisschen. Sie fragte sich, ob ein Marktgang nicht zu gefährlich sei. Ich aber war überzeugt, dass sich die Angriffe nicht gegen Zivilisten richten würden. Die Amerikaner bombadierten bestimmt ausschließlich Militäranlagen. So hatte ich es im Radio gehört, und darauf vertraute ich. Schließlich konnte ich meine Schwester doch überzeugen.
Wir warfen die Burkas über und machten uns auf den Weg. Es war nicht viel los auf den Straßen, und auch auf dem Bazar hatte nur die Hälfte der Stände geöffnet. Die Bombardierungen waren natürlich überall das Hauptgesprächsthema. Viele Händler zeigten sich verunsichert. Sie konnten den Angriff auf Kabul nicht einordnen: Steckten die Mudschaheddin dahinter? Brach der alte Krieg zwischen ihnen und den Taliban wieder los? Und überhaupt: Wo waren die Taliban? Auf dem Bazar, wo ihre Religionspolizei sonst so gerne die Passanten gängelte, begegneten wir an diesem Tag keinem einzigen. Sie waren wie vom Erdboden verschluckt. Nirgendwo in der Stadt war auch nur ein einziger Gotteskrieger zu sehen.

Gerüchte hatten Hochkonjunktur, die Lebensmittelpreise ebenfalls: Sie hatten sich über Nacht fast verdreifacht. Trotzdem machten die kriegserprobten Kabulis Hamsterkäufe und erstanden, was es noch zu kaufen gab. Man konnte ja nie wissen, wie sich die Situation noch entwickeln würde. Nicht alle wagten sich auf die Straße wie wir, die meisten verbarrikadierten sich daheim oder versteckten sich im Keller. Ich aber war in Hochstimmung und konnte mir Witze über die flüchtigen Turbanträger kaum verkneifen. »Die Taliban haben Schiss bekommen und sind zurück nach Pakistan in ihre Madrasa«, war noch der harmloseste Kommentar, den ich mir erlaubte.

Insgesamt zehn Tage lang bombardierten Amerikaner und Briten strategische Ziele in Kabul und in den Bergen; ich war die ganze Zeit über in dieser seltsamen Hochstimmung. Inzwischen wusste ich, dass die ausländische Luftwaffe unsere Nordallianz unterstützte. Und so kam es, wie ich es mir geträumt hätte: Die Veteranen eroberten zuerst den Norden zurück. Am 10. November 2001 nahm General Dostum zusammen mit Atta Mohammad Nur, einem Weggefährten des kürzlich verstorbenen Tadschiken-Kommandeurs Massoud, Mazar-e-Scharif ein. Im selben Atemzug kündigten sie an, ihr nächstes Ziel sei Kabul. Die Luftschläge wurden seltener. Und nur einen Tag später zogen die Mudschaheddin »siegreich« in Kabul ein – oder genauer gesagt: Sie übernahmen kampflos die afghanische Hauptstadt.

Auf Jeeps und Panzern rollten sie von Norden her in die Stadt – wieder einmal ausgestattet mit den allerneuesten Waffen, diesmal durch die Amerikaner. Sie trugen Militärkleidung, aber jeder hatte seine Variante davon: Es waren allesamt Freestyle-Uniformen, Fantasie-Uniformen. »*Allahu-akbar* – Gott ist der Größte!«, riefen sie, als hätten sie

gerade eine große Schlacht für sich entschieden. In Wirklichkeit aber hatten sie keinerlei Widerstand brechen müssen. Die Taliban waren längst über alle Berge, als die Mudschaheddin sich in der Hauptstadt als Sieger bejubeln ließen.
Auch Lailuma und ich feierten. Wir waren überglücklich, die alten Haudegen der Nordallianz in unseren Straßen zu sehen. »Lang lebe Massoud!«, riefen die Leute. Und manche auch: »Lang lebe Amerika!« Lailuma und ich ließen General Dostum hochleben. Wir beglückwünschten uns gegenseitig, dass wir uns von den Taliban nicht in den Wahnsinn hatten treiben lassen. Es war wie im Märchen: Endlich waren wir wieder freie Menschen! Nach all den Jahren, die wir in der Geiselhaft der Fundamentalisten verbracht hatten, war das ein unbeschreibliches Gefühl.
Nicht alle trauten ihrem Glück in diesen ersten Tagen des Taumels. Einige Frauen gingen vorsichtshalber immer noch mit der Burka auf die Straße. Erst als sie sicher waren, dass die Taliban nicht zurückkehren würden, wurden sie mutiger und ließen das unkleidsame blaue Tuch zu Hause. Die Männer verfuhren ebenso: Nach ein paar Tagen bildeten sich lange Schlangen vor den Friseursalons: Plötzlich hatten es alle eilig, ihren Bart loszuwerden. Die Barbiere legten Extraschichten ein. Manche ließen sich den Prachtbart in aller Öffentlichkeit abrasieren. Auch meine drei Brüder rasierten sich gegenseitig, allerdings bei uns zu Hause. Und sogar Lailuma tat mit, sie rasierte sich aus lauter Übermut das Kinn. Nur mein Vater behielt seinen Bart: Er war jetzt in einem Alter, in dem ihm die graue Pracht gut zu Gesicht stand.
»Glaubst du, dass jetzt wieder alles so wird wie früher?«, fragte mich Lailuma, als wir abends, immer noch berauscht vor Glück, in unsere Decken gekuschelt am Bochari saßen.

Ich sah sie an, und sie wich meinem Blick aus. Ich wusste genau, welchen Gedanken sie nicht auszusprechen wagte. Würden wir wieder fliegen können? Fast schien es anmaßend, diesen Wunsch zu äußern. Auch ich hatte Hemmungen. »Was hältst du davon, morgen einfach mal einen Spaziergang zum Flughafen zu machen?«, fragte ich sie. »Nur um mal zu gucken.«
Ihre Augen blitzten kurz. »Ja, warum nicht?«, antwortete sie möglichst beiläufig.
Am nächsten Tag standen wir in aller Frühe auf, kochten Tee und machten uns wie zu unserer Pilotinnenzeit fertig. Wir hatten zwar keine Uniformen mehr, aber wir borgten uns die schlammfarbenen Straßenhosen und die Jacken unserer Brüder. Dazu trugen wir unauffällige Kopftücher. Aus dem Wandschrank im Wohnzimmer kramten wir unsere Zertifikate von der Luftwaffen-Akademie in Kabul und aus Maszar-e-Scharif hervor. Dann marschierten wir los.
An der Hauptstraße stiegen wir in ein Sammeltaxi in Richtung Norden. Den Wachleuten am Eingang zum militärischen Teil des Flughafens sagten wir, dass wir Fliegerinnen der Nordallianz seien. Sie ließen uns passieren. Neugierig sahen wir uns auf dem Gelände um, das wir fünf lange Jahre nicht mehr betreten hatten: Die Helikopter auf dem Flugfeld waren größtenteils noch unsere guten alten Maschinen aus Sowjetzeiten. Ich sog den altbekannten Geruch nach Maschinenöl und Abgasen ein – und fühlte mich gleich heimisch. Etwas weiter entfernt, in einem anderen Bereich, entdeckte ich zwei amerikanische Hightech-Jets. Wer die wohl flog? Neugierig hielt ich nach den Piloten Ausschau, doch Amerikaner sah ich nicht.
Dafür entdeckte ich sehr viele bekannte Gesichter. Nach und nach trudelten sie ein, unsere früheren Kameraden

und Kollegen. Wir begrüßten uns wie alte Freunde und fragten uns gegenseitig aus, wie wir die Zeit überstanden hatten. Wenn wir ihnen von unserer Odyssee berichteten, zeigten sie sich beeindruckt. Fast alle Männer behaupteten, an vorderster Front gegen die Taliban gekämpft zu haben. Denjenigen, die in der Hierarchie der Nordallianz aufgestiegen waren, glaubte ich das sogar. Aber bei anderen, deren Kinn noch weiß von der überstürzten Rasur war, hatte ich meine Zweifel.

Ein tadschikischer Kommandeur erzählte uns, dass es in der amerikanischen Armee auch Frauen gebe. Der Angriff auf die Sendemasten, mit dem der Krieg gegen die Taliban begonnen hatte, sei von einer Pilotin geflogen worden. Der Präsident der Vereinigten Staaten wolle ihr dafür eine Medaille verleihen. Das beeindruckte uns sehr. Wir erklärten dem Mann, der unter Massouds Leuten offenbar etwas zu sagen hatte, dass wir ebenfalls gerne wieder fliegen wollten.

Er wirkte amüsiert. »Und seit wann seid ihr nicht mehr geflogen?«

»Seit drei Jahren«, antwortete ich wahrheitsgemäß.

»Erinnert ihr zwei euch denn überhaupt noch, wie ein Helikopter von innen aussieht?«

»An jedes Detail«, behauptete ich. Das entsprach wenigstens teilweise der Wahrheit: Zumindest hatten Lailuma und ich seit Jahren von nichts anderem geträumt.

Der Kommandeur sah uns zweifelnd an. Glücklicherweise aber hatte er gerade akuten Bedarf an Piloten: In den Bürgerkriegsjahren und unter den Taliban waren keine jungen Leute ausgebildet worden. Und mit den flüchtigen Gotteskriegern war gerade noch einmal ein ganzer Schwung erfahrener Piloten verschwunden. Wenn ein Hubschrauberpilot länger als drei Monate nicht am Steuer gesessen hat,

muss er nach internationalen Regeln Auffrischungsstunden nehmen. Der tadschikische Kommandeur willigte daher zögernd ein, uns Unterricht zu geben.
Lailuma und ich platzten fast vor Begeisterung, wir wären dem Mann am liebsten um den Hals gefallen. Aber dann hätte er seine Zusage vermutlich wieder zurückgenommen und uns fortgejagt. Also murmelte ich nur angemessen: »Danke. Das ist sehr freundlich von Ihnen.« Lailuma und ich salutierten, wie wir es gelernt hatten. Dann rannten wir in unser altes Büro. Hinter der verschlossenen Tür aber führten wir einen wilden Freudentanz auf.

Die nächsten zwei Monate trainierten wir täglich, Massouds Leute erteilten uns Flugstunden, und allmählich war es wieder vollkommen normal, sich jeden Tag auf dem Flugplatz aufzuhalten. Erstaunlicherweise fiel es uns überhaupt nicht schwer, uns wieder an die Maschine zu gewöhnen. Der bekannte Geruch, der Lärm, fast war es, als hätten wir nie aufgehört zu fliegen: Wir erinnerten uns an alles, jeder Handgriff saß sogleich wieder. Das war gut so, denn es gab einen Termin, zu dem wir unbedingt wieder einsatzfähig sein mussten, wie uns früh mitgeteilt wurde: Am 8. Februar 2002 wollte die Nordallianz ihre offizielle Siegesfeier in Kabul abhalten, und als Höhepunkt dieser Veranstaltung war eine große Flugshow geplant.
Lailuma und ich fühlten uns ungemein geehrt, dass wir dort starten sollten. Eifrig trainierten wir unsere Formationsflüge. Auch unser Ausbilder konnte seine Aufregung nicht verhehlen: Bald würde ganz Afghanistan auf uns schauen. Sogar das Fernsehen, hieß es, würde die Show live übertragen. Mein Vater organisierte eigens einen kleinen Apparat, den er stolz im Wohnzimmer aufstellte, glücklich, dass das nun wieder vollkommen legal war. Und

am großen Tag versammelte sich unsere ganze Familie davor.
Zumindest stellten wir uns das so vor, während Lailuma und ich uns aufgeregt am Flughafen für den Auftritt fertig machten. Wir sahen sie vor uns, wie sie zu Hause vor der Kiste hockten und darauf warteten, uns auf dem Bildschirm zu sehen. Wir zogen unsere brandneuen Uniformen an und setzten die Helme auf. Wir fühlten uns wie Botschafterinnen: Wir waren überzeugt, dass es ein wichtiges Zeichen für alle afghanischen Frauen war, uns bei der Flugshow zu sehen. Wir wollten sie würdig vertreten.
Bevor wir in unsere Cockpits stiegen, umarmten wir uns noch einmal ganz fest, und ich sagte zu Lailuma: »Siehst du, kleine Schwester, unser Wunsch ist in Erfüllung gegangen.«
Dann gab der Kommandeur das Signal zum Start. Ich ließ den Motor an und war dabei fast so aufgeregt wie bei meinem allerersten Flug. Röhrend erhob sich der Hubschrauber, und mit jedem Meter, den er an Höhe gewann, stieg auch die Euphorie in mir hoch: Es war ein Traum, wieder zu fliegen. Ich dankte Allah, dass er mich dieses Wunder erleben ließ. Dass er mich von meinem Dasein als Knüpferin in einer Teppichwerkstatt zurück ins Cockpit katapultiert hatte. Dass die Zeit als Nudelherstellerin ein für alle Mal vorbei schien. Erst jetzt erkannte ich, in welch privilegierter Situation ich war. Und was für ein Glück ich hatte.
Wir flogen vom Flughafen aus Richtung Innenstadt, wo für die Militärparade eine Tribüne aufgebaut worden war. Wie immer bei unseren Formationsflügen übernahm ich die Führung, Lailuma folgte mir. Vor der Tribüne drosselten wir verabredungsgemäß das Tempo und verringerten unsere Flughöhe, bis wir uns auf einer Ebene mit den Ho-

noratioren befanden, den neuen Ministern, der Regierungsführung. Soweit wir es wagen konnten, näherten wir uns der Loge von Hamid Karzai. Der Paschtune, dessen Familie die Taliban zuerst unterstützt, dann aber bekämpft hatte, war erst vor einigen Wochen auf der Bonner Konferenz zum Präsidenten der Übergangsregierung ernannt worden. Er winkte uns zu. Wir grüßten zurück.
Auch die anderen Zuschauer johlten und jubelten uns zu, als wir in geringer Entfernung über sie hinwegzogen. Manche hielten sich auch die Ohren zu, so laut dröhnten die Rotoren. Als einzige Pilotinnen waren Lailuma und ich die unbestrittenen Stars der Show. Zu Hause vor dem Bildschirm platzten unsere Verwandten fast vor Stolz, dass der Präsident uns tatsächlich persönlich gegrüßt hatte. Von dem Tag der Parade an, erinnerten sich auch unsere Nachbarn wieder, wer wir waren, und grüßten uns respektvoll, wenn sie uns auf der Straße begegneten. Ein neues Leben hatte für alle begonnen. Besonders für die afghanischen Frauen, die sich nun nicht mehr unter ihren Burkas verstecken mussten – und für alle erkennbar waren. Für uns alle war dies ein lebenswerteres Dasein.
Auf einen Schlag waren wir berühmt, und in zahlreichen Zeitungen wurde über uns berichtet. Doch diesmal liebten uns nicht nur die afghanischen Journalisten, sondern auch ausländische Medien begannen, sich für uns zu interessieren. Die Amerikaner auf dem Stützpunkt selbst allerdings bemerkten uns erst spät.
Damals, unmittelbar nach dem Sturz der Taliban, gab es zunächst nur wenige amerikanische Soldaten in Kabul. Auf den Straßen der Innenstadt sah man sie überhaupt nicht, und auf dem Fluggelände hatten sie sich in einem separaten Bereich eingerichtet, der sich zwischen dem zivilen Flughafen und dem Teil befand, den das afghanische

Militär für sich nutzte, so dass sich unsere Wege im Berufsalltag normalerweise nicht kreuzten.
Bis zu dem Tag, ich glaube, es war im Sommer 2002, als fünf hochgewachsene, hellhäutige Männer in unseren Flughafenbereich geschlendert kamen. Sie trugen Fliegeruniformen und Sonnenbrillen. Dass sie Amerikaner waren, konnte man selbst auf hundert Meter Entfernung an ihren lauten Stimmen und ihrer typischen breitbeinigen Gangart erkennen.
Die amerikanischen Offiziere hatten Listen dabei, hakten ab und notierten sich Nummern. Sie inspizierten unsere Luftwaffe. Meine Kollegen erklärten ihnen, was für Maschinen uns zur Verfügung standen und wie sie jeweils ausgestattet waren. Alle umschwirrten die Amerikaner und fachsimpelten, um sich wichtig zu tun. Wer weiß, vermutlich erhofften sie sich irgendwelche Vorteile. Lailuma hatte sich erkältet – und war an diesem Tage nicht zur Arbeit gekommen. Deshalb fand ich mich ausnahmsweise ohne ihre Begleitung auf dem Flughafen ein. Ich beobachtete das Treiben aus einiger Distanz und hatte nicht vor, mich daran zu beteiligen, denn ich fand es recht albern. Dann aber berichtete mir einer der Mechaniker, die Amerikaner hätten sich erkundigt, ob es in der afghanischen Luftwaffe auch Pilotinnen gebe. Da wurde ich hellhörig und gesellte mich zu den anderen.
»Ich bin Latifa. Ich bin Pilotin«, stellte ich mich vor. Inzwischen hatte ich mir selbst mit Hilfe des Schulbuches meiner Nichte ein bisschen Englisch beigebracht. Nicht viel, aber immerhin genug, um eine kleine Konversation anzuzetteln.
Die Amerikaner starrten mich an, als wäre ich eine Außerirdische. Sie schienen erstaunt, dass ich sprechen konnte. »Great«, sagten sie – und streckten mir ihre Hand entge-

gen. Beherzt schüttelte ich sie. Dass eine Frau einem Mann in aller Öffentlichkeit die Hand gibt, ist bei uns eigentlich verpönt. Aber ich wusste ja, dass die Amerikaner andere Sitten hatten. Hinter ihrem Rücken rollten meine Kollegen genervt mit den Augen. »Was willst du denn hier?«, zischelte einer auf Dari. Ich ignorierte ihn.

»Ich bin *capitan*«, nannte ich den Amerikanern meinen damaligen Rang.

»Really? Great, very interesting«, beteuerten sie und erkundigten sich, was für einen Hubschraubertyp ich flog. Ich zeigte ihnen meine geliebte Mi-17, und die Amerikaner nahmen sie genau unter die Lupe, auch den Motor und die Innenausstattung. Irgendetwas daran schien sie zu amüsieren. *»Wow, russian style«*, sagte einer. *»No GPS?«*, fragte ein anderer. Sie lachten.

Ich versuchte ihnen zu erklären, dass Lailuma und ich noch unter den Sowjets ausgebildet worden waren, gelangte aber schnell an die Grenzen meiner Englischkenntnisse. Als sie mich fragten, ob ich Kommunistin sei, schüttelte ich den Kopf. Das gefiel ihnen. Sie notierten sich meinen Namen und versprachen, sich bei mir zu melden.

Der Tag blieb mir lange im Gedächtnis ... Doch zunächst hörte ich nichts mehr von ihnen. Auf dem Flughafen begann wieder der Alltagsbetrieb. Lailuma und ich wurden immer wieder für Transportflüge in die Provinz eingesetzt, vor allem zur Personenbeförderung. So stiegen jetzt häufig Minister der neuen Regierung ein, die ich in alle Regionen Afghanistans flog, damit sie dort ihre Wahlkampfreden halten konnten. Schließlich herrschte bei uns jetzt »Demokratie«: 2004 sollten nach dem Willen der internationalen Koalition erstmals freie Wahlen abgehalten werden, und dieser neue Wind bestimmte in ganz Afghanistan die Tonart.

Unterdessen veränderte sich Kabul rasant: Restaurants und Cafés machten auf, Privatschulen und Hochzeitshallen wurden gebaut. Internationale Organisationen eröffneten ihre Büros. Gleichzeitig explodierten die Immobilien- und Grundstückspreise, und immer mehr Ausländer, zumeist waren es irgendwelche Helfer, prägten das Straßenbild. Allerdings hatten wir damals noch kaum Kontakt zu ihnen. In den ersten zwei Jahren nach der amerikanischen Militärintervention entwickelte sich Kabul zu einer regelrechten Boomtown.

Lailuma und ich waren so sehr mit all dem Neuen um uns herum beschäftigt, dass wir die amerikanischen Besucher am Flughafen bald vergessen hatten. Eines Tages aber hörten wir wieder von ihnen: Ein amerikanischer Offizier und sein afghanischer Dolmetscher kamen in unseren Teil des Flughafens, um uns ein offizielles Schreiben der United States Air Force zu überbringen: Es handelte sich um die Einladung zu einer Schulung. Unsere Streitkräfte, hieß es darin, sollten bald neue Hubschrauber bekommen. Eine moderne Version der Mi-17 mit einem stärkeren Motor und zeitgemäßer Kommunikationstechnik an Bord. Die Amerikaner hatten die Maschinen in Russland gekauft, und jetzt sollten wir lernen, damit umzugehen, da wir zu den »Hoffnungsträgern der neuen afghanischen Armee« gehörten. So jedenfalls übersetzte es der Dolmetscher. Obwohl uns nicht ganz klar war, was für eine »neue« Armee das sein sollte – hatte Afghanistan nicht bereits eine, der wir beide angehörten? –, signalisierten Lailuma und ich dem Offizier sofort unser Interesse.

Da etliche unserer Kollegen ebenfalls eingeladen worden waren, fanden wir uns – fast fünfzehn Jahre nach dem Beginn unserer Pilotenausbildung – erneut mit unseren ehemaligen Kommilitonen in einer Klasse. Der Unterricht war

anstrengend. Vor allem aufgrund der sprachlichen Hürde: Der amerikanische Dozent, ein Hüne mit roten Haaren, sprach nur Englisch und erwartete von uns, dass wir ihn verstünden. Parallel zu seinen Lektionen über die internationalen Flugverkehrsregeln erhielten wir Englischunterricht. Nächtelang versuchten Lailuma und ich, uns die Vokabeln einzupauken. Es gelang uns nur halbwegs. Aber unsere Kommilitonen waren noch weniger erfolgreich als wir, die wir uns noch abends in Konversation üben konnten.
Auch wenn die Amerikaner uns gegenüber immer wieder ihren Respekt vor der »großen afghanischen Nation« betonten, hatten wir manchmal das Gefühl, dass sie uns als Wilde betrachteten. Es waren kleine Bemerkungen, aus denen das herauszuhören war. So fragte uns der rothaarige Lehrer vor Beginn seines Unterrichts etwa, ob wir auch alle lesen und schreiben könnten. Er meinte damit natürlich Englisch lesen und schreiben. Dass es eine andere Schrift außer der Lateinischen gab, kam ihm offenbar nicht in den Sinn. Auch der Kartographielehrer vergewisserte sich, ob wir alle wüssten, was ein Computer sei, bevor er mit seiner Erklärung des GPS-Systems begann.
Sie meinten das natürlich nicht böse, sondern versuchten lediglich auszuloten, wo sie ansetzen mussten, um uns mit der neuesten technischen Ausstattung der Helikopter vertraut zu machen. Gleichwohl fühlten wir uns in ihrer Gegenwart wie Neandertaler. Ich fand es beschämend, dass eine Nation, die Tausende von Meilen entfernt von Afghanistan lebte, so gute Karten über unser Land besaß. Mussten wir uns wirklich von Fremden die Topographie unserer Heimat erklären lassen? Anscheinend schon. Das GPS funktionierte jedenfalls genauer als alles, was ich bislang an Kartenmaterial über Afghanistan gesehen hatte.

Lektionen gaben uns die Amerikaner nicht nur in den Fächern Technik und Flugverkehr, sondern auch in Sachen Weltanschauung. Sie propagierten, dass Terrorismus böse ist, dass Staat und Religion getrennt werden müssten, und erklärten uns, warum das System der Demokratie allen anderen Regierungsformen überlegen sei. Wir alle, sagten sie, hätten die Pflicht, Afghanistan vor einer Rückkehr der Taliban zu bewahren. Logisch, dachte ich, warum glaubten sie, uns das sagen zu müssen? Meine Kollegen und ich waren immerhin Veteranen der Nordallianz und hatten diese Bande von Gotteskriegern bekämpft. Schon um unsere eigene Haut zu retten, durften wir sie nicht wieder erstarken lassen.

Den Amerikanern schien das nicht so klar zu sein. Denn sie betonten diesen Punkt wieder und wieder, bis wir alle genervt waren. Egal. Ich bestand den Kurs mit neunundneunzig von hundert Punkten. Ein Punkt wurde mir aufgrund meiner mangelnden Sprachkenntnisse abgezogen: Der Dozent behauptete, dass ich zu schnell und zu nuschelig gesprochen hätte. Dasselbe hätte ich ihm vorwerfen können, aber ich verkniff mir den Kommentar, um mein Resultat nicht weiter zu gefährden. Lailuma, die langsamer als ich sprach, erhielt die volle Punktzahl.

Nach Ende der Schulung arbeiteten wir eng mit den Amerikanern zusammen. Militärkooperation nannten sie das. In der Praxis bedeutete es, dass unsere Offiziere ihre Befehle befolgten. Sie akzeptierten das ohne Murren, was für afghanische Männer ziemlich ungewöhnlich ist. Aber wir alle hatten in dieser Zeit noch große Ehrfurcht vor den Amerikanern. Zum einen imponierten sie uns mit all ihrer Technik und mit der militärischen Übermacht, die sie in ihrem Blitzfeldzug gegen die Taliban eindrucksvoll unter Beweis gestellt hatten. Zum anderen waren wir ihnen dankbar, weil wir ihnen unsere Freiheit verdankten. Sie hatten die Taliban vertrieben – und waren jetzt bei uns, um uns zu helfen, indem sie uns materielle und militärische Hilfe gewährten. Wir erlebten sie wie unsere älteren Brüder, unsere Beschützer und brachten ihnen deshalb selbstverständlich Respekt entgegen. Denn so ist das bei uns: Wenn dein Schutzherr dir Anweisungen gibt, musst du sie schlicht befolgen.

Zuerst – das merkten wir deutlich – trauten sie uns nicht zu, dass wir sie effektiv unterstützen könnten. Denn obwohl sie uns unterrichtet und mit tollen neuen Maschinen ausgestattet hatten, wollten sie weiterhin alles alleine machen. Nie nahmen sie uns auf militärische Missionen mit oder weihten uns in ihre Pläne ein. Auch um Rat fragten sie uns nicht, obwohl wir das Gelände und seine Tücken natürlich viel besser kannten. Und selbst auf dem Flughafengelände blieben unsere Bereiche fein säuberlich voneinander getrennt.

In dieser Zeit flogen meine Schwester und ich nur wenig. Manchmal nur ein einziges Mal in der Woche, um in Übung zu bleiben. Erst nach einer Weile fassten die Amerikaner mehr Vertrauen zu uns. Oder vielleicht wurde auch einfach ihr Bedarf an Unterstützung höher. Wir erkannten das daran, dass sie mehr Anfragen an uns richteten. Meist ging es um einen ganz konkreten Plan – etwa eine Truppenverlagerung oder den Transport von Ausrüstung oder einzelnen Personen. Logistische Aufgaben also. Die amerikanischen Offiziere gaben ihre Anweisungen über unsere Generäle an uns weiter. Die Flugpläne, die die Amerikaner für uns schrieben, wurden wieder dichter. Bald flogen wir jeden Tag, manchmal auch zwei Einsätze, je nach Bedarf.

Für Frauen wie Lailuma und mich wurde es unter amerikanischer Regie einfacher, am Flughafen zu arbeiten. Ich könnte auch sagen: Es wurde normaler. Da es auch im amerikanischen Militär etliche Frauen in den verschiedensten Positionen gab, hatten sie weniger Probleme damit als unsere afghanischen Kollegen. Und die wurden automatisch vorsichtiger, da sie den Amerikanern ja gefallen wollten. Das machte das Arbeiten für uns angenehmer und entspannter. Nun klebten wir auch nicht mehr die ganze Zeit zusammen, sondern wurden zunehmend getrennt für Flüge eingesetzt. Nur das Büro, in dem wir die Buchhaltung, die vor und nach jedem Flug anfiel, erledigten, teilten wir uns immer: Wenn wir gerade nichts zu tun hatten, hielten wir dort auch gerne ein Schwätzchen, hörten Musik, lasen Zeitschriften oder tranken zusammen ein Glas Tee.

Jetzt, wo der Krieg vorbei war, kehrte endlich so etwas wie Routine in unseren Berufsalltag ein: Die ständige Bedrohung, die Todesangst, der wir oft ausgesetzt gewesen waren, gehörten der Vergangenheit an. Und ich muss sagen, dass ich sie überhaupt nicht vermisste. Sicher war unsere Tätigkeit jetzt nicht mehr so aufregend wie früher. Der Adrenalinkick fehlte, wenn ich für einen Flug über ein befriedetes Land abhob. Aber ich konnte, ehrlich gesagt, sehr gut auf diese Art Spannung verzichten. Mir war es wichtiger zu wissen, dass ich abends meine geliebten Eltern und Geschwister wiedersehen würde. Außerdem konnte ich mich jetzt viel mehr auf meine eigentliche Arbeit konzentrieren: auf saubere Flugmanöver, auf die neue Maschine, auf die zerklüftete, karge Berglandschaft, die unter mir vorbeiglitt. Das war für mich purer Luxus. Deshalb genoss ich das Fliegen unter den neuen Bedingungen sehr.

Ein weiterer, erfreulicher Nebeneffekt unserer Kooperation: In der Außendarstellung der Armee wurde Lailuma und mir immer viel Ehre zuteil. Wir wurden auf Kongresse

und Versammlungen eingeladen und zahlreichen ausländischen Journalisten vorgeführt. Für die neue, westlich orientierte Regierung waren wir eine Art Aushängeschild. Ein glorreiches Beispiel dafür, was Frauen in unserem Land künftig leisten könnten und sollten, wenn die Bildungs- und Entwicklungsprogramme, die die Ausländer angestoßen hatten, erst einmal griffen. Wir repräsentierten sozusagen ein neues Rollenmodell.
Das schmeichelte uns natürlich. Und es führte dazu, dass wir unsere Uniformen auch im Privatleben kaum mehr ausziehen wollten. Denn in dieser Zeit erlebten wir durchweg positive Reaktionen, wenn wir im Flecktarn irgendwo auftauchten. Besonders die Frauen und Mädchen begegneten uns mit viel Bewunderung, Offenheit und Neugierde. Eifrig erkundigten sie sich, wie auch sie in der Armee Karriere machen könnten. Wir gaben ihnen bereitwillig Auskunft. Auch wir glaubten fest daran, dass es in Sachen Gleichberechtigung jetzt immer weiter bergaufginge. Keiner rechnete damit, dass sich die damals offenstehenden Türen schon bald wieder schließen sollten. Insbesondere für Frauen: Frieden und Freiheit herrschten in Afghanistan nur einen kurzen Augenblick.

Kapitel 7:

Weibliche Pflichten

Als die Taliban endlich besiegt waren, hatten Lailuma und ich das übliche Heiratsalter afghanischer Frauen weit überschritten. Mit Anfang dreißig galten wir als alte Jungfern. Bereits vor Jahren hatten wir uns mit dem Gedanken abgefunden, dass Ehelosigkeit der Preis für unseren extravaganten Beruf sein würde. Doch wir hatten nicht gezögert, und die vielen Flugstunden im Hubschrauber waren eine große Belohnung für uns.

Unter unseren Kollegen hatten wir Bewunderer. Aber wir hatten niemandem je Hoffnungen gemacht: Von Anfang an waren wir ganz in unserem Beruf aufgegangen und bereit gewesen, unser Leben dem Fliegen und dem Kampf um Freiheit in unserem Land zu widmen. Jetzt aber waren Frieden und Freiheit plötzlich in Griffweite, und wir fragten uns, ob das Leben nicht vielleicht noch mehr für uns bereithielte? Dieser Frage mussten wir uns stellen.

Nüchtern betrachtet, wäre es für unseren sozialen Status viel günstiger, verheiratet zu sein. Denn ab einem gewissen Alter genießen unverheiratete Frauen in Afghanistan nun einmal einen sehr schlechten Ruf. Die Leute zerreißen sich das Maul darüber, warum eine Frau keinen Ehemann abbekommen hat ... Und auch uns war nicht entgangen, dass man hinter unserem Rücken zu tratschen begonnen hatte – trotz aller zur Schau gestellten Bewunderung. Daher konnten wir uns der Frage nicht länger verschließen: War nicht vielleicht doch beides zu vereinen, der Pilotinnenberuf und das Eheleben?

Alles hing davon ab, Männer für uns zu finden, die unseren Beruf akzeptierten. Das würde nicht einfach sein: Die ideale Ehefrau in Afghanistan muss jung sein, ist am besten noch Teenager. Sie hat keinen Beruf erlernt und ihr Elternhaus nie verlassen. Eine gute Ausbildung ist in den Augen der Öffentlichkeit – schon gar in den Augen der zukünftigen Schwiegermutter – kein Pluspunkt, sondern eher ein Argument gegen die Frau, von der man nichts weiter erwartet, als dass sie folgsam ist und ihrem Gemahl viele Kinder gebiert. All das konnten Lailuma und ich nicht bieten. Also würden wir Kompromisse eingehen müssen. Trotzdem hielten wir es für angebracht, dass unsere Eltern auch für uns nach geeigneten Kandidaten Ausschau hielten, bevor es endgültig zu spät war. Darauf hatten Lailuma und ich uns verständigt. Sämtliche unserer Schwestern waren inzwischen verheiratet oder zumindest verlobt. Wir wollten nicht die Einzigen ohne eigene Familie bleiben.

Mein Vater runzelte skeptisch die Stirn, als wir ihn in unsere Pläne einweihten. Auch ihm war klar, dass wir mittlerweile alles andere als im traditionellen Sinne ideale Ehefrauen abgaben. Aber er wollte uns nicht entmutigen, denn er teilte unsere Ansicht, dass eine Ehe für uns auf lange Sicht besser wäre. Als Unverheiratete konnten wir in der afghanischen Gesellschaft nicht bestehen. Spätestens wenn er uns eines Tages nicht mehr in Schutz nehmen konnte, würde unsere Stellung prekär werden. »Lasst mich sehen, was ich machen kann«, versprach er uns deshalb. »Aber habt ein wenig Geduld.«

Und die brauchten wir. Denn nach unserem Gespräch mit Vater passierte erst einmal gar nichts. Von sich aus konnten meine Eltern wenig unternehmen, denn es schickt sich nicht, einer Familie direkt eine Braut für den Sohn vorzuschlagen. Die Initiative muss immer von der Familie des Bräutigams ausgehen. Von der Familie der Braut hingegen erwartet man bei uns fast genauso viel Zurückhaltung wie von der Kandidatin selbst: Eigentlich soll sie nichts weiter tun, als auf Angebote warten. Die Initiative meiner Eltern beschränkte sich also darauf, im Kreis von Freunden und Verwandten zu erwähnen, dass Lailuma und ich zur Verfügung stünden. Diese Nachricht verbreitete sich dann nach dem Schneeballprinzip.

Über ein Jahr warteten wir auf ein Angebot. Jeden Tag, wenn wir abends vom Flughafen nach Hause kamen, versuchten wir am Gesicht unseres Vaters abzulesen, ob er Nachrichten für uns hatte. Aber es gab nichts zu berichten. Niemand hatte um unsere Hand angehalten. Allmählich machten wir uns mit der Vorstellung vertraut, dass wir unsere Hoffnungen begraben mussten: Wir hatten zu lange gezögert. Da ich mich mit diesem Gedanken eher anfreunden konnte als Lailuma, versuchte ich, sie zu trösten. Ich versprach ihr, dass wir beide unser ganzes Leben zusammenbleiben würden. Wir konnten im Haushalt unseres Bruders wohnen: Anstatt auf eigene Kinder würden wir eben auf unsere Nichten und Neffen aufpassen. Aber sie wollte nichts davon wissen. Nachdem sie sich ihre Hochzeit bereits lebhaft ausgemalt hatte, war sie verzweifelt. Sie fand, dass unser Leben verpfuscht sei. Das machte mich ziemlich wütend, und ich versuchte, ihr in Erinnerung zu rufen, was für einen wunderbaren Beruf wir ausübten.

Aber dann erschienen eines Tages ein älteres Ehepaar und ein junger Mann am Gartentor und verlangten, unsere Eltern zu sprechen. Lailuma und ich wussten nicht, dass eine Hochzeitsdelegation eingetroffen war. Wir waren gerade mit Hausarbeiten beschäftigt und hatten lediglich gesehen, dass meine Eltern eine Gruppe von Leuten ins Wohnzimmer führten. Es kam häufiger vor, dass meine Eltern unangekündigt Besuch bekamen, das ist in Afghanistan so üblich. Von uns Töchtern erwartete man dann, Tee und Süßigkeiten zu servieren. An dem betreffenden Tag übernahm Lailuma diese Aufgabe.

In der Küche setzte sie Tee auf und füllte ihn in die Thermoskanne, die unsere traditionelle Metallkanne neuerdings ersetzte. In eine Glasschale kamen Cashewnüsse und getrocknete Maulbeeren. Dann stellte sie alles auf ein Tablett, um es ins Wohnzimmer zu bringen. Sie trug ein hübsches braunes Hauskleid und einen lockeren weißen Schal um den Kopf – wie immer zu Hause. Während sie allen Tee eingoss, schaute Lailuma neugierig in die Runde: Neben meinen Eltern, meiner Schwester Schapirai und zwei meiner Brüder hockten dort auf den Kissen ein älterer Mann mit weißem Haar, seine viel jüngere, große, aber nicht sonderlich hübsche Frau und ein Mann, den sie glaubte irgendwo am Flughafen bereits gesehen zu haben: Er war ein hochgewachsener, attraktiver und etwas rundlicher Kerl. »Bitte, nimm ein Glas Tee, Bruder«, sprach sie ihn an.

Es wurde totenstill im Raum. Alle Augen waren auf sie gerichtet. Der Mann begann verschämt zu lachen. Da verstand Lailuma mit einem Mal, was los war: Er hatte zusammen mit seinen Eltern um ihre Hand angehalten. Und sie dummes Huhn war wahrscheinlich mitten in die Verhandlungen zwischen beiden Familien geplatzt. Sie lief knallrot an. Wie hatte sie nur so unvorsichtig sein können? So unüberlegt. Dass ein Bräutigam die Braut vor der

Hochzeit zu Gesicht bekommt, ist absolut verpönt. Fluchtartig verließ sie den Raum.

Lailuma war regelrecht aufgelöst, als ich sie nach dieser Begegnung in der Küche fand. Sie schämte sich in Grund und Boden für ihr Auftreten. Und dabei gefiel ihr dieser Mann doch! Hoffentlich hatte sie nicht alles vermasselt.

»Ich habe ihn ›Bruder‹ genannt«, berichtete sie mir zum x-ten Mal. »Kannst du dir das vorstellen?«

»Bist du sicher, dass er deinetwegen gekommen ist?«, fragte ich. Obwohl ich es für kein Geld der Welt in dem Moment zugegeben hätte, war ich ein bisschen gekränkt, dass sie dabei so gar nicht an mich dachte. »Vielleicht bildest du dir das alles ein.«

»Hundertprozentig!«, beteuerte Lailuma mit vor Aufregung geröteten Wangen. »Du hättest mal sehen sollen, wie sie alle geguckt haben! Hoffentlich finden sie mich nicht unmöglich …«

»Immerhin sind sie noch da«, antwortete ich einsilbig, während Lailuma aufgeregt weiterplapperte. Eine seltsame Spannung machte sich breit, denn ich konnte kaum verhehlen, dass ich ein wenig eifersüchtig war, auch wenn ich ihr weiterhin geduldig zuhörte.

Lailuma sollte mit ihren Befürchtungen – aber auch mit ihren Hoffnungen – recht behalten: Abends, nachdem die Besucher sich verabschiedet hatten, suchte Vater das Gespräch mit ihr. Er tat so, als sei es nie zu dieser Begegnung im Wohnzimmer gekommen. »Ich habe einen Ehemann für dich gefunden, meine liebe Tochter«, eröffnete er ihr: »Er heißt Nezamuddin und ist Hauptmann in der Armee.«

Vater beschrieb den Kandidaten weiter, und meine Schwester hing förmlich an seinen Lippen. Denn in dem

Augenblick, in dem die künftige Braut in die Hochzeitspläne eingeweiht wird, ist bereits alles geregelt: Die Verhandlungen zwischen den beiden Familien über die Höhe der Morgengabe, die Mitgift und die Ausrichtung der Hochzeitsfeierlichkeiten sind abgeschlossen. Mein Vater hatte sich ganz genau über die Familie und vor allem über die finanzielle Situation seines zukünftigen Schwiegersohns informiert. »Er besitzt ein Haus und hat ein geregeltes Einkommen«, versicherte er meiner Schwester. Bestimmt sei Nezamuddin eine gute Wahl, sagte Vater abschließend. »Bist du mit der Hochzeit einverstanden?«
Das war mehr eine rhetorische Frage. Widerspruch war unter normalen Umständen unmöglich, nach der langen Wartezeit aber wäre meine Schwester sicher auch unter ganz anderen Bedingungen mit einer Ehe einverstanden gewesen.
»*Bismillah* – im Namen Gottes: Wenn du es willst, will ich es auch«, sagte sie artig. Wenn ein Vater seiner Tochter einen Bräutigam vorschlägt, ist das die korrekte Reaktion. Aber ich konnte sehen, wie Lailumas Augen leuchteten: Sie mochte diesen Mann wirklich! Sie wollte nichts lieber als ihn heiraten und war sehr froh über die gute Partie, die sich nun doch noch eingefunden hatte – trotz ihres Alters und des Makels ihrer Berufstätigkeit.
Alle beglückwünschten sie. Mein Vater küsste sie auf die Stirn. Meine Mutter nahm sie in den Arm und flüsterte: »Er ist ein sehr schöner Mann … Du wirst sehen!«
Auch ich umarmte Lailuma, und meine Gratulation kam von Herzen: Meiner geliebten Schwester wünschte ich alles Glück dieser Welt. Als sie mich jedoch fragte, warum ich weine, behauptete ich, es seien Freudentränen, die mir über die Wangen liefen. Alle anderen Gefühle versuchte ich hinunterzuschlucken.

Aber Lailuma konnte ich nichts vormachen. »Hab keine Angst: Wir beide werden immer zusammen sein«, versicherte sie mir, »daran kann kein Mann etwas ändern.«
Ich nickte – und schluchzte weiter. Mir war klar, dass ich sie letztendlich doch verlieren würde.
Am selben Abend schnappte ich mir meinen Vater und bat ihn, unbedingt auch für mich einen Ehemann zu finden. So bald wie möglich. Ganz gleich wen. Er sah mich hilflos an. »Bitte, Vater«, flehte ich. »Ich kann nicht allein bleiben, wenn Lailuma geht. Bitte finde jemanden für mich!«
Ich versprach ihm, jeden Vorschlag, den er mir machen würde, zu akzeptieren. Dazu muss ich vielleicht noch erklären, dass die Aussage, es sei wegen unseres Berufs schwierig, einen Ehemann für Lailuma und für mich zu finden, nur zum Teil stimmte. Das ist korrekt, wenn man sich innerhalb unserer sozialen Schicht umsah, also der Mittelschicht. Diese bürgerlichen Kreise betrachteten es als beschämend, wenn eine Frau außer Haus arbeitete. Aber bei ärmeren Leuten sah das ganz anders aus: Für einen Mann aus der Unterschicht konnte es durchaus attraktiv sein, wenn seine zukünftige Frau über eine Einkommensquelle verfügte. Und erst recht für seine Familie. Der Frau, der ich wenig später im Wohnzimmer meiner Eltern begegnete, konnte ich ansehen, dass sie aus bescheidenen Verhältnissen stammte: Sie war relativ klein, dicklich und sprach kaum Dari, dafür aber ein breites, wenig geschultes Usbekisch. Sie hatte selbst im Haus meiner Eltern ihre Burka anbehalten und kam eigens aus Scheberghan, denn sie hatte durch Verwandte von meinen Heiratswünschen erfahren: Sie hatte ein Foto von mir gesehen, das mich im Cockpit der Mi-17 zeigte. Die Frau

himmelte mich an. Meinem Vater gegenüber beteuerte sie immer wieder, wie sehr ihr mein Beruf imponierte. Auf keinen Fall wollte sie, dass ihre künftige Schwiegertochter daheim den Haushalt erledigte. Vielmehr sollte diese wie eine emanzipierte Frau leben und außer Haus Geld verdienen. Fast flehte sie meinen Vater an, ihr Angebot zu akzeptieren.

Die Frau zeigte mir ein Foto von ihrem Sohn Mohammed Homayun, mit dem sie mich verheiraten wollte: Allerdings war der Mann auf dem Bild ein Junge von kaum zwölf Jahren. Sie behauptete, es sei das einzige Foto, das sie von ihm besitze. Mittlerweile sei ihr Sohn zu einem schönen, attraktiven Mann herangewachsen. Er arbeite im Iran, kehre aber bald zurück nach Afghanistan. Bestimmt würde er mir gefallen.

Als sie gegangen war, fragte mich mein Vater, was ich von der Idee hielt, diesen Homayun zu heiraten. Ich wusste so gut wie nichts über den Mann – und traute mich auch nicht wirklich zu fragen. Daher erkundigte ich mich lediglich, ob er einen Schulabschluss hatte, was Vater bejahte. Jedenfalls, so fügte er hinzu, habe die Frau das behauptet. Nun gut, sagte ich mir: Dann kommt mein Kandidat eben vielleicht aus einer ärmeren Familie. Was machte das schon? Zumindest war es mutig von ihm, eine Pilotin heiraten zu wollen. Und da ich Vater versprochen hatte, jeden seiner Vorschläge zu akzeptieren, überließ ich ihm die Entscheidung. Ich glaube, sie ist ihm nicht leichtgefallen.

Einige Wochen später, als ich am Flughafen mal wieder lästiger Büroarbeit nachging, surrte mein Telefon. Neuerdings besaß ich ein Handy mit eigener Nummer, auf das ich sehr stolz war, denn es war alles andere als selbstverständlich, dass eine Frau sich so etwas leisten konnte. Ein

Handy war damals etwas, das Männer hatten und ständig mit sich herumtrugen, um es allen zu zeigen. Die Nummer des Anrufers war mir allerdings völlig unbekannt, und es kam selten vor, dass mich jemand anrief, der nicht zur engen Familie gehörte. »Hallo?«, meldete ich mich.

»Hallo, guten Tag. Ich bin Homayun«, sagte ein Mann am anderen Ende. Vor lauter Schreck wurde mir schwindelig, und ich musste mich hinsetzen. Lailuma warf mir von ihrem Schreibtisch gegenüber einen fragenden Blick zu.

»Hallo?«, wiederholte der Anrufer. »Können Sie mich hören?«

»Ja, ja. Hallo …«, stammelte ich, um mich drehte sich alles. Ich glaubte zu sterben: Natürlich hatte ich Homayuns Mutter meine Handynummer gegeben, als sie mich danach gefragt hatte. Immerhin war sie meine zukünftige Schwiegermutter. Aber dass sie die Nummer ihrem Sohn geben – und dass er mich einfach so anrufen – würde, hatte ich nicht erwartet: Das ist absolut nicht üblich.

»Sie sind Latifa, nicht wahr?«, fragte er. Er sprach Dari mit einem leicht iranischen Einschlag. »Wie geht es Ihnen?«

»Danke, gut. Und Ihnen?«, antwortete ich höflich.

»Danke, auch gut. Ich dachte, ich melde mich mal«, redete er unaufhörlich weiter, wahrscheinlich war ihm nicht einmal bewusst, wie sehr dieser Anruf mich auf dem falschen Fuß erwischt hatte. »Es macht Ihnen doch nichts aus?«

»Aber nein«, behauptete ich. »Wo sind Sie? Sind Sie zurück in Afghanistan?«

»Nein, ich bin noch in Teheran. Aber wenn ich demnächst nach Afghanistan komme, melde ich mich bei Ihnen, einverstanden?« Offenbar hatte mein Zukünftiger überhaupt keine Hemmungen.

»Ja, natürlich«, stotterte ich. »Gerne.«

Nachdem ich die rote Taste gedrückt hatte, sah Lailuma mich schockiert an. »War das etwa ...?«

Ich nickte.

»Das ist furchtbar ungezogen! Wie konntest du ihm nur deine Nummer geben?«

»Seine Mutter hat sie ihm gegeben«, verteidigte ich mich. Was konnte ich dafür? Aber in unserer Gesellschaft ist das oft so, dass der Fehler bei der Frau gesucht wird ...

Von diesem Zeitpunkt an rief Homayun mich öfter an. Ein wenig unbeholfen – wie zwei Fremde eben – betrieben wir dann ein paar Minuten Konversation am Telefon. Lailuma, die traditionsbewusster war als ich, fand das unmöglich. Sie prophezeite mir, dass mein Zukünftiger jeden Respekt vor mir verlieren würde. Aber mir gefiel dieser Stil eigentlich. Ich fand es modern, mit dem Mann, den ich heiraten würde, zu telefonieren. So lernten wir uns wenigstens ein bisschen kennen.

Zudem wusste ich, dass die Sitten im Iran lockerer waren als bei uns. Bestimmt hatte Homayun einiges davon unbewusst übernommen in der Zeit, die er dort verbracht hatte. Ich mochte den Gedanken: Schließlich hatte ich mir immer einen gebildeten Mann gewünscht. Nun bekam ich vielleicht keinen ganz so gebildeten, aber dafür einen aufgeklärten. Einen, der im Ausland gelebt hatte und der es mit unseren Traditionen nicht ganz so eng sah. Er würde sich leichter tun, meinen Beruf zu akzeptieren.

Homayun gestand mir, dass er seiner Mutter nicht geglaubt hatte, als sie ihm sagte, sie habe eine Pilotin für ihn gefunden. »Eine afghanische Pilotin? Das gibt es doch gar nicht!«, hatte er ihr geantwortet. Er meinte wirklich, sie habe sich einen Scherz mit ihm erlaubt. »Ich verlasse mich ganz auf deine Wahl, Mutter«, hatte er ihr gesagt. Selbst wenn sie eine Astronautin für ihn auftäte.

»Bist du tatsächlich Pilotin?«, fragte er mich daher bei einem unserer ersten Telefongespräche.

»Aber natürlich bin ich Pilotin!«, antwortete ich ihm pikiert.

Homayun hatte noch kein Foto von mir gesehen und bat mich, ihm zu beschreiben, wie ich aussehe. »Nicht schlecht«, antwortete ich ihm kokett: »Ich habe braune Augen, längeres, braunes Haar und ein paar Sommersprossen auf der Nase.« … eine Beschreibung, die so ungefähr auf fünfzig Prozent aller afghanischen Frauen passt.

»Aha. Und sonst?«, fragte er. »Bist du groß oder klein? Dick oder dünn?«

Da verstand ich, dass er sich für meine Figur interessierte.

»Mittel …«, antwortete ich ausweichend. Ich wusste zwar, dass Männer viel Wert auf so etwas legen. Aber diese Auskunft war mir nun doch ein bisschen zu intim.

»Was hältst du davon, wenn wir uns mal treffen, Latifa?«, schlug er plötzlich vor.

»Was?!!«, schrie ich. Ein voreheliches Treffen? Das war nun wirklich allerstrengstens verboten.

»Ich weiß, dass das nicht üblich ist«, sagte er. »Aber hier, im Iran, ist es gang und gäbe. Alle Pärchen machen das. Und immerhin wollen wir doch heiraten. Da müssen wir schließlich sicher sein, dass wir uns gegenseitig gefallen. Bist du denn gar nicht neugierig? Möchtest du nicht wissen, mit wem du es zu tun hast, bevor du mit mir verheiratet wirst?«

Jetzt hatte er meinen wunden Punkt getroffen: Selbstverständlich war ich neugierig! *Sehr* neugierig sogar. Das liegt in meiner Natur.

»Komm, sag schon ja«, bettelte er. »Du wirst sehen: Es ist nichts Schlimmes dabei. Danach fühlen wir uns beide wohler ...«

Tatsächlich ließ ich mich von ihm breitschlagen. Eine heimliche voreheliche Verabredung war für mich als Frau mit einem großen Risiko verbunden. Deshalb bestand ich darauf, dass wir uns in einer anderen Stadt trafen: Wenn irgendjemand von dem Treffen erfahren hätte, wäre mein Ruf ruiniert, meine Eltern wären blamiert gewesen. Nicht einmal Lailuma wagte ich von meinem Plan zu erzählen: Sie hätte mich vermutlich zu Hause festgekettet, um mich daran zu hindern.

Homayun und ich verabredeten uns am Grabmal des Imam Ali in Mazar-e-Scharif. Das war zum einen nicht weit von seiner Heimatstadt entfernt. Zum anderen lebte ein Teil meiner Familie nach dem Krieg wieder dort. Meine Eltern verbrachten daher gewöhnlich die Sommermonate in der Stadt. Deswegen war auch ich, wenn ich nicht gerade in Kabul arbeiten musste, oft auf Besuch dort. Der Schrein in der Blauen Moschee erschien uns ideal für ein Treffen, weil sich auf dem Areal massenhaft Pilger drängten. Falls mich zufällig jemand sah, konnte ich immer behaupten, dass ich dem verstorbenen Schwiegersohn Mohammeds meine Ehre erweisen wollte.

An diesem Wintertag des Jahres 2004 wählte ich mein Outfit mit Bedacht: Einerseits wollte ich Homayun gefallen. Anderseits hatte ich vor, mich ihm als eine moderne Frau zu präsentieren, damit er gleich wusste, woran er war. Also zog ich eine schwarze Lederjacke und Jeans an. Dazu trug ich eine coole Sonnenbrille. Meinen Kopf verhüllte ich mit einem lockeren weißen Schal. Ich fand, dass ich ziemlich gut aussah. Trotzdem war ich unglaublich aufgeregt, als ich mich dem mit türkisfarbenen Kacheln prunkvoll verzierten Haupteingang der Blauen Moschee näherte. Homayun konnte ich allerdings nirgends entdecken. Aber wie sollte ich diesen Mann auch erkennen? Das einzige Foto, das ich von ihm kannte, zeigte einen Jungen von zwölf Jahren. Sicherlich hatte er sich seitdem stark verändert. Warum hatte mir seine Mutter eigentlich nur dieses Foto gezeigt? Aus reinem Kalkül? Vielleicht weil er inzwischen hässlich und unansehnlich geworden war? Plötzlich machte ich mir Vorwürfe: Wie hatte ich nur so schnell und unkritisch »ja« sagen können!? Jetzt war ich mit diesem Mann verlobt!

»Bist du Latifa?«, sprach mich in diesem Moment einer der Passanten an. Er war nicht besonders groß, dünn und von seiner Statur her mehr ein Männchen als ein Mann. Er musste um die dreißig Jahre alt sein, das verrieten die Geheimratsecken. Doch sein glattrasiertes Gesicht ließ ihn jünger aussehen. Er hatte fast feminine Züge. Das einzige Zeichen seiner Männlichkeit war ein hauchdünner Oberlippenbart.

»Ja«, antwortete ich schüchtern. »Bist du Homayun?«

»Ich bin ein Freund von Homayun«, behauptete der Mann. »Er hat mir aufgetragen, dich hier abzuholen.«

»Ach so. Okay. Und wo ist er?«

»Er wartet am Ausgang. Komm, ich bring dich zu ihm«, bot er an.

Gemeinsam gingen wir in die Richtung, die er einschlug. Vor dem Ausgang verdichtete sich der Menschenstrom, und wir wurden auseinandergerissen. Da er so unscheinbar war, musste ich höllisch aufpassen, ihn nicht aus den Augen zu verlieren. Dann passierten wir das Tor und befanden uns auf dem Vorplatz. Mein Begleiter machte keine Anstalten anzuhalten. »Wo ist denn nun Homayun?«

Er kniff die Augen zusammen und schaute demonstrativ um sich. »Ich kann ihn nirgendwo sehen«, behauptete er.
»Ja, und was machen wir jetzt?« Langsam kam mir die Sache komisch vor.
Er zuckte mit den Achseln. »Weißt du denn gar nicht, wie Homayun aussieht?«
»Ich? Nein. Ich kenne nur ein Bild von ihm, auf dem er noch ein Junge ist.«
»Ja, und wie willst du ihn denn dann erkennen?«
»Ich kenne seine Stimme – vom Telefon«, sagte ich.
»Dann sollte ich ihn besser anrufen.« Er zog sein Handy aus der Jackentasche. Kurz darauf bemerkte ich, wie mein eigenes Handy in der Jeans vibrierte. Ich zog es heraus und sah auf das Display: Es zeigte Homayuns Nummer an.
»Er sucht uns!«, sagte ich zu meinem Begleiter.
Ich ging ran. »Hallo!«
»Hallo, Latifa. Na, erkennst du mich jetzt?!«, fragte Homayun mit seiner vertrauten Telefonstimme.
»Ja, wo bist …?« – ich brach mitten in der Frage ab, als ich sah, dass die Lippen meines Begleiters genau die Worte formten, die angeblich von Homayun kamen. Dabei grinste er bis über beide Ohren. Es war Homayun!
»Ja, hallo?«, sagte er in den Hörer und lachte sich halb schlapp.
Am liebsten hätte ich ihm mit dem Apparat eins übergezogen! Ich verdrehte die Augen. Aber ich konnte mir ein Grinsen nicht verkneifen. Damit war das Eis zwischen uns gebrochen.
Wir gingen in ein kleines Restaurant und bestellten Hühner-Kebab. Die Portionen, die der Kellner brachte, waren riesig. Aber weder er noch ich konnte vor lauter

Aufregung etwas essen. Wir sprachen nicht viel. Was hätten wir denn auch sagen sollen? Stattdessen beobachteten wir uns gegenseitig. Wir checkten uns ab. Es war eine komische Situation, und ich war anfangs sehr angespannt.

Über den Tisch hinweg sah Homayun mich die ganze Zeit über an. Ich merkte, dass ich ihm richtig gut gefiel. Als Frau meine ich. Und das wiederum gefiel mir: Es war nicht schlecht, von seinem Zukünftigen angeschmachtet zu werden.

Langsam verlor ich meine Scheu vor ihm: Selbst wenn dieser Mann nach der Hochzeit bei uns daheim das Sagen haben würde, musste ich vor ihm doch keine Angst haben, dachte ich. Dass er mir jemals etwas verbieten oder mich gar schlecht behandeln würde, konnte ich mir bei diesem netten Kerl nicht vorstellen. Noch nicht.

Nach unserem Essen waren wir beide beruhigt. Wir verabschiedeten uns mit einem verschwörerischen Händedruck und kicherten bei dem Gedanken, uns bei unserer Hochzeit als »Fremde« wiederzusehen.

Lailuma war entsetzt, als ich ihr, zurück in Kabul, von meinem Ausflug berichtete. Aber auch beeindruckt. Wie immer, wenn ich etwas tat, was sie selbst sich nicht traute, schwankte sie zwischen moralapostelmäßigen Vorhaltungen und neidvoller Faszination. Wobei ihre Faszination überwog: Sie wollte natürlich alles, was ich mit Homayun erlebt hatte, bis ins kleinste Detail wissen.

»Und wie war er?«, fragte sie neugierig.

»Ich glaube, dass er okay ist. Ein einfacher, aber guter Mensch.«

»Wirst du ihn heiraten?«

Ich nickte. Schließlich wusste ich, dass Lailuma sich wegen meiner überstürzten Verlobung viele Gedanken machte.

Sie befürchtete, dass ich einen Mann heiratete, der unter mir stand. »Du glaubst also, dass du mit ihm glücklich werden wirst?«, fragte sie.
»Mach dir keine Sorgen, Schwester. Sicher wird alles gutgehen«, beruhigte ich sie. Das glaubte ich tatsächlich: Vor allem war ich froh, dass ich nun nicht alleine bleiben würde, wenn Lailuma heiratete. Es war mir gelungen, ebenfalls einen Ehemann zu finden. Meine Hochzeit würde sogar noch vor ihrer stattfinden. Als verheiratete Frauen könnten wir in der Nähe der jeweils anderen wohnen und unsere Kinder gemeinsam großziehen. Ich würde Lailuma nicht verlieren. Nichts anderes zählte.
»Warum triffst du Nezamuddin nicht auch einmal?«, schlug ich ihr vor.
Sie schüttelte energisch den Kopf.
»Nicht heimlich«, sagte ich: »Du könntest Vater und Mutter bitten, ihn gemeinsam mit seinen Eltern einzuladen. Das ist heutzutage nichts Ungewöhnliches mehr!«
Aber Lailuma wollte nichts davon wissen: Sie behauptete, dass solche Treffen einer Ehe kein Glück brächten. Fast kam sie mir in diesen Fragen ein wenig abergläubisch vor. Im Nachhinein glaube ich allerdings, dass sie zu Recht auf der Tradition beharrte: Lailuma hatte sich ein wunderschönes Fantasiebild von ihrem Verlobten ausgemalt. Sie schwelgte im Liebesrausch. Warum sollte sie sich diese Vorstellung durch die Begegnung mit einer realen Person nehmen lassen?
Die Realität sollte uns beide früh genug einholen.

Zwei Wochen später, am 13. März 2004, heirateten Homayun und ich in Mazar-e-Scharif. Wir hatten die Hochzeitshalle im Keyfiat-Hotel gemietet und fast fünfhundert Gäste eingeladen. Das war nichts Besonderes für

afghanische Verhältnisse. Große Hochzeitsfeiern sind in Afghanistan ein wichtiges Statussymbol. An ihnen wird die gesellschaftliche Stellung einer Familie bemessen. Deshalb verfahren alle nach dem Motto: je prunkvoller, desto besser.
Auch ich selbst hatte mich herausgeputzt: Ich trug ein glitzerndes weißes Hochzeitskleid, das Lailuma und ich zusammen ausgesucht hatten, und einen fast durchsichtigen weißen Schleier. Mein Ausschnitt war für afghanische Verhältnisse so tief, dass er zum wichtigsten Gesprächsthema der Hochzeitsgesellschaft avancierte. Die Haare hatte ich turmartig hochgesteckt, und mein Gesicht wirkte vor lauter Schminke wie die Maske einer Porzellanpuppe. Ich erkannte mich selbst kaum wieder.
Die Zeremonie fand in zwei getrennten Räumen des Hotels statt: einem für die Braut, einem anderen für den Bräutigam. Da Homayun und ich uns ja offiziell noch nicht gesehen hatten und uns erst als Eheleute begegnen durften, war dies die normale, die traditionelle Vorgehensweise.
Meine Mutter, meine Schwestern und ein paar meiner Cousinen führten mich in den Raum der Braut, der nach Rosenwasser duftete und in dem bereits viele weibliche Gäste warteten, die begeistert pfiffen und trillerten, als ich eintrat. Nur Lailuma weinte. Die Frauen geleiteten mich zu einer Liege aus geflochtenem Bast, die wie ein überbreites Bettgestell aussah, und ich hockte mich im Schneidersitz darauf. Mehrere Frauen spannten ein Tuch über meinen Kopf und zerrieben darüber Zuckerstücke, damit meine Ehe süß werde. Vor mir auf dem Boden lag ein weiteres Tuch, das *Sofreye Ard*. Auch darauf befanden sich allerlei Dinge, die der Ehe Glück verheißen sollten: ein Koran, Süßigkeiten, ein Topf Honig und eine Wasserschüssel, die meine Fruchtbarkeit symbolisierte. Daneben ein Ständer mit zwei bren-

nenden Kerzen, unseren Lebenslichtern, und ein Spiegel, der die Glückseligkeit der Brautleute reflektieren sollte.
An der Tür sah ich einen Mann in dunkler Robe und mit schwarzem Turban vorbeigehen. Es war der Mullah, der uns trauen würde. Er war auf dem Weg in den Raum des Bräutigams, in dem Homayun im Kreise der Männer bereits auf den Beginn der Zeremonie wartete. Auch mein Vater war dort. Ihn sprach der Geistliche zuerst an: »*Bismillah-e ramane rahim* – im Namen des gnädigen Gottes: Herr Mohammed Nabi«, sagte er, »geben Sie mir die Erlaubnis, Ihre Tochter Latifa Nabizada an Herrn Mohammed Homayun, Sohn des Abdol Gafar, zu verheiraten?«
»Ja, fahrt fort«, antwortete mein Vater.
Der Geistliche nickte und wandte sich feierlich an meinen Bräutigam. »Herr Mohammed Homayun, Sohn des Abdol Gafar, übertragen Sie mir die Anwaltschaft, damit ich Sie mit Frau Latifa Nabizada verheirate, Tochter des Mohammed Nabi, gegen die *Mehrie,* die vereinbarte Morgengabe, eine Ausgabe des Heiligen Koran, bis dass der Tod euren Bund auseinanderreißt?«
»Ja, Sie sind mein Anwalt«, antwortete Homayun.
Danach hörte ich, wie sich die Schritte des Mullahs auf dem Gang dem Brautgemach näherten. Jetzt kam er zu uns Frauen. Aber er betrat unseren Bereich nicht, sondern blieb auf der Türschwelle stehen. »Frau Latifa Nabizada, Tochter des Mohammed Nabi«, rief er mit lauter Stimme, »übertragen Sie mir die Anwaltschaft, damit ich Sie mit Herrn Mohammed Homayun, Sohn des Abdol Gafar, gegen den Preis einer Ausgabe des Heiligen Korans verheirate, bis dass der Tod euren Bund auseinanderreißt?«
Ich antwortete nicht. Der Mullah wiederholte seine Frage in exakt demselben Wortlaut. Wieder schwieg ich. So ver-

langte es das Ritual. Erst beim dritten Mal antwortete ich ihm: »*Bale, shoma vakile man hastid* – Ja, Sie sind mein Anwalt.« Unter den Frauen brach spontaner Jubel aus, sie klatschten und pfiffen.

Der Mullah bedankte sich und verließ uns wieder. Zurück bei den Männern vollzog er die Eheschließung im eigentlichen Sinne. Der Geistliche, der ja nun als »Anwalt« beider Seiten agierte, führte sie auf Arabisch durch, der Sprache unserer Religion. Das heißt, er stellte die Frage, ob Homayun mit dem Bund einverstanden sei, auf Arabisch – und antwortete auch gleich für ihn mit »*Naam* – Ja.« Genauso verfuhr er stellvertretend für mich.

Als er das religiöse Ritual beendet hatte, sagte er, nun wieder auf Dari, so dass es jeder verstehen konnte: »*Mobarak* – Herzlichen Glückwunsch! Die Ehe ist geschlossen.« Und alle klatschten und jubelten ausgelassen.

Homayun unterschrieb unseren Hochzeitsvertrag. Unsere beiden Väter signierten als Trauzeugen. Dann ließ der Mullah den Vertrag durch seinen Gehilfen zu mir bringen – und ich unterzeichnete. Damit waren wir vor dem Gesetz Mann und Frau.

Danach durfte Homayun endlich zu mir kommen. Während die Gäste ihn mit *Nogl* bewarfen, einer Süßigkeit mit Mandelsplittern, begleiteten ihn meine Schwestern in den Raum der Frauen. Er trug einen hellen Leinenanzug, in dem er fast ein wenig zu ertrinken schien, und lächelte schüchtern, als er mich sah. »Du siehst wunderschön aus«, flüsterte er, als er sich neben mich setzte.

Eine meiner Nichten brachte uns zwei Gläser *Scharbat Abalu*, das ist ein Getränk aus Sauerkirschen mit sehr viel Zucker. Ich führte mein Glas an Homayuns Mund und ließ ihn trinken. Er tat dasselbe: Es war ein weiterer Schwur, dass unsere Ehe süß werden solle.

Wenig später begann unsere Hochzeitsparty, nun nicht mehr nach Geschlechtern getrennt. Deshalb setzten viele Frauen ihre Kopftücher wieder auf. Ich aber blieb, wie ich war. Zusammen mit Homayun nahm ich auf einer Ehrentribüne Platz. Dort begrüßten wir unsere Gäste, jeden Gast einzeln. Wir nahmen Glückwünsche und Geschenke entgegen und mussten unzählige Male in die Kamera lächeln.

Eine Hochzeitsfeier ist ziemlich anstrengend für das Brautpaar: Während unsere Gäste aßen, tanzten und sich amüsierten, saßen wir da, ein allmählich immer starreres Lächeln auf dem Gesicht. Unsere einzige Aufgabe bestand darin, glücklich auszusehen. Homayun war es tatsächlich: Er machte mir pausenlos Komplimente und beteuerte, wie sehr er mich liebe. Das verwunderte mich etwas, weil wir uns doch immer noch kaum kannten. Ich ging davon aus, später werde sich dieses Gefühl auch bei mir einstellen. Momentan aber fühlte ich mich eher bedrückt. Nicht wegen Homayun. Manchmal, wenn ich meinen Blick über die Hochzeitsgesellschaft schweifen ließ, entdeckte ich Lailuma, die nicht aufhören wollte zu weinen.

Als die Feierlichkeiten nach zwei Tagen beendet waren, machten Homayun und ich uns auf den Weg nach Scheberghan zu seinen Eltern, denn jetzt gehörte ich ja offiziell zu seiner Familie. Wir fuhren in einem Konvoi los. Homayun und ich vorneweg, unsere Entourage hinterher. Unsere Autos waren mit vielen bunten Plastikblumen geschmückt. Der Abschied fiel mir schwer, nicht zuletzt, weil Lailuma noch immer heiße Tränen weinte, als sie mich zusammen mit meinen Schwestern Leila und Schapirei zum Haus meiner Schwiegereltern begleitete. Traditionell zieht das frisch vermählte Paar nach der Hochzeit bei der Familie des Bräutigams ein. Auch die Ehefrauen meiner Brüder waren bei uns zu Hause eingezogen. Wir aber würden nur ein paar Wochen bleiben. Für meinen Geschmack war das lange genug, um der Tradition Genüge zu tun. Danach wollten wir uns zusammen eine Wohnung in Kabul mieten, da Homayun keine eigene besaß.

Ich fremdelte in der neuen Umgebung, obwohl alle ausgesprochen nett zu mir waren. Mein Schwiegervater lobte mich, als ich zum ersten Mal ein Bohnengericht für die zehnköpfige Familie kochte. Und meine Schwiegermutter behandelte mich wie eine »feine Dame«: Sie verbot mir ausdrücklich, mir die Finger im Haushalt schmutzig zu machen, wie es von einer neuen Schwiegertochter normalerweise erwartet wird. Sie meinte, das sei unter meiner Würde. Lieber sollte ich mit Homayun spazieren gehen.

Mein Ehemann benahm sich in diesen ersten Wochen unserer Ehe ebenfalls reizend. Er entpuppte sich als richtiges Plappermaul und wollte sich ständig mit mir unterhalten. Sogar wenn ich in die Küche ging, um uns etwas zu kochen, lief er mir nach und redete auf mich ein.

Dass ich mich trotzdem nicht recht wohl fühlte, lag wohl daran, dass das kulturelle Niveau der Familie weiter unter dem meiner eigenen lag: Homayuns Vater war Gärtner, seine Mutter Hausfrau. Mein Mann selbst hatte sich mit Hilfsarbeiten durchgeschlagen. Als ehemaliger Soldat der Nordallianz war er vor den Taliban in den Iran geflüchtet und hatte sich dort zuletzt im Schornsteinbau verdingt. Plötzlich war ich mir gar nicht mehr so sicher, ob Homayun die Schule wirklich beendet hatte. Wo wollte er eigentlich zukünftig eine Arbeit finden?

Dass ich ihn um Erlaubnis bitten musste, wenn ich mir etwas kaufen oder auch nur das Haus verlassen wollte, gefiel mir ebenfalls nicht. Nach den vielen Jahren, in denen

mir niemand groß in meine Entscheidungen reingeredet hatte, fiel mir die Umstellung schwer.
Und schließlich vermisste ich Lailuma, meine Gefährtin, mit der ich bislang alles im Leben gemeinsam gemacht hatte: Nicht einen einzigen Tag waren wir beide voneinander getrennt gewesen. Dieser tiefen Verbundenheit hatte mein Ehemann wenig entgegenzusetzen. Ich glaube, das kränkte ihn ein bisschen.
Als mein Urlaub nach drei Wochen aufgebraucht war, fuhren wir zurück nach Kabul. Ich musste wieder zum Flughafen, worüber ich, ehrlich gesagt, ziemlich erleichtert war.
»Und?«, fragte Lailuma, als ich sie in unserem gemeinsamen Büro dort wiedertraf, »bist du glücklich mit ihm?«
Ich schlug die Augen nieder: Ich wusste nicht, was ich ihr antworten sollte.
Einen Monat später heiratete Lailuma – und diesmal war ich es, die bei ihrer Hochzeit viele Tränen vergoss.

Kapitel 8:

Allein

Lailuma blühte in ihrer Ehe auf. Ihre Verliebtheit während der Verlobungszeit hatte sie nicht getrogen: Sie und ihr Mann waren ein sehr schönes und glückliches Paar. Sie waren einander aufrichtig zugetan. Und alle – einschließlich ich selbst – bewunderten und beneideten sie. Mit Homayun und mir war das schon etwas anderes. Er war eben nicht die Liebe meines Lebens. Sobald wir nach Kabul zurückkehrt waren, mieteten wir eine kleine Wohnung, genauer gesagt: ein Zimmer in einer Zweiraumwohnung, die wir uns mit der Familie unseres Vermieters teilten. Wir kauften Kissen und Teppiche, und ich dekorierte unser neues Heim damit. Dann waren die Ersparnisse aufgebraucht, die Homayun aus dem Iran mitgebracht hatte, und wir lebten von meinem Gehalt.

Anfangs hatten wir eine schwere Zeit. Ich muss gestehen, dass ich mich nur zögerlich an die neue Situation gewöhnen konnte. Innerlich sträubte ich mich dagegen, ihm für alles, was ich tat oder tun wollte, Rechenschaft abzulegen. Sogar meinen Lohn musste ich ihm geben. Es war ein merkwürdiges Arrangement, weil ich quasi für alles zuständig war: Morgens ging ich zum Flughafen, abends schmiss ich den Haushalt, während er die ganze Zeit gar nichts tat. Wenn ich von der Arbeit nach Hause kam, sah mich Homayun stets mit hungrigen Augen an und verlangte, dass ich etwas für ihn kochte. Selbst wenn er nur ein Glas Tee wollte, war es meine Aufgabe, ihm einzuschenken. Und wenn ich den Zucker dazu vergaß, schickte er mich zurück in die Küche. Aber auch in anderer Hinsicht war das Zusammenleben mit ihm für mich schwer. Meine Familie war ja sozial höher gestellt als seine, und ich hatte mehr formale Bildung genossen. Das zeigte sich nun auch im Alltag. Nicht selten erschrak ich über seine Aggressivität und die groben Manieren, die er dann an den Tag legte. Wenn Homayun schlecht gelaunt war, warf er mit Gegenständen in der Wohnung um sich oder zertrümmerte sie. Seine Sprache wurde dann barsch und ungehobelt. Vielleicht hatte er das so zu Hause gelernt. Oder er war in seiner Zeit als Soldat verroht: Viele Männer, die in den Krieg gezogen waren, hatten solche grundlosen Wutausbrüche. Da war Homayun kein Einzelfall. Glücklicherweise schlug er mich nie. Aber wir stritten uns sehr häufig.

Eine Frau aus dem Westen hätte sich diesen Mann wahrscheinlich nicht auf Dauer angetan. Aber bei uns ist das anders: Wenn eine Frau erst einmal verheiratet ist, dann ist sie eben verheiratet. Da kommt man nicht wieder raus. Eine afghanische Frau kann nur die Scheidung verlangen, wenn ihr Mann drogenabhängig ist, im Gefängnis sitzt, ins Ausland geht oder ihr den Unterhalt verwehrt. All das traf auf unsere Beziehung nicht zu. Zudem hätte ein solcher Schritt meinen gesellschaftlichen Tod bedeutet: Ich hätte zurück zu meinen Eltern ziehen müssen. Meine Schwester Rona hatte das getan, nachdem ihr Mann sich eine Zweitfrau genommen und ihr nichts mehr zu essen gegeben hatte. Trotzdem wurde sie für ihren Rückzug aus der Ehe verachtet. Mit welchem Argument hätte ich da meine Sachen packen können?

Nein, es gab keine andere Möglichkeit, als sich in der Ehe zu arrangieren. Auch wenn wir sehr unterschiedlich waren, mussten wir einen Weg finden, miteinander auszukommen.

Mein großer Trost war, dass Lailuma und ihr Mann nur ein paar hundert Meter entfernt von uns wohnten. So konnte ich sie oft sehen. Nach der Arbeit verabredeten wir uns gerne zusammen mit unseren Ehemännern zum Abendessen. Mal kochte ich, mal kochte sie. Bei solchen Gelegenheiten versuchte ich, Homayun ein wenig zu erziehen. Ich sagte ihm beispielsweise, dies und das schickt sich nicht beim Essen, mir gefällt es, wenn du dich so und so verhältst. Manchmal erpresste ich ihn auch und sagte: »Ich liebe dich nur, wenn du mich gut behandelst. Sonst liebe ich dich nicht.« Und er wollte ja von mir geliebt werden! Also gab er sich Mühe.

Mir war klar, dass ein Teil unseres Problems auch seine Untätigkeit war. Homayuns Mutter hatte es sich gut vorstellen können, dass ich ihren Sohn finanziell versorgte. Aber er hatte damit ein Problem, es kratzte an seinem Selbstbewusstsein. Deshalb beschloss ich, ihm eine Arbeit zu suchen. Da er früher bereits als Soldat gearbeitet hatte, dachte ich an das Naheliegende: Er musste zum Militär zurück. Ich ermutigte ihn in dieser Hinsicht. Die Vorstellung gefiel mir nicht zuletzt, weil sie auch meine Zukunft absicherte. Die neue afghanische Armee befand sich gerade im Aufbau durch die Amerikaner. Also schrieb ich ihn in der Offiziersschule ein. Nach einem viermonatigen Training konnte er als Sicherheitsoffizier auf dem Flughafen anfangen. Das hob die Stimmung daheim beträchtlich.

Nun fuhren wir morgens mit dem Bus oft gemeinsam zur Arbeit, so wie ich es zuvor immer mit Lailuma getan hatte. Waren wir durch den Eingang, trennten sich unsere Wege:

Homayun ging zu der Truppe von Wachleuten, die er befehligte. Die Männer waren für die Sicherheitschecks am Flughafen zuständig. Er kontrollierte, ob sie alles richtig machten. Manchmal hatte er auch Nachtschicht. Meine Flüge hingegen machte ich ausschließlich tagsüber. Wie oft ich flog, hing davon ab, wie groß der Bedarf gerade war: manchmal einmal, manchmal mehrmals am Tag, aber bisweilen auch nur ein einziges Mal in der Woche.

Wenn ich gerade keinen Flugauftrag hatte, hockte ich mich in mein Büro und erledigte die Buchhaltung. Sofern Lailuma ebenfalls da und nicht mit dem Hubschrauber unterwegs war, tranken wir zusammen Tee und unterhielten uns – wie in guten alten Zeiten. Etwa um drei oder vier Uhr nachmittags gingen wir beide nach Hause, um unsere Hausarbeit zu erledigen und für unsere Ehemänner das Abendessen vorzubereiten. Das war eigentlich der größte Unterschied zu unserem früheren Dasein als Ledige: dass wir jetzt zusätzlich zu unserer Arbeit für einen kompletten Haushalt zuständig waren. Wenn wir es versäumten, einzukaufen oder zu kochen, gab es daheim nichts zu essen. Wenn wir nicht sauber machten, blieb die Wohnung ungeputzt.

Zwar verfügten Homayun und ich nur über das eine Zimmer. Aber wenn zwei Personen sich ständig dort aufhalten und sämtliche Mahlzeiten in demselben Raum einnehmen, fällt trotzdem viel Arbeit an. Selbst das Gemüse für unser Abendessen schnipselte ich auf dem großen Teppich, den wir uns gekauft hatten, bevor ich es auf einem Gaskocher im Flur für uns schmorte. Später, wenn Homayun und ich gegessen hatten, räumte ich das Geschirr ab, spülte es unter dem kalten Wasser von dem Hahn neben dem Toilettenhäuschen, das sich alle teilten. Dann beseitigte ich, so gut es ging, die Krümel vom Teppich, bevor wir unsere

Schlafmatten darauf ausrollten. Und einmal in der Woche, meistens am Freitag, erhitzte ich auf unserem Holzofen mehrere Liter Wasser, mit denen ich zuerst mich selbst und dann Homayuns und meine schmutzige Wäsche wusch.

An den Wochenenden trafen wir uns häufig im Haus unserer Eltern oder besuchten andere Familienmitglieder. In Afghanistan ist es nicht üblich, dass ein Paar alleine ausgeht oder Ausflüge unternimmt – selbst wenn man verheiratet ist. Eigentlich verbrachten wir unsere gesamte Freizeit im Kreis der Familie und mit gegenseitigen Besuchen – das ist bis heute so. Deshalb musste ich darauf achten, stets genügend Lebensmittel und Süßigkeiten zu Hause zu haben, falls unverhofft Gäste auftauchten. Am Anfang war das nicht immer einfach, schließlich lebten wir nur von einem Gehalt, meinem Gehalt. Als Homayun zu arbeiten begann, wurde es zum Glück besser – meine Freizeit allerdings wurde noch knapper. Brachte Homayun Freunde oder Kollegen nach Hause, war es meine Pflicht, sie zu bewirten. Ich werkelte in der Küche, während sie im Wohnzimmer auf den Teppichen saßen und sich unterhielten. Dann brachte ich ihnen das Essen, nicht nur Snacks, sondern eine richtige gekochte Mahlzeit. Zu ihnen setzen durfte ich mich nur, wenn auch andere Frauen anwesend waren. Sonst blieben die Männer unter sich.

Von uns beiden, sowohl von Lailuma als auch von mir, wurde nun erwartet, dass wir Kinder bekamen. Für afghanische Männer ist das ungeheuer wichtig. Mit der Zahl ihrer Kinder steigt auch ihr Ansehen. Im Gegenzug gilt es als Schande, keine Nachkommen in die Welt zu setzen. Die Schuld für Kinderlosigkeit wird selbstverständlich bei der Frau gesucht. Nicht selten nehmen sich die Männer in diesem Fall eine weitere Ehefrau, eine Zweitfrau, das ist in Afghanistan wirklich noch so üblich. Aber ich muss ehrlich sagen, dass ich mich gut mit dem Gedanken anfreunden konnte, ein Kind zu bekommen. Für Lailuma war das ein richtiggehender Herzenswunsch. War es schon immer gewesen. Und auch ich konnte mir ein Familienleben ohne Kinder nicht vorstellen.

Als frisch verheiratete Frauen strengten wir uns deshalb beide an, schwanger zu werden. Es war das große Thema zwischen uns beiden. Wir sprachen so oft davon. Wie es sein würde, wenn wir erst Kinder hätten. Was wir dabei allerdings nie hinterfragten, war, wie es dann mit unserem Beruf weitergehen sollte. Diese Frage stellt sich nicht in Afghanistan, Kinder gehören eben einfach dazu. Lailuma jedenfalls konnte es gar nicht erwarten: Sie wollte ihrem geliebten Mann unbedingt Kinder schenken. Möglichst schnell, möglichst viele. Wenn ich ehrlich bin, wollte sie damit natürlich auch ihre eigene Stellung in der Ehe sichern, ihren Platz in der Gesellschaft. Diesen Gedanken hatten wir immer im Hinterkopf.

Und dann war ich schneller als sie. Nach nur sieben Monaten Ehe war es so weit: Ich fühlte ein unterschwelliges Ziehen im Unterleib, meine Brüste spannten. Ohne einen Arzt zu konsultieren ahnte ich, was diese Veränderungen an meinem Körper zu bedeuten hatten. Als beim nächsten Termin meine Periode ausblieb, hatte ich Gewissheit. Ich war außer mir vor Stolz und Freude. Ich lief sofort zu Lailuma nach Hause, um ihr die gute Nachricht zuerst mitzuteilen. Ich würde ein Kind bekommen!

»Wirklich?«, fragte sie und warf einen sehnsuchtsvollen Blick auf meinen Bauch, der noch völlig flach war. Fast hatte ich den Eindruck, sie grübelte, wie ich das wohl angestellt hätte. »Ich wünschte, ich würde es auch endlich schaffen«, seufzte sie und fühlte mit ihrer Hand nach dem noch nicht vorhandenen Baby.

»Hab Geduld, kleine Schwester«, tröstete ich sie. »Sicher klappt es bald auch bei dir.«

Ich sollte recht behalten: Kaum einen Monat später berichtete mir meine Schwester im Büro aufgeregt, dass sie die Symptome verspüre, von denen ich ihr erzählt hatte. Lailuma war sich ganz sicher, dass auch sie sich auf ein Kind freuen durfte. »Ich weiß es einfach, ich weiß es«, sagte sie. Und wir fielen uns vor Freude weinend um den Hals.

Einen Arzt suchten wir nicht auf. So etwas machen Schwangere bei uns nicht. Wir hätten ja gar nicht gewusst, was wir ihn fragen sollten: Das Heranwachsen eines Kindes ist schließlich keine Krankheit. Und es ging uns beiden gut, sehr gut sogar.

Dass wir beide fast gleichzeitig schwanger wurden, empfanden wir als großes Glück. Nachdem wir so vieles in unserem Leben gemeinsam erlebt hatten, würden wir nun auch diese Erfahrung teilen. Wir malten uns aus, wie wir unsere Kinder, wenn sie erst einmal auf der Welt waren, gemeinsam großziehen würden. Ein genaues Konzept davon hatten wir nicht. Mehr eine romantische Vorstellung, bei der wir uns beide mit einem Baby auf dem Arm sahen. Manchmal war es auch eine ganze Rasselbande von Babys und Kleinkindern, die Lailuma und mich in unserer Fantasie umgaben: Sie würden miteinander spielen und uns *Madar,* Mutter, und *Khale,* Tante, nennen. Aber im Grunde hätten sie alle zwei Mütter.

Darüber, ob wir unter diesen Umständen überhaupt noch Zeit zum Fliegen hätten, machten wir uns zu diesem Zeitpunkt noch keine Gedanken. Vielleicht könnten wir uns abwechseln mit dem Kinderhüten? Oder unsere Mutter einspannen, die Enkel um sich herum gewohnt war? Irgendeine Lösung würde sich schon finden, damit wir weiter fliegen könnten.

Lailuma, die schon immer die Häuslichere von uns beiden gewesen war, begann schon bald mit praktischen Vorbereitungen: Sie und ihr Mann überlegten, ob sie in eine größere Wohnung ziehen sollten. Kaum hatte Nezamuddin von der Schwangerschaft erfahren, hatte er eigens Bauland erworben. Er freute sich sehr auf das Kind und umsorgte meine Schwester liebevoll. Aber dann entschieden sie doch, dass sie zuerst die Geburt abwarten wollten, bevor sie das Projekt Hausbau in Angriff nahmen. Für Homayun und mich kam ein Wohnungswechsel aus finanziellen Gründen nicht in Frage. Wir blieben in unserem gemeinsamen Zimmer wohnen. Daher war ich sehr froh, dass meine Schwester vorerst ebenfalls nicht umzog und ich sie weiterhin in meiner Nähe wusste.

An den Wochenenden verabredeten Lailuma und ich uns jetzt oft für einen Besuch des Bazars. Eigentlich ging meine Schwester ja nicht so gerne aus. Aber jetzt hatten die Stände und Geschäfte plötzlich eine neue Anziehungskraft für sie – und sie sagte nie nein, wenn ich mit ihr bummeln gegen wollte. Wir betrachteten die Auslagen für Schwangerschaftsmode und Babykleidung. Sorgfältig wählten wir Stoffe, aus denen wir Tragetücher, Decken und Strampelanzüge für unsere Neugeborenen anfertigen wollten.

Lailuma kaufte immer nur das Beste, was sie finden konnte, ohne auf den Preis zu achten. Ihr Mann ermutigte sie dazu, weil er wollte, dass es ihr und dem Kind gutging. Die Händler begriffen das natürlich schnell: Sie präsentierten ihr immer nur die teuersten Waren, die sie aufzubieten hatten. Das nervte mich etwas, denn im Gegensatz zu ihr musste ich sehr wohl haushalten. Stets versuchte ich, einen guten Preis auszuhandeln. Lailuma hingegen konnte sich ganz von ihren eigenen und den Bedürfnissen des Babys leiten lassen.

»Schau mal, Latifa«, sagte sie, als wir an einem Wintertag in ein Geschäft gegangen waren, in dem Felle verkauft wurden. Sowohl sie als auch ich suchten nach einem Fell, auf das wir unsere Babys zum Schlafen betten konnten. Nun aber hielt Lailuma ein paar winzig kleine Babyschuhe aus Wildleder in den Händen. Strahlend hielt sie mir das Paar entgegen.
»Mein Gott, sind die süß!«, stieß ich aus. Die Schuhe waren so klein und so zart gefertigt, dass mir das Herz förmlich dahinschmolz. Kaum wagte ich, nach dem Preis zu fragen. Der Händler beobachtete uns zufrieden aus den Augenwinkeln.
»Sie sind innen gefüttert«, verriet er – und Lailuma fühlte sofort mit ihrem Finger nach, um die Qualität zu prüfen. Aber sie schien nicht überzeugt zu sein.
»Gefallen sie dir nicht?«, fragte ich sie überrascht.
»Das Fell ist nicht weich genug.«
Jetzt fühlte ich ebenfalls mit dem Finger. »Findest du?!«
»Ja. Haben Sie vielleicht noch ein anderes Paar?«, erkundigte sie sich.
Der Händler brachte uns eine ganze Pappschachtel mit kleinen Schühchen, von dem ein Paar hübscher als das andere war. Lailuma begutachtete jedes einzelne. Immer fand sie etwas zu meckern: Mal war ihr das Fell zu dünn, mal zu rauh. Dann wieder erschien ihr die Verarbeitung nicht gut genug.
Irgendwann wurde ich ungeduldig. »Man könnte meinen, du bringst eine Zuckerpuppe zur Welt!«
»Mein Baby soll schließlich nicht frieren.«
»Aber Lailuma! In ein paar Monaten ist Frühling«, erinnerte ich sie. Da musste sie selbst lachen. Schließlich kauften wir je ein Paar Schuhe aus superweichem Lammfell.
»Glaub mir: Weichere Babyschuhe finden wir in ganz Afghanistan nicht«, beruhigte ich sie.

Natürlich waren wir beide sehr neugierig, ob wir ein Mädchen oder einen Jungen bekommen würden. Und wir suchten nach Anzeichen. Traditionell sagt man bei uns, dass eine Frau, wenn sie in der Schwangerschaft schön aussieht, einen Jungen bekommen wird. Wird sie dagegen unansehnlich, so bekommt sie ein Mädchen. Lailuma wurde in ihrem Glück geradezu wunderschön: Ihre Augen leuchteten voller Vorfreude auf den neuen Lebensabschnitt, und ihre Wangen glühten unentwegt wie die einer Tänzerin. Deshalb hoffte sie sehr, dass sie ihrem Mann den Sohn schenken würde, den er sich so sehr wünschte. Das war ziemlich wichtig für sie. Einmal ging sie sogar zu einem Heiligengrab und betete dort mehrere Stunden lang um Unterstützung in der Angelegenheit.
Auch Homayun wünschte sich zuallererst einen Sohn. Aber ich nahm dieses Thema nicht so ernst wie Lailuma. Vielleicht hatte ich es auch einfach nicht so eilig wie sie, die Wünsche meines Mannes zu erfüllen. Ob ich nun ein Mädchen oder einen Jungen bekam: Beides wäre ein Geschenk Gottes. Manchmal neckte ich meine Schwester und sagte ihr, dass der Allerhöchste sicher besser als sie und ihr Mann Nezamuddin wisse, was richtig war.
Bei der Arbeit war unsere Schwangerschaft eine echte Herausforderung. Als unsere Bäuche wuchsen, begannen unsere Uniformen zu spannen. Schließlich bekamen wir auch die Hosen nicht mehr richtig zu. Gemeinsam gingen wir zum Materiallager, um unsere Garnituren gegen größere zu tauschen. Der zuständige Soldat konnte sich ein Grinsen nicht verkneifen. In unseren neuen XXL-Uniformen sahen wir aus, als hätten wir unsere Pyjamas anbehalten: Die Ärmel und die Hosenbeine waren viel zu lang. Wir krempelten sie um. Trotzdem begannen die neuen Uniformen, am Bauch bald wieder zu kneifen. Also zogen wir

Gummizüge ein. Mit den Hemden verdeckten wir die offenen Knöpfe.

Die gesamte Zeit über flogen wir weiter Helikopter. Keiner deutete auch nur an, dass das problematisch sein könnte. Und da wir gewohnt waren, im Job die Zähne aufeinanderzubeißen, kamen wir nicht auf die Idee, eine Pause zu verlangen. So etwas wie Mutterschutz muss in Afghanistan noch erfunden werden.

Unsere Kollegen beäugten uns immer kritischer, je sichtbarer unser Zustand wurde: Eine Frau in Uniform war ja bereits exotisch in ihren Augen. Aber eine schwangere Frau war wohl mehr, als sie ertragen konnten. Hinter unseren Rücken begannen sie zu tuscheln, dass Frauen eben zu etwas anderem geboren seien als zum Fliegen eines Militärhubschraubers. Dass wir das schon noch merken würden. Manchmal sprachen sie so laut, dass wir es hören mussten. Trotzdem versuchten wir, sie so gut es ging zu ignorieren. Von solchem Gerede wollten wir uns die Vorfreude nicht verderben lassen.

Wenn wir irgendwo in der Provinz landeten, provozierten wir noch heftigere Reaktionen. Leute, die uns nicht kannten oder zum ersten Mal in diesem Zustand sahen, starrten uns mit offenem Mund an. Die Provinzler gaben sich nicht einmal Mühe, ihr Erstaunen – und oft auch ihr Missfallen – zu verbergen. Es sei unverantwortlich, dass unsere Ehemänner uns in diesem Zustand das Fliegen erlaubten, hörten wir mehr als einmal: »In was für einem Land leben wir nur?«, fragten sie mit einer Mischung aus Besorgnis und Empörung. »Ist das die Moderne, von der die Amerikaner immerzu sprechen? Wollen wir das in Afghanistan?« Dann lächelten wir meist und versuchten, das Thema zu wechseln. Sollten sie sich doch die Münder über uns zerreißen. Wir würden ihnen schon beweisen,

dass wir beides bewältigen könnten: die Mutterschaft und das Fliegen.
Aber je näher der Zeitpunkt der Entbindung rückte, desto sensibler wurden wir. Besonders Lailuma. Selbst wenn sie sich bemühte, nach außen ihr Pokergesicht zu behalten, gingen ihr die Kommentare oft nahe, weil sie ein sehr feinfühliger Mensch war. Manchmal weinte sie vor lauter Anspannung in unserem Büro, sobald wir alleine waren. Dann nahm ich sie in den Arm und beruhigte sie. »Wir beide werden das schon schaffen«, sagte ich ihr. »Warte nur, bis unsere Kinder auf der Welt sind: Jetzt ist es bald so weit.«
Es konnte wirklich nicht mehr lange dauern. Und vielleicht war es auch die bevorstehende Entbindung, die Lailuma nervös machte: Die Geburt eines Kindes ist für afghanische Frauen immer noch ziemlich riskant, weil die medizinische Versorgung nicht besonders gut ist. Jede achte Frau stirbt bei der Niederkunft. Allerdings passiert das vor allem in ländlichen Regionen und nicht in der Hauptstadt.
In Kabul haben die Krankenhäuser einen vergleichsweise hohen Standard. Die bereits praktizierenden Ärzte in unserer Familie, Aschraf und meine ältere Schwester Leila, empfahlen uns, ins Militärkrankenhaus zu gehen, wo Leila damals arbeitete. Mein Bruder war unweit von Kabul in einem Provinzhospital im Einsatz. Aber beide waren sich einig, dass das medizinische Niveau im Militärkrankenhaus am höchsten sei. Leila, selbst mehrfache Mutter, war fast genauso aufregt wie wir beide – und deshalb sehr darauf bedacht, dass alles bei den Geburten glattliefe und wir die bestmögliche Versorgung erhielten.

Bei mir war es zuerst so weit. Nie werde ich den Tag vergessen. Ich schrie überrascht auf, als ich in unserem Büro am Flughafen die erste Wehe spürte. Meine Schwester lachte erst, weil sie dachte, ich spiele ihr etwas vor und tue nur so als ob. Aber dann verstand sie, was los war. Sie verständigte Homayun, und die beiden brachten mich mit einem Taxi ins Militärkrankenhaus.

Dort ging dann alles ziemlich rasant: Meine Wehen wurden rasch so stark, dass ich förmlich in den Kreißsaal rennen musste, um mein Kind nicht auf dem Krankenhausflur zu bekommen. Lailuma blieb in der Halle zurück. Eine Krankenschwester wollte mir wegen des hohen Blutdrucks, den der Flughafen-Arzt während der Schwangerschaft einige Male bei mir gemessen hatte, Beruhigungsmittel geben. Aber ich protestierte: Ich wollte die Sache hinter mich bringen. Nach nur vier Stunden Wehen brachte ich im Frühling 2006 eine hübsche und gesunde Tochter zur Welt. Eine energische kleine Person, die von der ersten Minute an sehr laut schreien konnte.

»Pssst! Sei doch still!«, schimpfte ich die Kleine, als ich sie im Krankenhausbett zum ersten Mal im Arm hielt. »Bin ich hier die Patientin oder du?«, fragte ich sie.

Nach nur einer Stunde durfte ich nach Hause gehen. Es ist bei uns nicht üblich, dass eine Frau nach der Geburt längere Zeit im Krankenhaus verweilt. Meine Schwestern Leila und Lailuma, deren Mann und natürlich Homayun begleiteten mich nach Hause.

Später am Abend, als unsere Gäste gegangen waren, bekam Homayun Magenschmerzen. Also zog ich mir meine Stiefel an, um Medizin für ihn zu besorgen. In der Apotheke traf ich einen Kollegen vom Flughafen. Er hatte mitbekommen, dass bei mir am Morgen die Wehen eingesetzt hatten und ich ins Krankenhaus gefahren war. Jetzt sah er mich mit großen Augen an. »Was machst du denn hier?«, fragte er. »Ist alles in Ordnung?« Sein Blick fiel ungeniert auf meinen Bauch.

»Ja«, antwortete ich. »Aber mein Mann hat Magenschmerzen …«

Er lachte. »Mach, dass du nach Hause kommst, Latifa«, schalt er mich.

Drei Tage nach der Geburt fand im Haus meiner Eltern eine kleine Feier zu Ehren der Neugeborenen statt. Homayuns Familie konnte nicht kommen, da sie zu weit entfernt von Kabul wohnte. Aber ich konnte mich des Gedankens nicht erwehren, dass sie bestimmt angereist wären, wenn ich einen Sohn geboren hätte.

Die wichtigste Rolle bei der Zeremonie hatte mein Vater. Ihm gebührte die Ehre, meinem Kind einen Namen zu geben. Dass der Vater der Mutter den Namen von deren Töchtern aussucht, hat bei uns Tradition. Er hielt eine kleine Ansprache und sagte: »Latifa, mein Kind, du und deine Schwester Lailuma, ihr seid Stars in Afghanistan: Als erste Pilotinnen dieses Landes seid ihr zu Legenden geworden. Ihr habt viel Mut bewiesen. Ihr habt alle Erwartungen übertroffen, die eure Mutter und ich je hatten.«

Meine hochschwangere Schwester schluchzte leise, als sie diese Worte hörte. Sie war in dieser Zeit wirklich sehr nah am Wasser gebaut. Aber auch ich war ergriffen. Mein Vater machte eine kleine Pause, um die Spannung zu erhöhen »Deshalb soll deine erste Tochter Malalai heißen«, sagte er dann. »Auf dass sie genauso mutig werde wie ihre Mutter.« Ich spürte, wie ich vor lauter Freude feuerrot anlief – Lailuma schluchzte noch lauter.

Tatsächlich hätte mein Vater keinen besseren Namen finden können. »Malalai von Maiwand« ist eine orientalische Version der »Johanna von Orleans« und eine afghanische Legende: Als unsere Soldaten vor über hundert Jahren in einer Schlacht gegen die Engländer kämpften, sprach sie ihnen Mut zu. Die junge Frau, die ihren Vater in den Krieg begleitet hatte, schwenkte die Nationalflagge – und rief ihnen zu, dass sie, trotz der vermeintlichen Übermacht der Europäer, nicht aufgeben dürften. Dann wurde sie selbst durch einen Schwerthieb getötet. Aber die Afghanen schlugen die Engländer vernichtend. Seitdem ist sie unsere Nationalheldin. Ob auch meine Tochter eines Tages berühmt würde?

Mein Vater beugte sich über die Kleine, um ihr Gebete und Koransuren ins Ohr zu flüstern, die sie auf ihrem Lebensweg beschützen sollten. Und alle Anwesenden sprachen gute Wünsche und Segenssprüche für sie aus. Da war ich mir sicher, dass jetzt nichts mehr schiefgehen könnte: Meine Tochter hatte eine wunderbare Zukunft vor sich.

Die kommenden Tage und Wochen schwebte ich auf Wolken. Ich war glücklich mit meinem kleinen Mädchen – und heimlich auch darüber, dass sie kein Junge geworden war. Lailuma besuchte uns ständig und half mir. Sie wollte unbedingt üben, wie man ein Baby versorgt, um bei ihrem eigenen alles richtig zu machen. Es gefiel mir, sie dabei zu beobachten, wie sie Malalai wusch, wickelte und anzog. Sie war sehr behutsam und zärtlich dabei. Ich war mir sicher, dass sie eine wunderbare Mutter werden würde. Tatsächlich konnte sie es kaum noch erwarten, ihr eigenes Kind in den Armen zu halten. Ständig streichelte sie sich über den Bauch, der jetzt rund wie ein Ballon war und so aussah, als wollte er bald platzen.

Sie brauchte sich nicht mehr lange in Geduld zu üben: Nur etwa vier Wochen nach der Geburt von Malalai ging es bei ihr los. Eines Nachts hatte sie Blutungen. Als sie das morgens beim Aufwachen feststellte, machte sie sich natürlich Sorgen. Ihr Ehemann Nezamuddin ebenfalls, der der Geburt fast so aufgeregt wie Lailuma entgegenfieberte. Aber er verständigte niemanden aus meiner Familie. Vielleicht ging es ihm auf die Nerven, dass meine Geschwister und ich uns immer in alles einmischten. Er brachte Lailuma jedenfalls allein ins Krankenhaus – und auch nicht ins Militärkrankenhaus, das mein Bruder und Leila empfohlen hatten, sondern ins Rabeei-Balchi-Hospital. Das lag nicht weit von unserem Wohnviertel entfernt und genoss ebenfalls einen guten Ruf.

Noch auf dem Weg setzten bei Lailuma die Wehen ein. Der Arzt, der sie untersuchte, empfahl ihr einen Kaiserschnitt, obwohl es dafür keine wirkliche medizinische Begründung gab. Nezamuddin war einverstanden. Ob Lailuma gefragt wurde, weiß ich nicht. Die Ärzte verabreichten ihr eine PDA. Das war inzwischen auch in Afghanistan ein gängiges Verfahren in solchen Fällen, und Lailuma blieb auf diese Weise bei Bewusstsein. Im OP öffneten sie ihr den Bauch und holten das Baby heraus. Es war ebenfalls ein Mädchen, nicht ganz so dick wie meine Malalai und ein viel hellerer Typ, aber es hatte Lailumas ovale Augen geerbt. Ich stelle mir gerne diesen Moment vor, in dem meine Schwester ihre Tochter erstmals sah: Bestimmt war sie glücklich und stolz – auch wenn sie keinen Jungen geboren hatte. Denn immerhin war die Kleine kerngesund und sehr munter.

Lailuma blutete allerdings stark, was für ihren Kreislauf sehr belastend war. Deshalb zeigte man ihr das Kind nur kurz und gab es dann in die Obhut einer Krankenschwester. Und dann geschah es: Plötzlich stoppte Lailumas Atem, sie erlitt einen Kreislaufzusammenbruch. Im Kreißsaal herrschte Alarmstimmung: Lag es an der Anästhesie, die

man ihr verabreicht hatte? Oder hatte jemand bei der Operation gepfuscht?
Glücklicherweise gelang es den Ärzten schnell, Lailuma zu reanimieren. Sie erlangte auch ihr Bewusstsein wieder, aber sie war noch immer in einem labilen Zustand. Nezamuddin erschrak, als er seine Frau nach der Geburt begrüßen und ihr gratulieren wollte: Sie war sehr blass und konnte ihm kaum antworten. Ihr Bauch war zwar genäht und verbunden worden – aber die Wunde blutete noch stark.
Die Ärzte nahmen Nezamuddin beiseite und machten ihn mit dem Gedanken vertraut, dass Lailuma noch nicht außer Gefahr war. Endlich benachrichtigte er auch uns. »Bitte erschrick nicht, Latifa«, sagte er mir am Telefon: »Bei der Niederkunft deiner Schwester hat es ein Problem gegeben ... Nein, das Kind ist wohlauf ... Aber ihr selbst geht es nicht gut ...« Ich bekam schreckliche Angst, als ich das hörte: Unverzüglich schnappte ich mir meinen Säugling und eilte zu Lailuma ins Krankenhaus.
Bei meiner Schwester am Bett warteten bereits meine Eltern, mein Bruder Asef und natürlich Nezamuddin selbst. Er war total aufgeregt und schimpfte über die Ärzte. Meine Mutter weinte. Mir wurde fast schlecht, als ich die strenge, von Antibiotika geschwängerte Krankenhausluft einatmete. Als ich meine Schwester sah, verschlug es mir regelrecht die Sprache: Sie lag leichenblass in ihrem Bett und war nicht ansprechbar. Das Problem war, dass sie unentwegt weiter Blut verlor. Sie hatte die relativ seltene Blutgruppe null, und das Krankenhaus besaß keine Reserven dieses Typs.
»Leila, weiß sie Bescheid?«, war mein erster Gedanke. Meine Schwester arbeitete ja als Ärztin im Militärkrankenhaus, das sie uns so eindringlich empfohlen hatte.

»Und Aschraf?« Mein Bruder war in seinem Hospital in der Provinz Kapisa, fünfzig Kilometer nordöstlich von Kabul. Die beiden waren die Einzigen, die uns jetzt helfen konnten. Scharifa, deren Ausbildung durch die Herrschaft der Taliban unterbrochen worden war, studierte ja noch und befand sich zu diesem Zeitpunkt in Mazar-e-Scharif.
»Ich habe sie beide angerufen«, sagte Asef. »Aschraf hat in seinem Krankenhaus alles stehen und liegen gelassen. Er ist mit dem Auto auf dem Weg hierher. Und Leila versucht, in ihrem Krankenhaus Blutkonserven aufzutreiben. Aber das scheint schwierig zu sein ... Sie meint, es könne dauern ...«
»Das ist schlecht«, murmelte ich.
Meinem Gefühl nach verging eine Ewigkeit, bevor mein Bruder endlich eintraf. Ich lief ihm entgegen zum Empfang. Er kam direkt aus seiner Klinik und trug noch den weißen Arztkittel. »Los, beeil dich«, sagte ich ihm, »sonst stirbt sie.« Ungeduldig führte ich ihn zu dem Zimmer, in dem Lailuma lag. Sie trug eine Sauerstoffmaske, ein Schlauch führte in die Nase. Ihre Augen waren geschlossen. Mein Bruder sah schockiert aus, als er sie so sah. Er verstand sofort, wie kritisch ihr Zustand war. »Lailuma! Lailuma!«, rief er sie an. »Wach auf! Ich bin jetzt da! Ich helfe dir.«
Plötzlich schlug sie die Augen auf, kam erstmals zu sich, seit ich im Krankenhaus war. »Was ...?«, antwortete sie verwirrt, als er ihren Namen rief.
»Lailuma!«, sagte er unter Tränen. »Ich bin es, dein Bruder. Mach dir keine Sorgen, alles wird gut ...« Da schloss sie die Augen wieder, driftete ab. Ich konnte das nicht mit ansehen: Weinend lief ich aus dem Zimmer.
Mein Bruder kam hinter mir her. »Ich brauche sofort Blut!«, rief er, als wir in der Halle waren. Er rief seine

Freunde an, die in verschiedenen Krankenhäusern arbeiteten. Überall bat er um Blut. »Gibt es denn hier niemanden mit der Blutgruppe null?«, fragte er die anderen Patienten. »Meine Schwester stirbt, wenn sie kein Blut bekommt!«

Viele der Leute wollten spontan helfen, wussten aber nicht, welche Blutgruppe sie hatten. Aschraf nahm ihnen Proben ab und testete sie. Aber keiner von ihnen hatte den gesuchten Typ. In seiner Verzweiflung lief er raus, vor die Tür, wo sich in der Nähe des Krankenhauses ein Bazar befand. Wieder rief er laut, damit alle ihn hörten: »Helft mir! Ich brauche unbedingt jemanden mit der Blutgruppe null!« Erneut testete er eine Reihe von Leuten. Da kam auf einmal ein Mann zu ihm und berichtete, er wisse von seinem Freund, dass er diese Blutgruppe habe. Mein Bruder flehte ihn an, den Mann zu ihm zu bringen. Der Passant rief seinen Freund an – und tatsächlich kam er gut zehn Minuten später zu uns ins Krankenhaus geeilt. Aschraf nahm dem Spender einen halben Liter ab. Dann eilte er zurück zu Lailuma und legte ihr einen Tropf mit der kostbaren Substanz.

Lailuma erholte sich für kurze Zeit. Aber ihr Allgemeinzustand verschlechterte sich stetig. Noch immer war die Blutung nicht gestillt, inzwischen waren ihr Bett und das Bettzeug blutgetränkt. Die Ärzte waren ratlos. Sie vermuteten, dass die Blutungen vom Uterus ausgingen, und beschlossen, Lailuma erneut zu operieren. Mein Bruder bat darum, mit in den Operationssaal zu dürfen, aber man verweigerte es ihm. Diesmal bekam Lailuma eine Vollnarkose. Die Ärzte entfernten bei dieser OP die Gebärmutter ganz.

Unterdessen waren wir alle damit beschäftigt, mehr Blut für sie aufzutreiben. Meine Schwester Leila rief an und

berichtete, dass es ihr gelungen sei, im Militärkrankenhaus einen halben Liter Blut der Gruppe null zu organisieren. Aschraf schickte Asef mit dem Auto los, um es abzuholen. Da die beiden Krankenhäuser recht weit voneinander entfernt liegen, raste mein Bruder in Höchstgeschwindigkeit durch die Stadt. Und auf dem Rückweg, als bereits der Beutel mit Blutserum fertig für die Transfusion neben ihm auf dem Beifahrersitz lag, kümmerte er sich nicht mehr um irgendwelche Verkehrsregeln. Um die Strecke abzukürzen, lenkte er seinen Wagen gegen die Fahrtrichtung durch eine Einbahnstraße. Dabei gelang es ihm nicht rechtzeitig, einem jungen Mädchen auszuweichen und erwischte sie mit der Stoßstange. Glücklicherweise verletzte sie sich nur leicht. Nachdem er sich bei ihr entschuldigt hatte, bekundete sie sofort Verständnis für seine Situation und sagte ihm, er solle das Blut nur schnell zu seiner Schwester bringen. Aber seine Beteuerungen halfen nichts: Er musste auf Befehl der Verkehrspolizei die ganze Nacht im Gefängnis verbringen. Das Blut aus dem Militärkrankenhaus kam nie bei Lailuma an.
Trotzdem hatten wir am Abend einige Reserven für sie organisiert: Die Freunde meines Bruders und Leila hatten die Kühlschränke in allen umliegenden Krankenhäusern geplündert, und so hatten wir Lailuma ausreichend mit Blutserum versorgen können. Aschraf, Nezamuddin und ich verbrachten die Nacht an ihrem Bett. Malalai hatte ich bei mir. Lailumas Baby lag in einem anderen Zimmer und wurde von den Krankenschwestern versorgt.
Es war eine schreckliche Nacht. Wir wichen nicht von ihrer Seite. Lailuma ging es mal kurzfristig besser, dann wieder schlechter. Mal war sie ansprechbar, dann wieder glitt sie in die Bewusstlosigkeit ab. Manchmal schien es, als schliefe sie. Doch trotz der zweiten Operation hörten die

Blutungen nicht auf. Im Gegenteil: Sie wurden im Laufe der Nacht immer stärker. Mein Bruder verabreichte ihr mehrere Transfusionen, aber sie verlor mehr, als er ihr geben konnte.

»Lailuma! Mach die Augen auf!«, schrie er, als er das Gefühl hatte, dass sie immer apathischer wurde. Und tatsächlich schlug sie noch ein letztes Mal die Augen auf.

»Lailuma, meine geliebte Schwester«, rief ich unter Tränen. »Du hast eine wunderschöne Tochter geboren ... Bleib bei uns!« Verzweifelt redete ich auf sie ein. Ich wollte sie zurückholen. Aber sie verstand nichts mehr von dem, was ich sagte.

Am Morgen ging es Lailuma sehr schlecht. Der Chefarzt des Krankenhauses, Dr. Marof Same, Professor der Gynäkologie, kam zur Visite. Als er sah, dass Lailuma immer noch blutete, entschied er, dass er sie ein drittes Mal öffnen würde. Er hatte den schrecklichen Verdacht, dass ihre Aorta verletzt war, also die Hauptschlagader ihres Körpers, die das Blut vom Herzen aus in den gesamten Kreislauf weiterleitet. Mein Bruder hatte diesen Verdacht bereits in der Nacht geäußert, denn anders ließen sich Lailumas starke Blutungen kaum erklären. Was der Chefarzt nicht aussprach, war die Tatsache, dass ihr diese Verletzung nur einer seiner Kollegen zugefügt haben konnte: Der junge Arzt, der den Kaiserschnitt vorgenommen hatte, musste versehentlich mit dem Skalpell die Aorta getroffen haben.

Trotz ihrer Bewusstlosigkeit bekam Lailuma erneut eine Vollnarkose. Dann wurde sie in den OP-Saal geschoben. Die dritte Operation dauerte nur dreißig Minuten. Was die Ärzte noch unternahmen, um ihr Leben zu retten, weiß ich nicht. Jedenfalls war danach klar, dass sie Lailuma nicht mehr helfen konnten.

Starr vor Entsetzen sah ich zu, wie sich die gesamte Familie um ihr Bett in der Intensivstation versammelte. Aschraf trommelte alle herbei, die noch fehlten. Er rief bei der Polizei an und bettelte darum, dass sie Asef freiließen: »Er muss seine Schwester noch einmal sehen«, beschwor er die Beamten. Da ließen sie ihn gehen. Aber Lailuma sollte ihre Augen nicht mehr aufschlagen.

Als Asef eintraf, war ihr Atem bereits ganz flach, der Herzschlag nicht mehr wahrnehmbar. Auch meinen Mediziner-Geschwistern gelang es nicht, sie wiederzubeleben. Die Krankenhausärzte schlichen sich wortlos aus dem Zimmer.

Wir konnten nichts mehr für Lailuma tun, auch mein Bruder und Leila mussten schließlich aufgeben. Sie nahmen sich in den Arm und weinten. Wir alle weinten. Ich war völlig hysterisch, doch ich kann mich an den Moment gar nicht mehr erinnern, ich war im Schock. Sie mussten mir mein Baby abnehmen und mich mit einem Medikament ruhigstellen.

Da meine Mutter und ich nicht dazu in der Lage waren, übernahmen meine Schwestern Leila und Scharifa die rituelle Waschung von Lailumas Leichnam im Krankenhaus, wo er die Nacht über blieb. In Leinentücher gehüllt, brachten sie ihn am nächsten Morgen ins Haus meiner Eltern. Sie hatten darauf bestanden, dass Lailuma bei ihnen und nicht im Hause ihres Ehemanns aufgebahrt wurde: Nezamuddin war in den Augen meiner Familie mit schuld an Lailumas Tod, weil er sie ins falsche Krankenhaus gebracht und uns nicht früh genug über die Probleme informiert hatte. Elend und hilflos stand der sonst so stattlich wirkende Mann neben dem eingehüllten Körper seiner toten Frau. Auf dem Arm hielt er das Baby, seine und Lailumas Tochter, die wie am Spieß brüllte. Er hatte sie gerade erst

aus der Obhut der Krankenschwestern geholt. Meine Schwester Scharifa, die mittlerweile aus Mazar-e-Scharif eingetroffen war, nahm sie ihm ab und wiegte die Kleine, damit sie sich beruhigte.
Vom Haus aus trugen wir Lailuma zum Friedhof. Über tausend Menschen begleiteten den Zug, wir hatten sie mit unseren Hilferufen um Bluttransfusionen alle alarmiert. Auch unser Kommandeur der Luftwaffe, General Duran, erwies Lailuma die letzte Ehre. Der ganze Friedhof war voller hochrangiger Militärs. Auch andere Piloten von der Luftwaffe kamen. Ich jedoch nahm nichts davon wahr, so allein war ich mit meinem Schmerz. Es fiel mir schwer, zu verstehen, warum ich noch am Leben war, Lailuma aber nicht.
Nachdem wir Lailumas Körper ins Grab gelassen hatten, deckte ihr Ehemann das Gesicht auf. So verlangt es die Tradition. Ich nahm eine Schaufel Erde. Aber als ich ihr schönes, blasses, ach so vertrautes Gesicht sah, konnte ich es nicht ertragen. Meine Geschwister mussten mich festhalten, ich weiß nicht, ob ich sonst nicht gesprungen wäre. Doch da drückte mir jemand meine kleine Malalai in den Arm – und Lailumas Tochter Maryam.

Kapitel 9:

Kindergarten über den Wolken

Mit Lailuma starb ein Teil von mir. Ich empfand es, als sei ich selbst gestorben, in meinem Innern fühlte ich mich völlig leblos. Ich war nur noch Fassade, und die Leute um mich herum sahen mich zwar noch und redeten mit mir, aber das war eine Maske, die ich der Welt zeigte, um zu funktionieren. Was um mich herum geschah, nahm ich wie durch eine Nebelglocke wahr, die mich einhüllte. Da waren diese beiden Babys, registrierte ich. Sie weinten. Aber was sollte ich mit ihnen anfangen? Was hatten sie mit mir zu tun?

Meine eigene Tochter Malalai zeigte mir genau, was sie von mir wollte: Ohne Rücksicht auf meine Gefühle suchte sie nach meiner Brust, und ich stillte sie, bis sie satt war. Aber danach schrie das andere Baby immer noch.

Ich sah mir dieses Geschöpf an: Ein winziges Würmchen, das kaum die Augen öffnen konnte. Auf dem hinten stark gewölbten Kopf sprossen ein paar helle Strähnen. Es fiel mir schwer, das Antlitz meiner Schwester in dem zerknitterten Gesicht zu erkennen. Doch das Baby fuchtelte mit den Händchen, als suchte es nach – irgendetwas. Nach Lailuma. Da verspürte ich plötzlich eine Regung in mir. Es war Mitleid: Ich empfand den Impuls, dem kleinen Wesen zu helfen.

»Komm, Latifa«, ermunterte mich mein Bruder. »Gib Maryam etwas zu trinken.«

Zögernd legte ich die Kleine an. Und sie trank. Ich weinte, während ich ihr zusah. Verwirrt streichelte ich über ihren Kopf.

Wer war dieser kleine Mensch?, fragte ich mich. Floss in ihm tatsächlich das Blut meiner geliebten Schwester? Unter was für grässlichen Umständen dieses Kind auf die Welt gekommen war! Natürlich wusste ich, dass es keine Schuld am Tod seiner Mutter trug. Trotzdem war seine Existenz an das schreckliche Ereignis geknüpft. Und ich hatte unwillkürlich widerstreitende Gefühle, wenn ich sie betrachtete.

Gleichzeitig wuchs durch das Stillen ein Band zwischen uns, der kleinen Maryam und mir. In meiner Kultur ist es so, dass eine Frau, die einem Baby ihre Milch gibt, durch diesen Akt gleichsam zu dessen Mutter wird. *Madare rezai* – eine »Milchmutter« nennen wir daher eine Amme. Die starke Betonung ihrer Rolle hat religiöse Gründe: Auch unser Prophet Mohammed wuchs bei einer Amme auf. Er betrachtete diese Frau als seine Mutter. Damit setzte er die Milchverwandtschaft einer Blutsverwandtschaft gleich – und das tun wir auch heute noch: Nach einer Woche gilt das gestillte Kind als Teil der Familie seiner Milchmutter und darf später auch nicht eines von deren leiblichen Kindern heiraten, da dies Inzucht wäre.

»Trink, meine Kleine. Trink nur«, flüsterte ich Maryam ins Ohr. Sie war auf dem besten Wege, meine Tochter zu werden. Dieses kleine Wesen trug nicht die Schuld am Tod meiner Schwester, erkannte ich: Sie vermisste ihre Mutter – vielleicht sogar noch viel mehr als ich. Ich wollte versuchen, ihr Lailuma so gut wie möglich zu ersetzen.

Im Haus meiner Eltern, wo wir in den ersten Tagen nach dem Begräbnis blieben, bettete ich Maryam und Malalai nebeneinander. Ich würde sie gemeinsam aufziehen, entschied ich. Sie sollten als Schwestern groß werden. Wie Lailuma und ich. Die Milch- und Blutsbande würden sie zu einem starken Team zusammenschweißen.
Mit angezogenen Knien hockte ich mich neben sie und bewachte meine Babys – wie meine Mutter früher. Ich schlief kaum. Wenn die kleinen Mädchen aufwachten, gab ich ihnen abwechselnd die Brust: Malalai bekam die rechte, Maryam die linke. Wenn sie weinten, weinte ich oft mit ihnen, denn es ging mir in dieser Zeit sehr, sehr schlecht. Trauer und Schmerz waren immer präsent.
Ich konnte kaum etwas essen. Daher wurde ich nach ein paar Tagen immer schwächer. Das beunruhigte auch Homayun. Er flehte mich an, etwas zu mir zu nehmen, da sonst meine Milch versiegen würde. In seiner Not kochte er sogar für mich. Ich war sehr erstaunt, als ich herausfand, dass er das konnte. Er brachte mir Hühnersuppe und zwang mich, sie Löffel für Löffel zu essen.
Trotzdem verlor ich in rasantem Tempo an Gewicht, und die Milch wurde immer weniger. Stets stillte ich Malalai zuerst, weil Homayun es so wollte. Maryam, die nicht genug bekam, schrie sehr viel. Schließlich wurde das meinem Ehemann wohl zu anstrengend. »Ich möchte nicht, dass du Maryam weiter stillst«, eröffnete er mir nach knapp einer Woche.
»Wie stellst du dir das vor? Soll ich sie verhungern lassen?«
»Das ist mir egal«, sagte er und verwies darauf, dass beide Babys abgemagert seien. »Entscheidend ist, was aus Malalai wird. Sie ist meine Tochter.«
»Und Maryam ist die Tochter von Lailuma!«, fuhr ich ihn an.

»Du hast nicht die Kraft, beide Kinder durchzubringen«, konstatierte er nüchtern. Und das stimmte auch: Ich konnte nicht leugnen, dass ich seelisch und körperlich am Ende war. »Ich will, dass wir zurück nach Hause gehen. Nur wir drei: du, ich und Malalai. Maryam wird bei deinen Eltern bleiben. Deine Mutter und deine Schwestern können sich weiter um sie kümmern.« Maryams Vater hatte bereits signalisiert, dass er sich ihrer Pflege allein nicht gewachsen fühle. Von ihm als Mann erwartete das auch niemand. Maryam war also mehr oder weniger ein Waisenkind, keiner fühlte sich für sie zuständig. Ich aber hatte das sichere Gefühl, mich an meiner Schwester zu versündigen, wenn ich mich dieser Aufgabe verschloss.
»Tu mir das nicht an!«, flehte ich. »Das kann ich einfach nicht.«
Ich versprach Homayun, wieder zu essen und für *beide* Kinder stark zu werden. Aber mein Mann blieb hart: Er verbot mir strikt, Maryam auch nur einen Tag länger zu stillen. Ehrlich gesagt, glaube ich, dass religiöse Überlegungen ihn dabei leiteten: Er wollte verhindern, dass ich die Wochenfrist überschritt, mit der Maryam unwiderruflich zu meiner Tochter geworden wäre. Dann hätte auch er nicht mehr an diesem Fakt zu rütteln gewagt. Dass ich sie in meinem Herzen längst angenommen hatte, interessierte ihn nicht.
Die Tage, die folgten, waren die dunkelsten meines Lebens: Es schnürte mir die Luft ab, Maryam die Milch zu verwehren, obwohl das kleine Mädchen so vehement danach verlangte. Sie schreien und protestieren zu hören, tötete mich innerlich ein zweites Mal.
Nach außen wirkte ich hart und unnahbar. So jedenfalls empfand mich meine Familie. In Wirklichkeit aber hatte ich ein schlechtes Gewissen – sowohl dem Kind als auch

seiner Mutter gegenüber: Wie konnte ich meiner geliebten Schwester das nur antun? Was würde sie von mir denken, wenn sie sehen könnte, wie ich Maryam mit aufgelöstem Trockenmilchpulver abspeiste, während sich Malalai an meiner Brust dick und rund trank? Lailuma lag erst eine Woche in ihrem Grab, und schon verriet ich sie auf so schäbige Weise. Doch ich hatte keine andere Wahl, als mich dem Willen meines Mannes zu beugen. Jedenfalls glaubte ich das. Meine Traurigkeit und die Sorge um Malalai machten mich schwach.

Ich hasste ihn dafür. Und ich hasste mich selbst. Ich schwor mir: Dieses Unrecht würde ich Homayun nie im Leben verzeihen.

Fast empfand ich es als Erleichterung, als wir schließlich in unsere eigene Wohnung zurückkehrten und ich Maryam, die im Haus meiner Eltern blieb, erst einmal nicht mehr sehen musste. Auch den vorwurfsvollen Blicken meiner Geschwister entkam ich so vorerst. Denn natürlich hatte ich ihnen nicht den wahren Grund für meine plötzliche Distanz gegenüber Maryam genannt. Das konnte ich nicht: Es hätte meinen Ehemann diskreditiert – und wir hätten uns in ihrem Haus nicht mehr blicken lassen können. Das wollte ich nicht riskieren. Also musste ich meine Erschöpfung vorschieben. Ich sagte, dass meine Milch kaum für Malalai reiche. Nur meiner Schwester Scharifa verriet ich, was zwischen meinem Mann und mir vorgefallen war. Mit meiner Mutter konnte ich nicht sprechen, der Tod meiner Schwester ging ihr zu nahe, sie litt entsetzlich und alterte vor unseren Augen.

Ich kapselte mich von meiner Umwelt ab. Homayun existierte für mich nicht mehr. Zwar kochte ich ihm weiter sein Essen, aber ich tat es mit der Fürsorge eines Roboters. Meine Eltern besuchte ich nur noch selten, es wäre mir zu

nahegegangen. Die Erinnerung an Lailuma versuchte ich zu unterdrücken – und die Schuldgefühle, die mich bei jedem Gedanken an sie überfielen. In meiner kleinen Welt gab es nur noch mich und mein Baby.
Doch selbst Malalai ließ mich meine Missetat nicht vergessen: Standhaft weigerte sie sich, von meiner linken Brust zu trinken. Von Maryams Seite also. Ein paar Jahre später wuchs dort eine Geschwulst. Die Ärzte diagnostizierten Brustkrebs. Ich wusste sofort, woher die Krankheit kam: Allah hatte meinen Frevel an Maryam beobachtet; jetzt würde er mich dafür büßen lassen. Zuerst dachte ich, dass ich nichts anderes verdient hätte, als daran zugrunde zu gehen. Dann aber wagte ich doch, mich meinem vermeintlichen Todesurteil zu widersetzen: Auf Anraten meines Bruders unternahm ich eine Reise nach Peschawar in Pakistan, da es dort fähigere Ärzte als in Afghanistan gibt. Malalai überließ ich der Obhut meiner Mutter, der es zum Glück wieder besserging. Ein pakistanischer Onkologe untersuchte das Gewebe und kam zu dem Urteil, dass es nicht bösartig sei. Ich hatte auch nirgendwo Metastasen. Der Spezialist schnitt den Tumor aus meiner Brust – und seitdem habe ich keine Probleme mehr gehabt. Trotzdem bin ich überzeugt, dass der Tumor von dem Unrecht herrührte, das ich damals meiner kleinen Nichte Maryam angetan habe. Er war Gottes Strafe dafür.

Um meiner Trübsal zu entkommen, kehrte ich nach einigen Wochen zurück an meinen Arbeitsplatz auf dem Flughafen. Eigentlich war ich noch zu schwach dafür. Aber ich machte mir Sorgen um meinen Job: Ich wollte schließlich nicht riskieren, dass man mir die Fluglizenz entzog, weil ich zu lange nicht mehr geflogen war. Außerdem war mir klar, dass es für meine Depressionen nur ein Heilmittel gab: Ich musste zurück ins Cockpit. Wenn mir die Sonne aufs Gesicht schien und mir der Fahrtwind um die Nase wehte, würde die Welt hoffentlich wieder anders aussehen. Ich wickelte Malalai in ein Tragetuch und band sie mir um den Bauch. Dann nahmen wir den Bus zum Flughafen. Schon von weitem sah ich die hohe Betonmauer, die das Gelände mittlerweile schützte. Die Zeiten in Afghanistan wurden 2006 wieder unsicherer: In dem Jahr, in dem Malalai geboren wurde, verzeichneten wir einen rasanten Anstieg von Selbstmordanschlägen. Im Süden lieferten sich die internationalen Truppen und vor allem die Amerikaner blutige Gefechte mit den wieder erstarkenden Taliban. Immer mehr ausländische Soldaten kamen ins Land, um die Situation in den Griff zu bekommen.

Als ich die Pforte mit den Sandsäcken davor passierte, wurde mir erst richtig bewusst, dass diese Flucht in die Arbeit keineswegs mehr Abstand bedeutete. Es wurde zu einem schweren Gang für mich. Bereits das Vorzeigen meines Dienstausweises verlangte mir einige Überwindung ab, denn ich hatte das Gefühl, dass den kontrollierenden Kameraden doch auffallen müsse, dass Lailuma fehlte. Wie oft war ich zusammen mit ihr durch diese Schranke gegangen! Aber keiner merkte mir etwas an.

Auf dem Weg in unser Büro kamen mir einige Kollegen entgegen. Sie blickten verlegen zu Boden und murmelten Beileidsbekundungen. Keiner wusste so recht, wie er mit mir umgehen sollte. Einer fragte mich, was ich denn mit dem Baby hier machte. Das konnte ich ihm auch nicht sagen; ich wusste einfach nicht, wo ich Malalai sonst hätte lassen sollen. Ein anderer wollte wissen, ob ich denn etwa auch ohne meine Schwester weiterfliegen wollte. Das trieb mir sofort die Tränen in die Augen. »Aber natürlich«, presste ich hervor.

Wie immer, wenn ich zum Dienst kam, musste ich mich in eine Anwesenheitsliste eintragen. Dort waren alle unsere Namen verzeichnet, auch Lailumas, der weiterhin gleich vor meinem eigenen stand. Lailuma war noch nicht aus der offiziellen Buchhaltung getilgt worden. Den vertrauten Schriftzug so plötzlich vor mir zu sehen, versetzte mir einen Stich: Fast kam es mir so vor, als stünde sie selbst vor mir. Dabei war es nur ihr Name! Vielleicht war sie gar nicht gestorben?, durchzuckte es mich: Vielleicht war alles nur ein schlechter Traum gewesen? Meine Hand zitterte, während ich meine Unterschrift leistete. Verstohlen tupfte ich die Träne ab, die fast auf dem Papier gelandet wäre. Am liebsten hätte ich für meine Schwester mit unterschrieben, um die kostbare Illusion zu erhalten.

Ich flüchtete in mein Zimmer. In unser Zimmer. Einen schlechteren Ort, um der Erinnerung zu entrinnen, hätte ich mir nicht aussuchen können. Der Raum war vollgestopft mit unseren persönlichen Sachen: Im Regal lag der Helm, den sie bei ihrem letzten Flug getragen hatte. In seinem Innern klebten noch ein paar Haare von ihr. Über dem Ständer hing die Strickjacke, die sie gerne angezogen hatte, wenn sie im Büro fröstelte. Und auf dem Schreibtisch gammelte noch ein Glas Tee, das sie nicht ausgetrunken hatte. Alles wirkte so, als sei sie erst vor fünf Minuten aufgebrochen. Tausendfach sah ich ihr Gesicht vor mir.

Ich musste mich setzen. Aber ich setzte mich nicht auf meinen eigenen, sondern auf ihren Stuhl. Ich betrachtete das Bild, das sie auf dem Schreibtisch stehen hatte. Es zeigte Lailuma bei ihrer Hochzeit. Sie und Nezamuddin lächelten beseelt in die Kamera. Meine Schwester sah darauf wie eine Prinzessin aus. Ich erinnerte mich noch genau, wie glücklich sie an dem Tag war, an dem das Bild aufgenommen worden war. Sorgsam wischte ich mit meinem Finger über das Glas, um die feine Staubschicht, die sich in den vergangenen Wochen gebildet hatte, zu entfernen. Lailuma hatte so viel Hoffnung in ihre Ehe gesetzt, dachte ich traurig. Wer hätte geahnt, dass sie zur Todesfalle für sie werden würde?

Ich betrachtete den Mann an ihrer Seite. Musste ich Nezamuddin böse sein, dass er mir meine Schwester geraubt hatte, weil er sich für das falsche Krankenhaus entschieden hatte? Lailuma hatte diesen Mann geliebt. Sie hatte sich nichts sehnlicher gewünscht, als Ehefrau und Mutter zu werden. Aber sie war nicht dafür bestimmt gewesen. Vielleicht waren wir es beide nicht? Warum redete man den Frauen nur immer ein, dass dieses Ziel so erstrebenswert sei? Hätten wir stattdessen unser gemeinsames Leben fortgesetzt, würde sie jetzt mit mir im Büro sitzen, ihren Tee austrinken und mit mir über irgendeinen Blödsinn lachen? Dann wäre uns allen die Katastrophe erspart geblieben.

Erneut schossen mir die Tränen in die Augen. Auch Malalai fing in meinem Arm an zu weinen. Sie spürte immer, wenn ich traurig war. Ich wippte sie, damit sie sich wieder beruhigte. In diesem Moment traf ich eine Entscheidung. So ging das nicht weiter, sagte ich mir: Ich muss mich zusammenreißen. Das Mädchen sollte keine schwache, weinerliche Mutter haben. Schließlich wollte ich ihr zeigen, dass es afghanische Frauen zu mehr bringen konnten als zu folgsamen Ehefrauen. Für Malalai wollte ich stark sein. So stark wie vor ihrer Geburt.

Um wieder diejenige zu werden, die ich einmal gewesen war, galt es zunächst, ein praktisches Problem zu lösen: die Frage der Säuglingsbetreuung. Ich erwog, Malalai in der Obhut meiner Mutter zu lassen. Dort könnte sie mit Maryam spielen – und die beiden würden doch noch wie Schwestern aufwachsen. Immer öfter gab ich ihr ein

Fläschchen mit aufgelöstem Milchpulver, wenn sie hungrig war, damit sie längere Zeit ohne mich bleiben konnte. Das gefiel ihr nicht besonders – und sie protestierte die ersten Male lautstark. Aber ich blieb konsequent.
Dann glaubte ich, das Experiment wagen zu können. Eines Morgens wickelte ich Malalai in ein Tuch und lief mit ihr zum Haus meiner Eltern. Ich war bereits längere Zeit nicht mehr dort gewesen und war erschrocken, in welcher Verfassung ich meine Mutter fand: Die einst energiegeladene Frau alterte rapide. Ihr Haar war grau und dünn geworden, und ihr waren Zähne ausgefallen. Krumm, abgemagert und in sich zusammengesunken hockte sie im Wohnzimmer meines Elternhauses. Noch bedenklicher als ihr physischer Zustand war jedoch ihre psychische Verfassung: Sie führte unentwegt Selbstgespräche. Während sie vor sich hin brabbelte, bildete sie sich wohl ein, Lailuma könne sie hören. Sie schien davon überzeugt, dass meine tote Schwester bei uns war. Ihr Anblick alarmierte mich, denn ich musste erkennen, dass ich ihr Maryam nicht würde überlassen können: Sie war nicht in der Lage, sich um einen, geschweige denn um zwei Säuglinge zu kümmern.
Es war ein sehr beklemmendes Gefühl, das in dem Trauerhaus herrschte. Hinzu kam, dass es für mich auch voller Enttäuschungen steckte, denn meine Geschwister, insbesondere die Ehefrauen meiner Brüder, zeigten mir die kalte Schulter. Sie waren verärgert, dass ich Maryam so abrupt im Stich gelassen hatte. Ich bekam Angst, dass sie sich an Malalai rächen könnten. In dieser vergifteten Atmosphäre wollte ich meine Tochter nicht alleine zurücklassen.
Spontan änderte ich deshalb meine Pläne und ging an diesem Tag nicht zur Arbeit, sondern suchte ganz Kabul nach öffentlichen Betreuungseinrichtungen für Kinder ab. Aber so etwas wie Kindergärten gibt es bei uns nicht. Nur für

Straßenkinder und Waisen existieren Verwahranstalten. Schweren Herzens probierte ich aus, Malalai tagsüber in einer davon zu lassen. Aber es war kein Ort, an dem man guten Gewissens sein Kind abgeben konnte. Malalai schrie den ganzen Tag. Und ich starb in der Zwischenzeit fast aus Sorge um sie: Am Flughafen konnte ich mich auf nichts mehr konzentrieren ... So bald wie möglich beendete ich auch dieses Experiment.

Ich beschloss, sie wieder mit mir zur Arbeit zu nehmen, und bat Homayun, der ja inzwischen ganz in meiner Nähe am Flughafen arbeitete, wenigstens während meiner Flüge auf sie aufzupassen. Den Rest der Zeit konnte sie ja problemlos bei mir im Büro verbringen. Aber mein Mann stellte klar, dass er für diese »Frauenarbeit« nicht zur Verfügung stünde. »Wie stellst du dir das vor?«, fragte er und zupfte seine schmucke Uniform zurecht. »Soll ich mich etwa vor meinen Kollegen lächerlich machen, indem ich ein Baby hüte?« Auch das Argument, dass ich mit meiner Fliegerei immer noch den Löwenanteil unseres Einkommens sicherte, ließ mein eitler Offizier nicht gelten: Afghanischen Männern ist nichts wichtiger als ihre »Ehre«, also das Bild, das sich andere Männer von ihnen machen.

Ich fuhlte mich sehr alleingelassen. Nicht nur von Homayun. Es kam mir so vor, als habe sich die ganze Welt gegen mich verschworen: Selbst im Kreis meiner Familie, wo ich immer Trost gefunden hatte, fehlte es mir an Herzenswärme. Oder lag es daran, dass ich selbst innerlich ausgehöhlt war? Der einzige Mensch, der mir etwas bedeutete, war Malalai.

Ich betrachtete meine Tochter, wie sie an meine Brust gekuschelt schlummerte. Dann schlug sie plötzlich die Augen auf. Sie verzog das Gesicht. Ich bildete mir ein, dass sie mich anlächelte. Zärtlich strich ich ihr über den Kopf.

»Was soll ich nur mit dir machen?«, fragte ich sie. »Bestimmt würde es dir auch gefallen, im Helikopter zu fliegen …« Ich unterbrach mich. War das nicht die Idee? Wenn keiner auf Malalai aufpassen konnte – oder wollte –, während ich flog, würde ich sie eben mitnehmen!

Ich erzählte niemandem von meinem Plan. Heimlich begann ich mit den Vorbereitungen. Ich ging auf den Bazar und erstand dort einen robusten Korb, in dem ich Malalai gut herumtragen konnte. Homayun sagte ich, dass ich den Korb brauche, da mir der Rücken weh tue. Ich staffierte den Korb mit allerlei Kissen und Decken aus und übte ein paar Mal mit ihr, bis sich das Kind daran gewöhnt hatte, darin zu schlafen. Dann ließ ich mich für meinen ersten Flug einteilen.

Vor dem Termin fütterte ich Malalai, bis sie satt und müde war. Dann bettete ich sie in ihren Korb, deckte sie gut zu und wartete, bis sie eingeschlafen war. Tatsächlich gab sie keinen Mucks von sich, während ich sie über das Flugfeld zur Mi-17 trug. An die Geräusche des Flughafens schien sie sich inzwischen gewöhnt zu haben. Mein Flugingenieur starrte mich aus weit aufgerissenen Augen an, als er sah, wie ich mit dem Tragekorb ankam. Er verstand sofort, was ich vorhatte. »Du willst das Kind doch nicht etwa mitnehmen, Latifa?«, fragte er mich ungläubig.

»Aber warum denn nicht?«, entgegnete ich mit gespielter Sorglosigkeit. »Malalai ist ganz brav und wird uns nicht stören.« Ich hoffte inständig, dass das stimmte.

Bevor er etwas erwidern konnte, kletterte ich in den Transportraum, um ihr dort auf dem Rücksitz ihr Lager zu bereiten. Den Korb plazierte ich hinter dem Sitz des Copiloten, damit ich ihn stets im Blick hätte, wenn ich über die Schulter schaute. Ich verankerte ihn so, dass er bei Turbulenzen nicht umfallen konnte. Der Ingenieur beobachtete mein Treiben skeptisch. Und mein Copilot wusste nicht recht, was er davon halten sollte. Aber glücklicherweise hatten die beiden niedrigere militärische Ränge als ich. Deshalb trauten sie sich nicht, meinen Anweisungen zu widersprechen.

Als wir startklar waren, spürte ich, wie mich die Unruhe überfiel. Mit dem eigenen Baby im Transportraum zu fliegen ist etwas ganz anderes: Ich fühlte mich unsicher und verletzlich. Außerdem hatte ich schon so lange ausgesetzt. Als ich zum letzten Mal die Maschine gestartet hatte, war ich ein völlig anderer Mensch gewesen. Beherrschte ich die Technik überhaupt noch? Sorgfältig führte ich meine Routinechecks durch. Ich versuchte, mir nichts anmerken zu lassen. Mein Instinkt befahl mir, vor dem Start noch einmal über die Schulter nach Malalai zu schauen. Aber ich verkniff mir die Geste. Ich musste mich zusammenreißen: Wenn bei diesem ersten Flug bereits die Nerven mit mir durchgingen, würde ich das Kind nie wieder mitnehmen können.

Nachdem wir das Startsignal bekommen hatten, ließ ich den Motor an. Mitten im aufkommenden Motorenlärm spitzte ich die Ohren: Hatte ich Malalai hinter mir schreien horen? Nein, dachte ich. Vielleicht wimmerte sie nur so leise, dass ich sie jetzt nicht mehr hören konnte? Du bist eine Rabenmutter!, schalt ich mich in Gedanken: Wie kannst du deinem Kind nur so etwas antun? Ich versuchte, ganz vorsichtig abzuheben, um sie nicht zu erschrecken.

Wir flogen in Richtung Bagram zu einem Stützpunkt der US-Luftwaffe, der sich fünfundsiebzig Kilometer nordöstlich der Hauptstadt befindet. Das Areal wird von den Bergen des Hindukusch idyllisch eingerahmt und – weniger idyllisch – von einer hohen Betonmauer: Seit dem Sturz der Taliban betrieben die Amerikaner dort ein Internie-

rungslager, in dem Terrorverdächtige ohne Anklage festgehalten wurden – ähnlich wie in Guantánamo auf Kuba. Für die Kantine dieser Einrichtung hatten wir Lebensmittel an Bord.
Den gesamten Flug über kämpfte ich mit massiven Konzentrationsproblemen. Es war ungemein schwer, in Gedanken nicht ständig abzudriften. Ständig fragte ich mich, ob es meiner Kleinen gutging? Am liebsten hätte ich mich dauernd umgedreht, um mich zu vergewissern, dass sie in Ordnung war. Ich wagte es nicht. Einmal aber deutete der Flugingenieur in Richtung ihres Körbchens und lehnte seinen Kopf an die zusammengefalteten Hände: Ein Zeichen für mich, dass Malalai schlief. Ich dankte ihm mit einem Lächeln für diese verständnisvolle Geste.
Tatsächlich schlummerte das Kind sowohl auf dem Hinflug als auch auf dem Rückflug. Fast kam es mir so vor, als habe Malalai die Bedeutung des Experiments für uns beide erkannt und benehme sich deswegen so vorbildlich. Auch die Kameraden im Cockpit entspannten sich langsam. Als wir in Kabul landeten, hatten meine Tochter und ich die Generalprobe bestanden. Erleichtert krabbelte ich auf den Rücksitz und küsste sie auf die Stirn. »Du bist ein sehr braves Mädchen, Malalai«, lobte ich sie. »Und weil du so brav warst, darfst du das nächste Mal wieder mitfliegen.« Meine Kollegen tauschten bedeutungsvolle Blicke.
Ob es »erlaubt« war, ein Baby im Helikopter zu befördern, weiß ich nicht: Ich habe nie jemanden danach gefragt. Ich tat es einfach. Schon bei meinem nächsten Flug, der ein paar Tage später auf dem Flugplan stand, kreuzte ich erneut mit dem Korb unterm Arm auf – samt Inhalt natürlich. Meine Kollegen waren davon zwar nicht angetan, aber sie protestierten auch nicht laut. Nicht einmal

die Amerikaner, sonst immer so auf die Einhaltung internationaler Regeln bedacht, trauten sich, etwas dagegen zu sagen. Ich wiederum tat so, als ob es das Normalste auf der Welt sei, mein Baby bei mir zu haben. Durch die Selbstverständlichkeit, mit der ich vorging, erstickte ich jede Diskussion im Keim. Sie konnten mit mir über alles reden, außer über Malalai, die unzertrennlich mit mir verbunden schien, als wäre sie ein Teil von mir.

Natürlich erfuhr auch Homayun bald, was ich tat. Das Gerede der Kollegen war schuld daran, dass er es mitbekam, denn ich selbst sagte ihm kein Wort darüber. Ich glaube, er wusste nicht recht, ob er sich empört oder angetan zeigen sollte. Denn auch die Kommentare der Kollegen waren wohl widersprüchlich: Manchen imponierte mein Verhalten, andere empfanden es als bodenlos. Letztlich entschied Homayun sich wohl, die Sache pragmatisch zu sehen. »Und das Kind stört dich gar nicht beim Fliegen?«, erkundigte er sich einmal, als wir zusammen beim Abendessen saßen.

»Aber nein. Sie ist ganz brav«, behauptete ich – wie ich es immer tat, wenn ich darauf angesprochen wurde. »Nicht wahr, Malalai?« Ich wiegte sie. Und Malalai grunzte zufrieden.

Homayun sagte nichts mehr. Was hätte er auch einwenden sollen? Schließlich arbeitete ich nicht aus Übermut. Ich sicherte damit unsere Existenz.

Meine Kollegen gewöhnten sich daran, dass ich stets mit meinem Tragekorb und dem Baby darin auf dem Flugplatz zur Arbeit erschien. Der Anblick wurde für sie zu einer Normalität. Und viele, glaube ich, bewunderten mich sogar für meinen Dickkopf.

Was mir in der Gegenwart von Malalai allerdings völlig abhandenkam, war die Unbekümmertheit, die ich zuvor beim Fliegen verspürt hatte, fast möchte ich sagen: Mein Draufgängertum als Pilotin war fort. Hätte ich mich zuvor eher zu den Mutigeren gezählt, so wurde ich jetzt zu einem regelrechten Angsthasen. Ich flog, als hätte ich etwas ungeheuer Wertvolles und Zerbrechliches an Bord. Und so war es ja auch.

Einmal war ich zusammen mit einem jungen, amerikanischen Copiloten in Richtung Herat im Westen von Afghanistan unterwegs. Es war bereits später Nachmittag, und wir flogen der tiefstehenden Sonne entgegen, die ein wunderschönes rötliches Licht verbreitete. Da sah ich plötzlich einen Schwarm Vögel am Horizont auftauchen. Mir war sofort klar, dass die Situation brandgefährlich war: Wenn uns auch nur einer frontal gegen die Scheibe flog, könnte sie springen und der Helikopter ins Taumeln geraten. Meine Gedanken waren in diesem Moment einzig bei Malalai, die hinten im Korb schlief. Mein Kind! Panisch riss ich das Steuer rum.

»Latifa!«, protestierte der Amerikaner. »Was machst du denn da?!«

Ohne Ankündigung oder gar Abstimmung bog ich in eine rasante Kurve, um den Vögeln auszuweichen. Einige prallten tatsächlich gegen den Rumpf des Helikopters. Als ich das Manöver beendet hatte, klopfte mir das Herz bis zum Hals.

»Das war leicht überzogen«, kommentierte mein Kollege lakonisch.

»Ja, ich hatte Angst, dass sie die Scheibe zerstören …«, stammelte ich kleinlaut.

»Ich weiß.«

In diesem Moment begann Malalai hinten zu quäken, sie war aufgewacht. Unwillkürlich blickte ich mich um. Das war absolut unprofessionell.

»Latifa! Reiß dich zusammen!«, rügte der Copilot mich abermals.
Mit aller Selbstdisziplin, die ich aufbringen konnte, zwang ich mich, wieder nach vorne zu schauen – und mich zu konzentrieren, obwohl Malalai hinter mir weinte. Nach einer Weile hörte ich, wie der Flugingenieur auf sie einredete, und dann wurde es leiser hinter mir – meine Tochter beruhigte sich wieder.
Es dauerte noch eine Ewigkeit, bis wir endlich landeten und ich Malalai in den Arm nehmen konnte.
»Tut mir leid«, beteuerte ich, während ich das Baby wippte und meine Kameraden zerknirscht ansah. »Es wird bestimmt nicht wieder vorkommen …«
Sie antworteten mir nicht. Aber sie meldeten den Vorfall auch nicht unserem Vorgesetzten, wie sie es eigentlich hätten tun müssen. Die Sache blieb unter uns.
Solche Zwischenfälle kamen Gott sei Dank nicht häufig vor. Anfangs schlief Malalai die meiste Zeit in ihrem Korb. Erst mit zunehmendem Alter wurde sie wacher – und neugieriger. Ich bastelte ihr einen Kindersitz und erklärte ihr, dass sie hinten ganz ruhig sein müsse, damit ich mich vorne konzentrieren könne. In der Regel war sie sehr folgsam: Sie versuchte nie, zu mir nach vorne zu krabbeln, obwohl es keinerlei Sicherheitsgurt gab und auch nichts sie daran gehindert hätte. So etwas wie einen kindersicheren Anschnallgurt hatte ich nicht für sie. Es war, als verstünde sie intuitiv, in welche Notlage ich geraten wäre, wenn sie sich nicht an meine Anweisungen gehalten hätte.
Am liebsten schaute sie aus dem Fenster und betrachtete die Landschaft, über die wir gerade flogen. Das liebte sie – und es war ja auch sehr abwechslungsreich. In ihren ersten Lebensjahren sah Malalai ganz Afghanistan aus der Vogelperspektive. Als sie sprechen lernte, stellte sie mir viele

Fragen darüber, wo wir waren, wohin wir flogen und wer die Menschen waren, die wir manchmal auf ihren Dächern sahen. Sie wollte wissen, ob es in ihren Häusern genauso wie bei uns zu Hause aussah, ob sie dieselben Speisen aßen und ob auch die Kinder dort unten mit ihren Mamas manchmal irgendwohin flögen. Geduldig antwortete ich ihr. Auf diese Weise entwickelten wir ein sehr inniges Verhältnis. Malalai war mein Leben, ihr schenkte ich nach dem Tod meiner Schwester all meine Liebe.

Natürlich vermisste ich Lailuma, besonders im Helikopter. In der Anfangszeit glaubte ich sogar oft, in den Wolken ihr Antlitz zu entdecken. Schnell versuchte ich dann, an etwas anderes zu denken, irgendwo anders hinzuschauen. Auch Gedanken an ihre Tochter Maryam versuchte ich zu vertreiben: Ich wollte nicht wieder traurig werden. Deshalb bekämpfte ich vehement jeden Versuch der Vergangenheit, sich in meine und Malalais Gegenwart einzuschleichen.

Schimpfen musste ich eigentlich nie mit meiner Tochter. War sie lange Zeit still, fragte ich sie von vorne: »Geht es dir gut da hinten?« Und sie antwortete: »Ja, alles klar, Madar.« Wenn sie müde wurde, durfte sie ihren Kopf an die Rückenlehne meines Sitzes lehnen.

Natürlich kam sie eines Tages auch auf die Idee, dass es viel interessanter wäre, vorne bei mir zu sitzen. Sie wollte mit mir zusammen den Hubschrauber steuern. Ich konnte diesen Wunsch gut verstehen. Aber ich erklärte ihr, dass man zuerst eine Prüfung bestehen musste, um sich auf den Platz des Copiloten setzen zu dürfen. Wenn sie erst groß sei, könne sie diesen Test vielleicht machen – und ebenfalls Pilotin werden. Dann würden wir zusammen den Helikopter lenken.

Der Gedanke gefiel ihr. Mir aber gefiel er noch viel besser: Ich malte mir aus, wie mein kleines Mädchen in der Luft-

fahrt Karriere machte. Oft hatte ich sie von den Sternen und vom Weltraum schwärmen hören. Sie könnte Astronautin werden! Die erste afghanische Frau im All!
Wir behielten unsere gemeinsamen Flüge selbst dann noch bei, als es nicht mehr unbedingt notwendig war, dass ich sie mitnahm. Dazu trug nicht zuletzt Malalai selbst mit ihrem Charme bei. Während sich unsere Zusammenarbeit mit den Amerikanern intensivierte, tauchten zunehmend auch Frauen bei uns am Flughafen auf. Mein kleiner Lockenkopf mit den Knopfaugen und den trotzig geschürzten Lippen eroberte ihre Herzen im Sturm. Die US-Soldatinnen waren ganz vernarrt in das Mädchen. Sie brachten ihr oft kleine Geschenke mit, und so hatte Malalai in meinem Büro bald eine ganze Galerie amerikanischer Plüschteddybären, Puppen und amerikanischer Barbies.
Ich weiß, es klingt albern, aber diese Geschenke berührten mich. Bislang hatte ich die Amerikaner nur als Soldaten kennengelernt. Jetzt entdeckte ich plötzlich, dass auch sie Menschen waren: Menschen, die Zärtlichkeit für meine Tochter empfanden. Das schuf ein neues Band, eine neue Basis des Vertrauens zwischen mir und den Fremden – und es gelang mir, mich ihnen auch als Mensch mehr zu öffnen.
Manchmal, wenn ich relativ lange Flüge in die Provinz unternahm, ließ ich meine Tochter in der Obhut einer fülligen Afroamerikanerin namens Sheneka, die als Sekretärin arbeitete. Dann verbrachte Malalai den Nachmittag mit Buntstiftzeichnungen, Computerspielen und Chocolatechip-Cookies. Sie amüsierte sich köstlich, wenn die GIs sie auf ihren breiten Schultern reiten ließen – und verteilte zur Belohnung kichernd Küsschen auf ihre militärisch kahlgeschorenen Glatzen. Meistens aber quengelte sie so

lange herum, bis ich ihr doch erlaubte, mich im Helikopter zu begleiten. Wir beide waren eben Komplizen.
Wenn jemand von der Flughafencrew sie fragte, wer ihre Eltern seien, erwähnte Malalai nie ihren Vater, der ja ebenfalls dort arbeitete, sondern antwortete stets: »Ich bin die Tochter von Latifa, der Pilotin.« Das machte mich ungemein stolz: Jeder auf dem Gelände kannte meinen kleinen Engel und wusste, dass er zu mir gehörte.
Im Rückblick kann ich ohne Übertreibung sagen, dass diese Zeit, in der Malalai klein war und mich ständig begleitete, eine Art goldenes Zeitalter in meinem Leben gewesen ist. Dass ich nach dem Tod meiner geliebten Schwester erneut solches Glück erfahren sollte, hätte ich mir nicht vorstellen können: Als wir sie begruben, erschien es mir unmöglich, die Welt je wieder in Farbe zu sehen. Aber Malalai hatte das Unmögliche geschafft: Sie hatte mir mein Leben zurückgegeben. Die Fähigkeit zu lieben. Heimlich wünschte ich mir, dass diese Epoche nie zu Ende gehen würde – dass wir bis in alle Ewigkeit gemeinsam über Afghanistan dahinfliegen würden.
Aber natürlich kam es nicht so. Denn wir hatten den Feind nicht besiegt: Nach dem Einmarsch der Amerikaner hatten die Taliban nur eine Weile pausiert und neue Kräfte gesammelt. Bald sollten sie sich zurückmelden und den Flughafen in Kabul zu einem der gefährlichsten Orte in ganz Afghanistan machen. Wir brauchten nicht lange zu warten, bis ein neuer Krieg gegen sie begann.

Kapitel 10:

»Dann wird abgerechnet«

Der neue Krieg schlich sich allmählich in unser Leben. Es begann wenige Jahre, nachdem wir die Taliban besiegt glaubten. Und dieser neue Krieg war ganz anders als alle, die wir zuvor erlebt hatten. Vielleicht erkannten wir ihn deshalb zuerst nicht.

Diesmal eroberte niemand die Städte oder Landstriche, niemand nahm Territorium in Besitz, zumindest anfangs nicht. Oberflächlich betrachtet, schienen die afghanische Armee und die Amerikaner das Land im Griff zu haben. Es gab ein frei gewähltes Parlament, eine demokratische Verfassung, und allerlei ausländische Hilfsprojekte halfen dabei, unsere marode Infrastruktur aufzubauen. Und dann gab es plötzlich auch Anschläge. Zuerst nur wenige, doch allmählich wurden es immer mehr. Am Ende häuften sie sich, die Attentate durch Sprengstofffallen und Sprengsätze, und verbreiteten Schrecken in der Bevölkerung.

Diejenigen, die sie verübten, waren unsere alten Feinde: Die ultrareligiösen Paschtunen aus dem Süden hassten die Amerikaner, weil sie ihnen ihre Macht geraubt hatten. Sie fühlten sich in der neuen Ordnung nicht genügend berücksichtigt – und sie entsprach auch nicht ihren konservativen Vorstellungen. Deshalb wollten sie, dass kein Ausländer und kein Afghane, der mit den Ausländern zusammenarbeitete, sich sicher fühlen konnte. Obwohl sie nicht ganz identisch mit den gleichnamigen Gotteskriegern der Vergangenheit waren, kann man sie meiner Ansicht nach durchaus auch »Taliban« nennen. Einige Wissenschaftler bezeichneten sie als »Neo-Taliban«. Die Amerikaner, deren Präsident einen »Krieg gegen den Terror« ausgerufen hatte, bevorzugten den Ausdruck »Terroristen«.

Im Militär übernahmen wir diese Vokabel. Man darf nicht vergessen, dass die Amerikaner unsere Gehälter zahlten. Wir waren so fixiert auf diese Terrorakte, dass wir ganz übersahen, wie unser Land bereits wenige Jahre nach dem Sturz der Taliban wieder in einen Bürgerkrieg abglitt. Als die Verantwortlichen auf die Idee kamen, mit dem Gegner zu verhandeln, war es bereits zu spät: Die Taliban hatten begriffen, dass sie am längeren Hebel saßen. Um den Kampf zu gewinnen, mussten sie nur abwarten, bis die internationalen Truppen müde wurden. Geduldig spielten sie auf Zeit.

Auch Homayun, Malalai und ich wurden in ihr blutiges Spiel hineingezogen, als wir eines Morgens zum Flughafen fuhren. Es war ein schöner Tag im Mai 2010, und wir waren in unserem neuen Toyota Corolla unterwegs. Da ich selbst keinen Autoführerschein besitze, fährt mein Mann mich gewöhnlich zur Arbeit. Erst kürzlich hatte ich ihm den Wagen von meinem Verdienst gekauft und geschenkt. Homayun war ganz aufgeregt mit seinem neuen Spielzeug: Ständig probierte er irgendwelche Sachen aus. Ich selbst war noch etwas müde. Malalai, die damals vier war, saß auf meinem Schoß und kuschelte sich an mich. Wir bogen in die Straße ab, die an der langen Betonmauer vorbeiführt, die die militärische Sektion des Flughafens umgibt. Am Ende befindet sich ein Kreisverkehr, von dem mehrere Straßen abzweigen. Eine von ihnen führt zum Haupttor des Flughafens. Wir fuhren geradewegs darauf zu, es war die morgendliche Rushhour, überall herrschte dichter Verkehr.

Wir hatten gerade die ersten Meter im Kreisel zurückgelegt, als es laut krachte. Ich schrie entsetzt. Unmittelbar vor mir sah ich es: Ein Militärfahrzeug der ISAF – genauso eines, wie wir es selbst oft auf dem Flughafen benutzten – ging in Flammen auf. Unwillkürlich hielt ich meine Hände schützend über Malalais Kopf, um sie vor dem Feuerball abzuschirmen, der innerhalb von Sekundenbruchteilen vor uns die Straße erfasste. Fassungslos sah ich zu, wie die Flammen hochzüngelten. Unser Wagen wurde von den Ausläufern der Hitzewelle eingehüllt. Es roch nach Verbranntem. Ich bekam keine Luft mehr. Malalai weinte. »Fahr! Los, fahr endlich!«, schrie ich Homayun an.

Er reagierte ziemlich souverän. Während ich hysterisch herumschrie und das Kind laut heulte, lenkte er den Wagen durch das Verkehrschaos. Denn natürlich standen die Autos jetzt alle. Eilig bahnte er sich seinen Weg zwischen ihnen hindurch, quer über den Kreisel, und bog dann mit Vollgas in die Straße Richtung Flughafentor. Instinktiv wusste er, dass er Malalai und mich so schnell wie möglich von diesem Ort wegbringen musste, damit wir uns wieder beruhigten.

Als wir den Eingang zum Flughafen erreicht hatten, zitterte ich noch am ganzen Körper. »Was ist da hinten passiert?«, fragten die Wachen, die unsere Dienstausweise kontrollierten. Neuerdings untersuchten sie auch mit einem Sprengstoffdetektor die Unterseite des Wagens. Eine Routineprozedur.

»Ein ISAF-Fahrzeug ist in die Luft geflogen«, antwortete Homayun. Leider war auch das nichts Ungewöhnliches.

»Es ist schon komisch, dass die Amerikaner dieses Problem nicht unter Kontrolle bekommen«, meinte einer der Soldaten und sprach damit die gängige Meinung in Kabul aus: Die Menschen verstanden nicht, warum eine militärisch hochgerüstete Supermacht sich immer wieder solche Terroranschläge bieten ließ. In der Vorstellung vieler Afghanen wäre es für die Amerikaner ein Leichtes gewesen, die Taliban zu besiegen. Offenbar aber wollten sie das gar nicht. Verschwörungstheorien zirkulierten. Der Soldat öffnete uns die Schranke.

Ich war nach diesem Ereignis alarmiert. Aber am meisten verstörte es natürlich Malalai. Wie sollte ich der Vierjährigen nur erklären, was sie gesehen hatte? Zuerst versuchte ich das Ganze als Verkehrsunfall darzustellen: Ich behauptete, der Fahrer des Fahrzeugs habe nicht aufgepasst und sei deswegen mit einem anderen Wagen zusammengestoßen. Aber damit kam ich nicht durch. Malalai hatte ganz genau beobachtet, dass nur ein einziges Auto in Flammen aufgegangen war. Sie löcherte mich so lange, bis ich mit einer kindgerechten Version der Wahrheit herausrückte. Ich faselte von bösen Menschen, die anderen Sprengstoff unter ihre Autos heften. Sie sah mich entsetzt an. »Aber warum tun sie das?«, fragte sie. »Haben sie keine Angst, dass die Leute, die im Auto sitzen, sich weh tun?«

»Das wollen sie ja gerade!«, antwortete ich ihr hilflos, »weil sie eben böse sind.« Es brach mir das Herz, meiner Tochter diese schrecklichen Dinge auseinanderlegen zu müssen.

Ich sah, wie es in ihrem kleinen Kopf arbeitete. »Meinst du, es könnte passieren, dass diese bösen Leute auch mal Sprengstoff unter unserem Auto verstecken?«, fragte sie mich.

Natürlich verneinte ich vehement. Ich versicherte Malalai, dass die Parkplätze am Flughafen gut bewacht würden. Auch zu Hause könne niemand in den Innenhof gelangen. Trotzdem hatte sie danach monatelang Angst, ins Auto zu steigen. Stets mussten Homayun und ich vorher kontrollieren, dass sich nichts unter unserem Wagen befand.

Auch ich bekam Angst. Ich ging mit Malalai nicht mehr zu Plätzen, an denen sich viele Menschen aufhielten. Besonders Orte, die von ausländischen Soldaten frequentiert wurden, waren tabu. Dazu gehörte eigentlich auch der Flughafen, aber den konnten wir nun einmal nicht meiden. Wenn wir morgens durch den Kreisverkehr mussten, bemerkte ich oft, wie Malalai beunruhigt aus dem Fenster schaute. Sie musterte die Fahrzeuge – und versuchte wohl herauszufinden, ob sie an einem von ihnen etwas Auffälliges bemerkte. Das Kind hatte seine Unbekümmertheit verloren. Es gab keine Sicherheit mehr: Man wusste nie, wann und wo der nächste Anschlag stattfand.

Dieses Gefühl verschärfte sich, als ich ungefähr ein Jahr später den ersten Anruf bekam. Ich war gerade in meinem Büro am Flughafen. Malalai, die damals fünf war, saß neben mir am Schreibtisch. Glücklicherweise aber malte sie sehr konzentriert mit ihren neuen Buntstiften. Der Anrufer, der meine private Handynummer gewählt hatte, sprach Dari. »Du bist Latifa, die Pilotin«, sagte er.

»Ja. Mit wem spreche ich, bitte?«

»Ich habe folgende Nachricht für dich, Latifa: Entweder du hörst auf mit dem Fliegen, oder wir werden dich töten.« Er legte auf.

Wie hypnotisiert starrte ich auf mein kleines Telefon. Was war das gewesen? Ich suchte in der Liste der eingegangenen Anrufe. Aber da war keine Nummer zu sehen: Unbekannt. Verdammt. Wer war dieser Kerl, und woher hatte er meine Nummer?

»Was ist denn, Madar? Wer war das?«, fragte Malalai mich plötzlich. Hatte sie etwa mitgehört?

»Am Telefon meinst du? Niemand. Ein Freund …«

Sie sah mich schief an. »Und was wollte er?«

»Sind wir heute neugierig, kleine Dame?« Ich kitzelte sie. Sie quietschte vor Vergnügen. »Komm, mach dich fertig. Wir fliegen gleich nach Bagram«, sagte ich ihr.

»Oh, prima!«

»Pack deine Stifte ein und zieh dich an.«

Malalai vergaß den Anruf schnell. Ich nicht. Den ganzen Flug über grübelte ich: Was wusste dieser Mann sonst noch über mich? Wie ernst musste ich die Drohung nehmen? Sollte ich meinem Vorgesetzten oder Homayun davon erzählen? Aber was konnten sie schon ausrichten?

Knapp eine Woche später klingelte mein Telefon zum zweiten Mal. Es war kurz nach dem Abendessen. Wir hatten gerade Hühnerschenkel verspeist, und ich war dabei, das Geschirr vom Wohnzimmerboden zu räumen und das Esstuch zusammenzufalten. Alles klebte noch ein bisschen. Mit spitzen Fingern drückte ich die grüne Taste. »Hallo?«, meldete ich mich.

»Heute bist du wieder geflogen, Latifa«, stellte der Mann am anderen Ende fest. Ich erkannte seine Stimme sofort – und erschrak: Woher wusste dieser Typ das? »Hatte ich dir nicht gesagt, dass du das lassen sollst?« Er machte eine Pause, als wartete er auf eine Reaktion von mir. Aber ich blieb stumm. »Ich sage es dir jetzt noch einmal«, sagte er: »Entweder du hörst mit der Fliegerei auf, oder wir töten dich. Hast du mich verstanden?«

Als er aufgelegt hatte, musste ich mich erst einmal hinsetzen. Ich hatte einen schalen Geschmack im Mund, mir war übel. Homayun bemerkte es gar nicht. Er war ganz vertieft in einen Song-Wettbewerb, der gerade im Fernsehen lief. Eine Art »Afghanistan sucht den Superstar«. »Das ist doch unglaublich!«, rief er und klopft sich empört auf die Schenkel. »Hast du das gehört? Dieser Idiot kann überhaupt nicht singen!«

In der Nacht lag ich wach und grübelte. Homayun schlief zu meiner rechten, Malalai zu meiner linken Seite. Beide atmeten ruhig und friedlich. Sie ahnten nicht, dass da draußen irgendein Mann herumlief, der mir nach dem Leben trachtete. Der Anrufer beobachtete mich offenbar ganz genau. Er musste über ein gutes Netzwerk am Flughafen verfügen. Was würde er tun, wenn ich seine Anweisungen wieder nicht befolgte? Aus irgendeinem Grund scheute ich mich, Homayun oder einer anderen Person von der Sache zu erzählen: Es war, als ob die Bedrohung dadurch noch realer würde.

Am nächsten Tag wachte ich mit starken Kopfschmerzen auf. Ich überlegte, ob ich mich krankmelden sollte. Aber die Vorstellung, mit Malalai alleine zu Hause zu bleiben, erschien mir ebenfalls ungut. Also fuhr ich zur Arbeit. Doch als mein Vorgesetzter von mir verlangte, einen Flug zu übernehmen, erfand ich Ausflüchte: Ich behauptete, es gehe mir nicht so gut. In den darauffolgenden Tagen verfuhr ich genauso. Aber irgendwann musste ich wieder ins Cockpit. Ich hatte jedes Mal ein mulmiges Gefühl, wenn ich in den Helikopter stieg.

Beim dritten Anruf erwischte mich der Mann wieder im Büro. Ich inspizierte gerade die Flugpläne der kommenden Wochen, als es klingelte. Da ich nachts schlecht schlafen konnte, war ich müde und übellaunig. Erneut begann er, seinen Sermon aufzusagen. Er wiederholte, dass er mich töten werde. Da platzte mir der Kragen. »Was willst du

eigentlich von mir?«, blaffte ich ihn an. »Warum bedrohst du mich?«
Er legte auf. Ich warf einen prüfenden Blick auf mein Handy – und entdeckte eine Nummer auf dem Display: seine Nummer. Ich hatte keine Ahnung, warum sie plötzlich sichtbar war. Kurz entschlossen drückte ich auf die Rückruftaste. Ich hörte, wie mein Handy eine Nummer kombinierte. Tatsächlich meldete sich die wohlbekannte Stimme.
»Hallo?«
»Hallo, ich bin Latifa«, sagte ich beherzt. »Glaubst du etwa, ich habe Angst vor dir? Warum sollte ich jemanden fürchten, der zu feige ist, mir ins Gesicht zu sehen? Zeig dich doch, wenn du ein Mann bist!«
Ich provozierte ihn, wie ich nur konnte. Woher ich die Worte nahm, weiß ich selbst nicht genau: Die dreiste Rede floss einfach so aus mir heraus. Und sie zeigte unmittelbar Wirkung.
»Okay«, knurrte der Mann wütend. »Warte nur ab: Ich werde mich dir zeigen. Und dann wirst du dir wünschen, du hättest mich nicht herausgefordert …«
»Na los, komm doch! Ich habe keine Angst vor dir«, wiederholte ich trotzig.
»Ja, ich komme bald.« Er legte auf.
Ich war furchtbar aufgedreht. Wie besessen wählte ich abermals seine Nummer. Aber er nahm nicht mehr ab. Dann schaltete er den Apparat offenbar aus; die Nummer funktionierte nicht mehr.
Wütend suchte ich den Sicherheitsoffizier unserer Abteilung auf. Ich berichtete ihm, was geschehen war. Meine Geschichte war kein Einzelfall. Routiniert notierte er sich die Nummer des Anrufers und überprüfte sie. Sie stammte von einer Prepaid-Karte. Damals wurden deren Käufer

noch nicht namentlich registriert, daher konnte er nichts weiter tun. In den nächsten Tagen versuchte der Sicherheitsmann noch ein paar Mal, unter der Nummer jemanden zu erreichen, doch das Telefon blieb abgeschaltet. »Mach dir keine Sorgen Latifa«, tröstete er mich. »Niemand wird dich töten. Wir passen auf.«
Auch Homayun versprach mir, dass er mich beschützen werde, als er von der Sache erfuhr: Er besaß eine Dienstpistole; neuerdings durfte er sie auch mit zu uns nach Hause nehmen. »Schau, du brauchst keine Angst zu haben«, sagte er, »damit mach ich sie notfalls kalt.«
Dieser Rückhalt beruhigte mich ein bisschen. Auf Anraten des Sicherheitsoffiziers stellte ich schließlich auch den Antrag, eine Waffe tragen zu dürfen. Außerdem wechselte ich meine Handynummer. Danach erhielt ich keine Anrufe mehr. Nach einer gewissen Zeit redete ich mir ein, dass sich vielleicht nur einer meiner Kollegen einen üblen Scherz mit mir erlaubt hätte. Außerdem war ich froh, als Malalai ein paar Monate später endlich eingeschult wurde. Ohne ihre Begleitung fühlte ich mich auf dem Flughafen wieder freier und weniger verletzlich.
Aber der Feind war da. Manchmal sahen wir ihn jetzt sogar beim Fliegen von oben. Einmal war ich früh morgens in der Nähe der Stadt Maimana in der Provinz Faryab unterwegs, als ich zwei Taliban auf einer Anhöhe entdeckte. Ich kreiste ein paar Mal um den Berg, damit ich sie besser sehen konnte: Sie trugen lange Gewänder, Bärte und Turbane und sahen exakt so aus, wie ich sie aus früheren Zeiten in Erinnerung hatte. Allerdings wirkten sie recht verschlafen; offenbar hatten sie die Nacht dort oben auf der Höhe verbracht. Als sie uns sahen, bekamen sie große Angst. Sie versuchten, vor uns wegzulaufen. Aber natürlich hatten sie keine Chance. Mein Copilot war da-

für, sie abzuschießen. Doch ich hatte Hemmungen: »Warum sollen wir sie töten?«, fragte ich ihn. »Sie greifen uns ja nicht an.« Die beiden besaßen keine Waffen, mit denen sie uns hätten gefährlich werden können. Außerdem waren sie Afghanen, keine Pakistanis oder Araber, wie sie sich oft in die Reihen der Dschihadisten einschlichen. Es waren unsere Landsleute, die ich zu verteidigen geschworen hatte. Ich brachte es schlicht nicht übers Herz, auf sie zu feuern. Ohne eine weitere Erklärung drehte ich in Richtung Mazar-e-Scharif ab.

Solche Begegnungen kamen mit der Zeit immer häufiger vor: Seit dem Jahr 2010 ungefähr waren die Taliban überall in Afghanistan. Aus der Luft konnte ich ihre Ausbreitung mitverfolgen: Von dort oben betrachtet, schien es zuletzt, als ob unsere Armee nur Kabul und ein paar größere Städte unter Kontrolle hätte. Die Paschtunen-Metropole Kandahar gehörte aber nicht dazu: Dort hatten unser Militär und die Amerikaner lediglich rund um den Flughafen das Sagen. Der Rest der Stadt befand sich im Würgegriff unserer Gegner. Sie hatten im ganzen Land parallele Verwaltungsstrukturen aufgebaut, eine Art Schattenreich: Neben dem offiziellen Bürgermeister einer Stadt gab es einen von ihnen benannten Verantwortlichen. Und neben dem offiziellen Gouverneur einer Provinz befehligte ein Taliban-Kommandant. So befanden sich die Bewohner der betroffenen Gegenden permanent in einer Zwickmühle. Sie wussten nicht, wem sie sich anvertrauen sollten. Meist entschieden sie sich vor lauter Angst für denjenigen, der ein Nichtbeachten seiner Gesetze grausamer sanktionierte: also für die Taliban. Die Mohnfelder im Süden blühten wieder – und die Heroinproduktion nahm zu.

In Kabul bekamen wir, wie bereits zu früheren Zeiten, zunehmend das Gefühl, auf einer Insel zu leben. Doch auch wenn die ausländischen Militärs und die Medien sich bemühten, ein anderes Bild von der Lage zu zeichnen: Wir trauten der Sicherheit in der Stadt nicht. Wir wussten, dass sie eine Illusion war.

An einem sonnigen Herbsttag zerplatzte diese Illusion für mich erneut. Wie immer am Freitag, unserem freien Tag, ging ich vormittags meinen Pflichten im Haushalt nach. Ich brachte den Müll raus und begann, mit einem Besen die Blätter zusammenzufegen, die der Wind in den Hof geweht hatte. Als ich bereits ein gutes Stück des Innenhofes freigelegt hatte, entdeckte ich nahe der Mauer ein zusammengefaltetes Blatt Papier. Unschuldig lag es dort in der Einfahrt.

Neugierig hob ich es auf. Als ich es auseinandergefaltet hatte, sah ich, dass es fein säuberlich beschriftet war. Es war ein Brief an mich, ein Brief von meinen Feinden: »Wir sind Mitglieder der Taliban«, stellten sich die Verfasser des Schreibens förmlich auf Paschtu vor. »Wir kennen dich, Latifa Nabizada.« Es folgte eine Reihe religiöser Ermahnungen und Belehrungen. Schließlich kamen die Absender zum Kern ihrer Botschaft: »Wenn du es wagen solltest, dich auch nur ein einziges Mal wieder in den Helikopter zu setzen, wirst du sterben.«

Ich ließ meinen Besen und das Kehrblech fallen und rannte zurück ins Haus. »Homayun!«, rief ich. Mein Herz pochte. Ich platzte ins Wohnzimmer, wo mein Mann gerade mal wieder Fernsehen schaute, während ihm Malalai lautstark ihre Hausaufgaben für die Schule vortrug. »Homayun, schau doch mal, was ich im Hof gefunden habe!« Er warf einen teilnahmslosen Blick in meine Richtung. Aber Malalai kam gleich auf mich zugerannt und wollte mir das Blatt aus den Händen reißen. »Was hast du da, Madar?«, fragte sie. »Darf ich auch mal sehen?«

»Nein, das ist nichts für Kinder«, antwortete ich und reichte Homayun den Brief. Während er ihn las, versuchte Malalai, über seine Schulter hinweg den Inhalt zu entziffern. Aber sie verstand noch kein Paschtu. Homayuns Augen hingegen weiteten sich, je weiter er mit der Lektüre kam.

»Das ist schlecht«, befand er, nachdem er geendet hatte. Obwohl draußen die Sonne schien und das Wetter für die Jahreszeit lau war, schlossen wir unverzüglich alle Fenster und zogen die Gardinen zu. Ausnahmsweise waren Homayun und ich uns einig, dass die Situation äußerst gefährlich war. Am späteren Abend, als Malalai schlief, beratschlagten wir, was wir tun sollten. »Wir können hier nicht bleiben«, flüsterte ich, um sie nicht aufzuwecken.

»Du könntest mit Malalai zu deinen Eltern gehen, bis sich die Lage entspannt hat«, schlug er vor.

»Da wird sich nichts entspannen. Nicht, solange ich fliege«, prophezeite ich ihm. »Wir sollten uns nach einer anderen Bleibe umsehen.« Homayun wusste, dass ich ein wenig gespart hatte und mit der Idee liebäugelte, eine Wohnung oder ein kleines Haus für uns zu kaufen. Jetzt war in meinen Augen der richtige Zeitpunkt dafür.

»Ich werde mich nach Angeboten erkundigen«, versprach er.

»Wir können auch einen kleinen Kredit aufnehmen … Hauptsache, es geht schnell«, drängte ich. Ich wusste, dass die Taliban uns jetzt keine Ruhe mehr lassen würden, bis sie ihren Willen durchgesetzt hätten – oder etwas Schreckliches passiert wäre. Vor allem sorgte ich mich um Malalai. Ich glaube, dass Homayun das genauso empfand. Auch wenn ich nach dem Tod Lailumas und der harten Zeit danach meine Schwierigkeiten mit ihm hatte, muss ich gestehen, dass er Malalai stets ein liebevoller Vater ist. Den Gedanken an die kleine Maryam – und das schlechte Gewissen, das ich gegenüber meiner Schwester verspürte, weil ich mich nicht um sie kümmerte – versuchte ich zu verdrängen. Es hätte die Beziehung zu meinem Mann zu sehr vergiftet und mein Leben mit ihm zur Qual gemacht.

Bereits eine Woche später flog der zweite Brief über die Mauer. Inhaltlich ähnelte er stark dem ersten Schreiben. Erneut kündigten die Taliban an, dass sie mich töten würden, wenn ich nicht mit dem Fliegen aufhörte. Aus religiösen Gründen sei es nicht hinzunehmen, dass eine Frau diesen Beruf ausübe. Eine weitere Warnung würde es nicht geben.

Ich war mit den Nerven am Ende. »Homayun«, bedrängte ich meinen Mann, »wir müssen hier weg. Bitte mach irgendetwas!«

Am Flugplatz bat ich um einen Termin bei unserem Kommandanten Oberst Hadschi Bakhtollah. Ich brachte ihm auch die Briefe und bat ihn, meiner Familie zu helfen. Vielleicht konnten wir vorübergehend in der Kaserne unterkommen?

Der Oberst lachte mich fast aus. »Aber Latifa«, sagte er amüsiert, »was glaubst du, wie viele Leute dieser Tage Drohungen erhalten? Meinst du, die können wir alle hier einmauern, damit ihnen nichts passiert?« Als er merkte, dass mich seine Ausführungen nicht gerade beruhigten, sagte er: »Lass dich von denen nicht ins Bockshorn jagen: Die Typen bluffen doch nur.« Ich konnte ihm nicht länger zuhören.

Schwer enttäuscht ging ich zu meiner Freundin Nylifer und schüttete ihr mein Herz aus. Die junge Frau arbeitete seit Kurzem ebenfalls als Pilotin am Flughafen. Sie war die Einzige außer mir: Die wenigen Pilotinnen der Armee hatten sich noch vor Antritt ihres regulären Dienstes bei der

afghanischen Luftwaffe nach Amerika abgesetzt: Von Studienaufenthalten in den USA kehrten sie – wie so viele Afghanen, sobald sie die Gelegenheit haben – nie wieder in ihre Heimat zurück.
Nylifer machte große Augen, als ich ihr von meinem Problem berichtete. »Du auch?«, fragte sie – und gestand mir dann, dass sie ebenfalls Briefe erhalte. Wir tauschten uns über Form und Inhalt der Schreiben aus und kamen zu dem Schluss, dass sie von derselben Person oder Gruppe stammen müssten. »Du solltest zu mir nach Hause kommen, Nylifer«, witzelte ich. »Dann trinken wir gemeinsam Tee, und die Taliban können uns alle beide umbringen: Das ist weniger Arbeit!« Ich lachte, und Nylifer fiel ein. Doch eigentlich war uns beiden zum Heulen zumute. Was sollten wir nur tun? Unsere berufliche Existenz – und damit unser Leben – stand auf dem Spiel.
»Ich werde die Wohnung wechseln«, sagte sie und erzählte mir, dass ihr Mann ein Haus in einer Siedlung gekauft hatte, die gerade am Rande des Flughafens gebaut wurde. Dort würden ausschließlich Militärs leben – Menschen also, die dasselbe Problem wie wir hatten. Der Gedanke faszinierte mich: Unter unseresgleichen würden wir uns sicherer fühlen. Ich beschloss, noch am selben Abend Homayun davon zu berichten. Und nur knapp zwei Wochen später zog unsere Familie um.

Unser neues Heim ist eine Trutzburg. Das Haus liegt mitten in der Militärsiedlung, die rund um die Uhr bewacht wird. Wer dort hineinwill, muss zuerst die Sicherheitskräfte und eine Schranke passieren. Eine dicke Betonmauer trennt unser Haus von der Straße. Das Tor mit den hohen Eisenplatten halte ich stets gut geschlossen. Ich empfange nie Besuch. Obwohl ich sehr gerne Sonne mag, habe ich

mir angewöhnt, die Gardinen vor den Fenstern zugezogen zu lassen. Niemand soll Einblick in unser geschütztes kleines Reich haben.
In unserer Küche steht ein Funkgerät, mit dem mein Mann Kontakt zum Flughafen hält. Auf diese Weise erfahren wir sofort, wenn dort etwas los ist, und können Vorkehrungen treffen. Bin ich ein Angsthase geworden? Ja. Aber wer wäre das nicht an meiner Stelle? Die Gefahr ist keine Einbildung, sondern bittere Realität.
Auch Malalai fürchtet sich. Daran sind unter anderem die Regeln schuld, die ich ihr auferlegt habe. So habe ich ihr eingeschärft, niemals das Metalltor zu öffnen, wenn Homayun und ich nicht zu Hause sind. Außerdem habe ich ihr einen privaten Fahrdienst zur Schule organisiert. Falls dort merkwürdige Gestalten auftauchen, soll sie mich umgehend über das Handy kontaktieren, das ich ihr geschenkt habe. Sie hat zwar noch nie einen Talib aus der Nähe gesehen, aber ich glaube, sie stellt sich eine Art Monster darunter vor. Das Ganze beschäftigt sie sehr, vor allem war das so, als sie noch kleiner war.
Vor dem Schlafengehen fragte sie mich einmal: »Werden die Taliban kommen und uns töten, Madar?«
Die Frage versetzte mir einen Stich. »Wie kommst du denn auf die Idee?! Keiner wird kommen und uns töten«, antwortete ich ihr. Ich küsste sie auf die Stirn. »Schlaf jetzt!«, befahl ich. Brav schloss sie die Augen. In der Nacht sah ich sie mehrmals zappeln und mit den Händen schlagen. Ich mochte mir nicht vorstellen, was sie da träumte. Ich entwickelte allmählich ein schlechtes Gewissen. Wäre ich eine normale Person, müsste meine Tochter keine Todesängste ausstehen, dachte ich. Warum tat ich ihr das nur an?
Meine beschwichtigenden Worte wurden nur zu schnell Lügen gestraft. Morgens früh um vier Uhr meldete in un-

serer Küche die Funkanlage Alarm. Homayun sollte sofort zum Flughafen kommen. »Was ist los?«, fragte ich ihn, während ich mir verschlafen die Augen rieb. Da hörte ich draußen das Ballern von Maschinengewehren. Mich überlief es heiß und kalt.

»Eine Schießerei am Flughafen«, sagte er, während er seine Uniform zuknöpfte. »Mach dir keine Sorgen. Ich bin bald wieder da.«

Es war mir gar nicht recht, dass Homayun uns jetzt verließ. Aber ich verstand, dass er seinen Job machen musste: Eine Gruppe von Männern hatte sich in einem mehrstöckigen Gebäude unserer Siedlung verschanzt. Vom vierten Stock des Rohbaus aus beschossen sie den Militärflughafen mit Mörsern und Raketen. Vor allem den Teil, den die ISAF benutzte. Sich selbst schützten die Männer mit Maschinengewehren. Homayun sollte mithelfen, sie auszuschalten. Er fuhr mit unserem Privatauto los.

Ich ging zurück zu Malalai und legte mich wieder zu ihr. Sie war inzwischen ebenfalls wach geworden. »Was ist das, Madar?«, fragte meine Tochter angstvoll, als sie das Getöse der Schüsse und die Detonationen vernahm. »Sind das die Taliban?«

»Ach was!«, behauptete ich fröhlich. »Das sind nur ein paar Störenfriede … Komm, schlaf noch ein bisschen.«

»Wo ist *Baba?*«

»Er ist am Flughafen. Wenn du aufwachst, wird er wieder zurück sein.« Ich hoffte inständig, dass das stimmte.

Malalai konnte natürlich nicht mehr schlafen. Der Lärm der Kampfgeräusche hielt uns beide wach. Sie wollte von mir im Arm gehalten werden. Während sie sich an mich drückte, konnte ich ihr kleines Herz schlagen hören. Eine halbe Ewigkeit schien zu vergehen, die wir so in der Dunkelheit ausharrten.

Dann vernahm ich, wie das Tor von draußen geöffnete wurde. Homayun fuhr mit dem Wagen in die Einfahrt. Er stellte den Motor nicht ab. Ich eilte ihm entgegen, um zu erfahren, was für Neuigkeiten er hatte. »Ich bin gekommen, um euch abzuholen«, sagte er – und sah dabei sehr gehetzt aus. »Wir müssen weg hier … Hol die Kleine!«
Ein Blick in sein Gesicht genügte, und ich begriff, wie aufgewühlt er war. Homayun hatte sich davongeschlichen, um uns in Sicherheit zu bringen. Dafür war ich ihm sehr dankbar. Während ich Malalai ihre Schuhe und Jacke über den Pyjama zog, ging er in die Küche, um über Funk die neuesten Informationen einzuholen, welche Straßen im Viertel noch befahrbar wären.
»Wohin gehen wir?«, fragte mich meine Tochter.
»Wir fahren zu Oma und Opa. Hast du keine Lust, Maryam zu besuchen?«
»Doch«, antwortete sie mit einer Mischung aus Unglauben und Skepsis. Die Aussicht, ihre Cousine Maryam zu sehen, zog bei ihr eigentlich immer. Aber zu dieser Uhrzeit? Draußen war es noch dunkel. »Darf ich Beeniboos mitnehmen?« Malalai deutete auf ihren Teddy. Im selben Moment vernahmen wir einen fürchterlich lauten Knall: Eine Rakete war im Nachbarhaus eingeschlagen. Ich stieß einen erschreckten Schrei aus. Malalai begann zu weinen.
Homayun kam sofort aus der Küche zu uns geeilt. »Los, in den Flur«, befahl er und packte Malalai. Ich folgte den beiden. Unser Haus ist so geschnitten, dass alle drei Zimmer vom Flur abgehen, der im Innern liegt und keine Fenster nach außen hat. Dort waren wir vor Einschlägen geschützter.
Unterdessen meldete sich Homayuns Kollege vom Flughafen per Funk. »Die ganze Siedlung steht unter Beschuss«, sagte er. »Am besten, du bleibst, wo du bist.«

»Ich muss aber meine Frau und mein Kind hier rausbringen!«

»Dazu ist es zu spät. Ich kann euch nur raten: Geht auf keinen Fall aus dem Haus.«

Kaum hatte der Kollege am anderen Ende seine Warnung ausgesprochen, schlugen weitere Raketen in der Nähe von uns ein: Die Armee feuerte jetzt auf die Siedlung, um die Angreifer herauszutreiben. Überall roch es nach den frischen Explosionen. Mein Bruder Asef rief mich auf dem Handy an. Er hatte in den Morgennachrichten von den Kämpfen im Viertel erfahren und wollte uns mit dem Auto abholen. Aber alle Zufahrtsstraßen waren gesperrt. Wir saßen in der Falle.

Homayun wollte es noch nicht wahrhaben. Er wies Malalai und mich an, im Flur zu bleiben, und ging hinaus in den Hof. Doch da pfiffen ihm die Kugeln förmlich um den Kopf: Die Taliban hatten ihren Posten in dem Rohbau verlassen und versuchten, sich in der Siedlung zu verstecken. Jetzt waren sie in unserer Straße. Homayun schaltete sofort den Motor ab und versperrte das Tor. Hastig eilte er zurück ins Haus und verrammelte auch dort die Tür. Mein Mann befürchtete, dass einer der Bewaffneten über die Mauer klettern und uns als Geiseln nehmen könnte. Malalai und ich hockten nach wie vor am hinteren Ende des Flurs zwischen der Küche und der Vorratskammer. Homayun postierte sich hinter dem Eingang und zielte mit der Waffe auf die Tür.

Stundenlang verharrten wir in dieser Alarmstellung, während draußen die Kampfgeräusche tobten: Armee und Taliban beschossen sich gegenseitig mit Mörsern und Maschinengewehren. Und während Homayun darauf lauerte, eindringende Taliban zu erschießen, saß mein kleines Mädchen, auf meinem Schoß und weinte.

Um acht Uhr morgens hatte sich die Situation immerhin so weit beruhigt, dass wir es wagen konnten, uns ins Auto zu setzen und loszufahren. Ich versteckte Malalai unter meinem Mantel. Wir entkamen über eine Seitenstraße. Im Haus meiner Eltern erfuhren wir später aus den Nachrichten, dass alle Angreifer getötet worden waren. Das Staatsfernsehen zeigte ihre böse zugerichteten Leichen. Die sieben Männer hatten sich amerikanische Uniformen angezogen und waren so an den Wachen vorbei in unsere Siedlung eingedrungen. Zwei von ihnen waren nach Angaben des Sprechers sogar selbst Militärs. Das schockierte mich besonders: Vielleicht kannte ich sie. Vielleicht waren es Kameraden.
Bereits vor einigen Wochen hatte ein Attentäter auf dem Flughafen zuerst neun amerikanische Soldaten und dann sich selbst erschossen. Als man seine Leiche fand, stellte sich heraus, dass er ein Piloten-Kollege von mir gewesen war. Ein ausgesprochen netter Mann. Seine Schwester arbeitete als Ärztin mit meiner Schwester zusammen. Nie hätten wir gedacht, dass er ein Talib sein könnte.
Das Problem ist, dass man den Leuten nicht ansieht, was sie denken: Von einigen meiner Kollegen weiß ich, dass sie ehemalige Mudschaheddin sind oder früher für die Taliban gearbeitet haben. Bei ihnen erstaunt mich ihre Sympathie für die Extremisten nicht. Andere wirken nach außen aufgeklärt und modern. Aber auch auf sie kann man sich nicht verlassen, weil viele von ihnen mit einer Maske vor ihrem wahren Gesicht herumlaufen.
Das ist ein schreckliches Gefühl: Nirgendwo kann man sich mehr sicher fühlen. Niemandem kann man vertrauen.

Nach dem Angriff auf die Siedlung waren wir alle drei traumatisiert. Homayun machte sich Vorwürfe, dass er uns nicht früh genug aus dem Schussfeld gebracht hatte.

Nicht einmal für kurze Zeit will er uns seitdem mehr alleine lassen. Wenn Malalai und ich aus dem Haus müssen, fährt er uns stets mit dem Auto. Auch eine Waffe hat Homayun mir besorgt: Die Brita-Pistole kann ich gut in meiner Handtasche verstauen. Ich trage sie stets bei mir.
Auch Malalai verlangte, dass wir ihr eine Pistole schenkten. Mit der will sie ganz viele Taliban töten. Eines Tages, als wir bei meiner Mutter zu Besuch waren, beobachtete ich, wie sie zusammen mit Maryam mit einer imaginären Pistole einem imaginären Feind auflauerte – so wie es Homayun in unserem Flur getan hatte. Aber in ihrer Version folgte danach ein Gemetzel mit den Angreifern, aus dem sie selbst als strahlende Siegerin hervorging. Immerhin sah sie sich nicht als Opfer, tröstete ich mich.
Ich selbst war nach dem Überfall völlig gelähmt vor Anspannung und Sorge um mein Kind. Wenn ich Malalai nicht bei mir hatte, gingen mir die Nerven durch: Am liebsten hätte ich sie wieder überallhin mitgenommen. Wenn sie in der Schule war, raste mein Herz. Aber auch, wenn ich sie im Haus meiner Eltern ließ, kämpfte ich gegen eine kaum erträgliche Unruhe an, bis ich sie wieder bei mir hatte.
Einmal kam ich nach der Arbeit dorthin, um sie abzuholen. Aber ich konnte Malalai nirgends finden: Sie war mit Maryam zum Spielen auf die Straße gelaufen. Die beiden verstehen sich gut und hecken dauernd Streiche aus, wie Lailuma und ich früher. Mit ihrer hellen Haut, den hellbraunen Augen und den sanften, runden Gesichtszügen ist Maryam meiner Schwester wie aus dem Gesicht geschnitten. Manchmal vermeide ich es, sie anzusehen, weil ich sonst sofort an Lailuma denken muss.
Als ich die beiden wieder eingefangen hatte, schimpfte ich mit ihnen: Ich will nicht, dass sie allein auf die Straße ge-

hen, vor allem Malalai nicht. Lailumas Tod hat mir bereits einmal das Herz gebrochen. Ich wäre nicht in der Lage, einen weiteren Verlust dieser Art zu ertragen. »Tut mir das nicht an!«, schalt ich meine Schwägerinnen, die während meiner Abwesenheit nicht richtig auf Malalai aufgepasst hatten. »Ihr wisst genau, dass ich nur dieses einzige Kind habe.« Homayun und ich hatten vergeblich versucht, weitere Kinder zu bekommen. Aber es klappte nicht mehr. Deshalb ist Malalai so kostbar für mich und für uns: Wenn ihr etwas zustieße, könnte ich nicht weiterleben.

Als wir beide kurz nach dem Überfall eines Abends allein zu Hause waren, bekam ich eine regelrechte Panikattacke. Normalerweise übernachten Malalai und ich bei meinen Eltern, wenn Homayun am Flughafen bleiben muss. Aber diesmal waren wir aus irgendwelchen Gründen daheim geblieben. Malalai war bereits im Bett. Da glaubte ich plötzlich, draußen Geräusche zu gehören. Ich bildete mir ein, die Taliban hätten unser Haus umstellt. Starr vor Angst saß ich da – und versuchte mich zusammenzunehmen, um Malalai nichts von meiner Panik merken zu lassen. Aber sie spürte es trotzdem. »Hab keine Angst, Madar, da ist niemand«, sagte sie und streichelte mein Gesicht. »Und wenn sie kommen, helfe ich dir.«

Es war zu viel. Schließlich beschloss ich, das makabere Spiel nicht länger mitzuspielen: Ich hatte genug davon, ständig mein Leben zu riskieren. Ich musste die Fliegerei an den Nagel hängen, bevor irgendein Unglück passierte. Malalai sollte nicht als Waise aufwachsen. Schon lange war nicht mehr mein Job, sondern sie die Nummer eins für mich.

Allerdings wollte ich nicht einfach zu meinem Kommandanten gehen und ihm sagen, dass ich den Dienst quittieren wollte, weil ich mich vor den Taliban fürchtete. Wie bereits die Male zuvor hätte Oberst Hadschi Bakhtollah mich wieder beschwichtigt – und mich am nächsten Tag zurück ins Cockpit geschickt. Also schützte ich zunächst eine Grippe vor. Ich sagte ihm, dass ich mich unwohl fühlte. Nach einer Weile bat ich ihn darum, erneut den Gesundheitscheck machen zu dürfen, dem sich Piloten in regelmäßigen Abständen unterziehen müssen. Ich kenne diesen Test sehr genau. Bevor der Arzt meinen Blutdruck maß, aß ich drei Teller heiße Suppe, in die ich viel Salz streute. Das trieb meine Werte nach oben. Der Arzt diagnostizierte bei mir Bluthochdruck. Mein Herz machte einen Freudensprung: Genau das hatte ich erreichen wollen. Triumphierend brachte ich das Attest meinem Chef, der sich sehr erstaunt zeigte. Mit gerunzelter Stirn beugte er sich über das Papier, auf dem stand, dass ich eine Weile aussetzen müsse. »Ja, fühlst du dich denn so schlecht, Latifa?«, fragte er argwöhnisch. Als ich bejahte, schlug er vor, mich einmal von einem amerikanischen Arzt durchchecken zu lassen. Aber ich lehnte ab: Als gläubige Muslima könne ich mich unmöglich der Untersuchung eines Ausländers aussetzen, argumentierte ich. Dafür hatte er Verständnis. Und so blieb es bei dem Resultat.

Danach fühlte ich mich sehr erleichtert. Es war, als hätte jemand eine Last von meinen Schultern genommen, die mich endlich wieder frei atmen ließ. Zunächst bekam ich keine andere Aufgabe zugeteilt. Ich verbrachte die Tage in meinem Büro und verschnaufte ein bisschen.

Dann kam eine Dänin auf dem Flugplatz bei der Luftwaffe zu Besuch: Sie hieß Simone Aaberg Kaern und war Künstlerin. Außerdem flog sie zum Hobby ein Sportflugzeug. Da sie schon öfter in Afghanistan gewesen war, kannte sie Berichte über mich und Lailuma und wollte mich kennenlernen. Wir hatten von Anfang an einen guten Draht zueinander. Simone drehte einen kleinen Film über mich. Sie fragte mich, ob ich Interesse an einer Reise in die USA hätte, wo sie den Film präsentieren würde. Sie könne die Universität San Diego bitten, mich einzuladen. Ich war sofort Feuer und Flamme, denn spätestens seit ich mich mit einigen Frauen vom amerikanischen Militär angefreundet hatte, war ich neugierig geworden, wie sie dort wirklich lebten.

Und dann traf sie tatsächlich ein, die Einladung aus San Diego. Homayun hatte nichts dagegen, dass ich sie annahm. Seine einzige Bedingung war, dass er sich während der Zeit meiner Abwesenheit nicht um Malalai kümmern könne und ich selbst eine Lösung dafür finden müsse. Also fragte ich meine Mutter, ob meine Tochter zwei Wochen bei ihr wohnen könne. Ich wählte einen Zeitpunkt, zu dem Malalai Schulferien hatte, und schärfte meiner Mutter mehrfach ein, dass sie Malalai nicht vor die Tür lassen dürfe. Auch Malalai und Maryam gab ich strenge Anweisungen. Und beide grinsten mich frech an, gelobten aber, artig zu sein. An Maryams Gesicht konnte ich sehen, dass sich meine Nichte sehr freute, ihre Komplizin eine Weile bei sich zu haben.

Ach, Maryam. Jedes Mal, wenn ich das kleine Mädchen sah, merkte ich, wie sich mein Gewissen regte: Oft kam sie mir so verloren vor. Unter den vielen Kindern, die durchs Haus meiner Eltern tobten, blieb Maryam stets eine Einzelgängerin, zumindest wenn Malalai nicht bei ihr war. Vielleicht kam das auch deswegen, weil sie sich keiner der Familien im Haus richtig zuordnen konnte: Maryam war jetzt in einem Alter, in dem sie viele Fragen stellte. Unangenehme Fragen. Fragen, die alle Erwachsenen im Haus traurig stimmten –, aber auf die sie von niemandem eine

ehrliche Antwort bekam – und bis heute nicht bekommen hat.
Ihren Vater kennt sie nicht. Er hat bald nach dem Tod meiner Schwester eine andere Frau geheiratet und mit ihr einen neue Familie gegründet. Damit erlosch sein Interesse an Maryam. Nicht einmal mit Geld unterstützt der einstige Muster-Schwiegersohn meiner Eltern seine Tochter. Natürlich weiß meine Nichte mittlerweile, dass es da irgendein Geheimnis gibt. Manchmal hört sie, wie die anderen Kinder über ihre Herkunft tuscheln. Und wenn sie mit ihnen streitet, behaupten sie, ihre Mutter sei tot.
»Wer ist meine Mutter? Bist du meine Mutter?«, fragte sie einmal meine Schwester Scharifa, die sich in ihren ersten Lebensjahren viel um sie gekümmert hat. »Oder vielleicht Großmutter?« Meine Schwester schüttelte nur stumm den Kopf. Aber sie war nicht in der Lage, ihr zu antworten: Sie weinte nur. Da bekam Maryam ein schlechtes Gewissen und entschuldigte sich für ihre Frage. »Es war ja nur ein Witz«, versuchte sie meine Schwester zu beruhigen. »Weine nicht«, sagte sie und streichelte ihr über den Kopf: »Du bist doch viel mehr als eine Mutter für mich.« Dasselbe hat sie auch schon zu mir gesagt. Ihr die bittere Wahrheit zu erzählen, habe ich mich trotzdem nicht getraut.

Es ist Teil unserer Kultur, die Menschen, die wir lieben, vor unangenehmen Wahrheiten zu schützen. Notfalls auch, indem wir ihnen Lügen auftischen. Deshalb verriet ich meiner Tochter auch nicht, dass ich jetzt vorhatte, ohne sie auf die andere Seite der Welt zu fliegen. Bevor ich in die USA abreiste, behauptete ich lediglich, ich hätte ein paar Tage am Flughafen zu tun. Sie würde so lange bei der Oma bleiben und mit Maryam spielen. Dann drückte ich ihr einen Kuss auf die Stirn und verschwand, auch wenn ich mir

nicht sicher war, ob ich wirklich das Richtige tat. Aber ich wusste, dass dies eine Gelegenheit war, die ich mir einfach nicht entgehen lassen konnte.
Ich flog nach Los Angeles. Bereits im Flugzeug bekam ich eine Ahnung von der Gigantomanie, die mich in der anderen Welt erwartete. Ich saß zum ersten Mal in einem Passagierflugzeug. Wir flogen sechsunddreißigtausend Fuß über dem Meeresspiegel – mehr als doppelt so hoch, wie ich normalerweise mit dem Helikopter kam. Ich verfolgte die Route, die wir nahmen, auf einer Weltkarte. Aber es war Nacht. Deshalb war es vor dem Fenster dunkel – abgesehen von ein paar Lichtern weit unter mir.
In Dubai musste ich umsteigen. Was für eine klimatisierte Flughafenwelt! Das war eine echte Herausforderung. Als ich zum ersten Mal in meinem Leben eine Rolltreppe betrat, vergaß ich vor lauter Aufregung, meinen Koffer mitzunehmen. Er blieb im oberen Stockwerk stehen. Ich drehte sofort um und versuchte zurückzulaufen. Aber das funktionierte nicht. Wie eine Irre strampelte ich gegen die Rolltreppe an – und blieb doch auf der Stelle. Die Leute, die mir entgegenkamen, warfen mir missbilligende Blicke zu. Schließlich nahm mich eine Frau an der Hand und zwang mich, mit ihr bis nach unten zu fahren. Dort zeigte sie mir die andere Treppe, die hochfuhr in die obere Etage. Ich dankte ihr. Glücklicherweise stand mein Koffer noch da.
Erneut in der unteren Etage, betrat ich die Glitzerwelt der Duty-free-Läden. Staunend schlenderte ich an den Parfüm- und Antifaltencreme-Auslagen vorbei. Ich beneidete die Frauen, die sich so etwas leisten konnten. Um meinen Anschlussflug zu erreichen, musste ich zu einem Gate, das hinter einer Glaswand lag. Dort sah ich bereits die Passagiere sitzen, aber leider war die Tür zwischen uns geschlos-

sen. Da ich keine Ahnung hatte, wie ich zu den Wartenden gelangen sollte, fragte ich einen Mann, der eine Airline-Uniform trug. Er lachte und begleitete mich bis kurz vor die Glastür, da sprang sie plötzlich wie von Zauberhand auf.

Mein Gott, dachte ich bei mir, in wie viel Überfluss musste man leben, um auf die Idee zu kommen, eine sich selbst öffnende Tür zu entwerfen? Oder um eine Treppe zu bauen, bei der man selbst keinen einzigen Schritt tun muss? Beide Erfindungen waren für mich der Inbegriff von Luxus. Würde auch Afghanistan einmal über solchen Luxus verfügen?

In Los Angeles sollte mich Simone abholen. Ich konnte sie nicht auf Anhieb finden – und geriet erneut in Panik: Das riesige Gebäude und all die fremdländisch aussehenden Leute erschlugen mich förmlich. Ich fühlte mich mutterseelenallein auf der Welt. Meinen Mann und meine geliebte Tochter hatte ich in Kabul zurückgelassen. Was sollte ich nur tun, wenn mich hier niemand abholte? Erschöpft setzte ich mich auf meinen Koffer. Ich hätte weinen mögen. »Latifa!«, hörte ich in diesem Augenblick eine Stimme sagen. Ich drehte mich um. Simone stand hinter mir. Mir fiel ein Stein vom Herzen. Wir umarmten uns, und sie führte mich in die Tiefgarage. Mit einem schicken, roten Mietauto fuhren wir gemeinsam in die Stadt.

Der Anblick von Los Angeles überwältigte mich. Nun war ich also tatsächlich in dem Land, aus dem all die Soldaten kamen, mit denen ich zu tun gehabt hatte. Die Straßen waren riesig. Man konnte auf ihnen sehr schnell, aber nur in eine Richtung fahren. Der Pazifik sah wunderschön aus. Im Stadtzentrum ragten die Häuser zwanzig, manchmal dreißig Stockwerke in die Höhe. Alles wirkte blitzsauber und gepflegt. Nirgendwo lag Müll herum. Sogar

die Luft roch sauber. Ich war beeindruckt, wie ich es mir nie hätte vorstellen können – aber auch ein bisschen traurig. Zornig und entmutigt dachte ich: Während wir daheim all unsere Energie damit verschwenden, uns gegenseitig zu bekriegen, bauen andere Nationen Häuser, Schiffe, Straßen oder Flugzeuge. Hätten wir das nicht auch tun können? Warum vergeudeten wir nur alle unsere Ressourcen mit Krieg, statt an einer Zukunft für unsere Kinder zu bauen?
Im Hotel erklärten mir die Angestellten, wie man sich auf ein Wasserklosett setzt und wie die Dusche funktioniert. Beides sind tolle Errungenschaften. Besonders die Dusche faszinierte mich: Stundenlang ließ ich mich von dem lauwarmen Wasser berieseln. Es war herrlich! Danach fühlte ich mich wie neu geboren. Morgens um neun kam eine Frau und wollte das Zimmer reinigen. Ich protestierte, weil es noch ganz sauber war. Aber sie erklärte mir, dass das ihre Pflicht sei, jeden Morgen mein Bett frisch zu beziehen. Ungemein beeindruckend war das für mich.
Mein erster Termin der Reise war ein Besuch bei der Air Force. Ich sprach mit Soldaten, die demnächst nach Afghanistan geschickt werden sollten. Die Soldaten selbst schienen das fur eine Art Abenteuertrip zu halten, und mich behandelten sie wie eine Botschafterin vom Mars. Sie fragten mich, wie sie sich auf der Straße bewegen sollten und was sie im Umgang mit den »Einheimischen« beachten müssten. Ich war sehr erstaunt, dass sie sich auf diese Weise auf die Begegnung mit uns vorbereiten. Das hätte ich nicht erwartet! Nach kurzem Zögern sagte ich ihnen, dass sie vor allem Respekt vor dem Islam zeigen sollten. Keinesfalls dürften sie einer afghanischen Frau in die Augen schauen oder ihr die Hand schütteln. Sie waren perplex. Hatte ich ihnen nicht soeben die Hand gegeben?

»Ja«, bestätigte ich. »Aber das ist etwas anderes: Ich bin vertraut mit Ihren Sitten. Viele meiner Landsleute kennen sie nicht.«

An der Universität traf ich amerikanische Studentinnen. Junge Frauen mit viel Make-up, lauten Stimmen und einem sehr selbstbewussten Auftreten. Sie stellten mir viele Fragen. Eine fragte mich, wie ich denn nur in Afghanistan leben könne, wo das Land doch so »rückständig« sei. Ich wusste nicht, was ich ihr antworten sollte. Diese Amerikanerinnen genossen so viele Freiheiten, über die afghanische Mädchen wohl nie verfügen würden, selbst meine Tochter nicht – und sie schienen das für selbstverständlich zu halten. Auch ihren Wohlstand betrachteten sie als eine Art Grundrecht.

Jetzt, wo ich ihr Land mit eigenen Augen gesehen hatte, konnte ich verstehen, warum sie uns bemitleideten und oft herablassend behandelten. Fast begann ich, selbst Mitleid für mich, für meine kleine Tochter und für meine Landsleute zu empfinden.

Dieses Gefühl verstärkte sich, als die amerikanische Pilotinnen-Vereinigung mich wenig später zu einem Flug über den Pazifik einlud. Dafür organisierte sie eigens einen Privatjet. Einfach so, nur zum Vergnügen. Obwohl ich keine Ahnung habe, wie man so ein Ding steuert, durfte ich hinter meiner amerikanischen Kollegin Natascha als zweite Frau an Bord mitfliegen. Es war herrlich! Von San Diego aus machten wir eine dreistündige Tour über die Küste. Ich sah die Schiffe auf dem Meer kreuzen und bewunderte die Wolkenkratzer von Los Angeles aus der Vogelperspektive.

Während des Flugs fragte mich Natascha, ob wir afghanischen Frauen, jetzt, wo die Taliban vertrieben seien, unsere Freiheit genössen. Wieder geriet ich ins Grübeln: Was meinte die Amerikanerin damit? Was verstand sie unter Freiheit? Waren afghanische Frauen wirklich frei? Würden Malalai und Maryam eines Tages frei sein? So frei wie diese Blondine, die mit mir zusammen über den Pazifik dahinflog? Ich hatte meine Zweifel.

Klar musste ich längst nicht mehr mit der Burka auf die Straße. Aber innerhalb der Familien hatte sich durch den Sturz der Taliban an der Stellung der Frau nichts verändert. Selbst ich, eine Frau in privilegierter Position, konnte nicht einfach tun und lassen, was ich wollte: Ich musste meinem Ehemann gehorchen – und Malalai ihrem Vater. Ob sich die Amerikanerin das überhaupt vorstellen konnte? Offenbar gab es in ihrem Leben niemanden, dem sie sich unterordnen musste.

Tief in meinem Herzen wünschte ich mir in diesem Moment, Afghanistan würde einst so werden wie die USA – und meine Tochter Malalai würde genauso frei sein können wie die hübsche Pilotin neben mir.

Plötzlich hatte ich es eilig zurückzukehren. Was vertrödelte ich hier mit Gedankenspielen und Müßiggang meine Zeit? Es gab so viel zu tun in Afghanistan! Wenn meine Heimat für die Generation meiner Tochter und Nichte einmal ein lebenswerter Flecken Erde werden sollte, mussten wir jetzt anfangen, die Bedingungen für Frauen zu verbessern!

Zurück in Kabul, bat ich die Armeeführung um einen Posten, der es mir erlauben würde, mich für die Belange der Frauen einzusetzen. Und der Zufall wollte es, dass genau diese Position gerade neu von den Amerikanern geschaffen worden und noch vakant war.

Seitdem bin ich die Gleichstellungsbeauftragte der afghanischen Armee. Das heißt, ich achte darauf, dass Frauen nicht zu viele Nachteile gegenüber ihren männlichen Kollegen haben. Mittlerweile gibt es fast tausend Soldatinnen in Afghanistan. Sie arbeiten in der Ambulanz, im Bereich der Sicherheitschecks und einige wenige auch in der kämpfenden Truppe. Ich bin quasi der Anwalt dieser Frauen: Ich helfe ihnen, wenn sie Probleme mit ihren Kollegen haben oder wie ich selbst Drohungen erhalten. Außerdem kümmere ich mich um ganz praktische Fragen wie separate Damentoiletten, eigene Umkleidekabinen oder die Einrichtung von Räumen, in denen sie schlafen können, wenn sie nachts auf der Militärbasis bleiben, ohne von den anderen Soldaten belästigt zu werden. Denn Frauen in Uniform kämpfen bei uns grundsätzlich an zwei Fronten gleichzeitig: Sie kämpfen gegen einen äußeren, aber auch gegen den inneren »Feind«. Und innerhalb der Kaserne müssen sie genauso auf der Hut sein wie draußen.

Shela, eine amerikanische Soldatin, hat mir zur Vorbereitung auf meine neue Tätigkeit viel über das Machtkartell erzählt, das die Männer zur Unterdrückung von uns Frauen aufgebaut haben, und über die Mechanismen, mit denen sie uns kleinhalten: von mangelnder Schulbildung, ausbleibender Beförderung, physischer und psychischer Bedrohung bis hin zur körperlichen Gewalt. Sie meint, dass es sich um ein weltweites Unterdrückungssystem handele, das eben in Afghanistan ganz besonders perfekt und schlimm sei – und ich glaube, dass sie recht hat. Zusammen diskutierten wir über einzelne Fälle. Und manchmal – beispielsweise, als eine unserer Soldatinnen von ihrem Vater nicht mehr zum Dienst gelassen wurde, weil er glaubte, dass sie auf der Militärbasis Unzucht treibe – griffen wir auch praktisch ein: Wir besuchten und redeten mit dem Mann; danach durfte die junge Frau wieder zum Dienst kommen.

Mittlerweile gebe ich sogar selbst Seminare zum Thema Frauenrechte: Ich unterrichte Frauen und Männer in getrennten Lehrgängen. Den Frauen sage ich, dass im Koran nichts davon geschrieben steht, dass man sie schlecht behandeln darf. Es hat nichts mit dem Islam zu tun. Das hören meine Teilnehmerinnen gerne.

Wenn ich den Männern sage, dass sie die Rechte ihrer Kolleginnen respektieren müssen, nicken sie in der Regel ebenfalls artig. Aber die Männer sind janusköpfig: Mit ihren Zungen sprechen sie eine andere Sprache als mit ihren Herzen. Ich kenne keinen afghanischen Mann, der für Gleichberechtigung wäre – obwohl sie das gegenüber den Amerikanern stets lauthals beteuern würden. Der Gedanke, ihre überlegene Stellung einzubüßen, ist ihnen allen zutiefst suspekt. Deshalb habe ich mir auch in meinem neuen Job bereits wieder viele Feinde gemacht. Im Verteidigungsministerium wirft man mir vor, ich hetzte die Frauen auf. In Wirklichkeit aber öffne ich ihnen nur die Augen. Natürlich vermisse ich das Fliegen manchmal. Aber ich glaube, dass mein neuer Job fast noch wichtiger ist als der alte: Es wird höchste Zeit, dass wir Frauen in Afghanistan für unsere Rechte einstehen. Das schulden wir der nächsten Generation. Malalai und Maryam sollen es einmal nicht mehr so schwer haben wie Lailuma und ich.

Noch immer habe ich nicht die Kraft gefunden, meiner Nichte zu erzählen, wer sie ist – und was für eine großartige Frau ihre Mutter war. Ich will warten, bis sie noch ein wenig älter ist, damit sie die Geschichte besser verkraften kann. Aber es würde mich sehr stolz machen, wenn es mir gelänge, Mädchen wie ihr und meiner eigenen Tochter den Rücken zu stärken. Ich wünsche mir, dass sie später einmal ihre Ziele verwirklichen – und sich von niemandem dabei aufhalten lassen müssen.

Die Bedingungen sind derzeit nicht gerade ermutigend: Bald werden die internationalen Truppen Afghanistan verlassen. Uns verlassen. Das mag wie ein merkwürdiger Zeitpunkt erscheinen, um für mehr Gleichberechtigung zu kämpfen. Ob es ohne die Amerikaner bei uns noch eine Gleichstellungsbeauftragte – oder überhaupt Frauen in der Armee – geben wird, wage ich zu bezweifeln. Also muss ich jetzt tun, was ich erreichen kann.

Ich bin nicht optimistisch, wenn ich an die Zeit nach dem Abzug der ISAF-Truppen denke: Schon jetzt haben die Fundamentalisten überall im Land wieder Auftrieb. Und je näher der Zeitpunkt rückt, desto selbstbewusster werden sie. Manchmal glaube ich, sie warten nur auf den Tag X.

Warum lassen uns die Amerikaner im Stich? Meiner Meinung nach könnten sie die Taliban besiegen. Sie haben sehr gute Waffen. Nach den Terroranschlägen vom 11. September 2001 haben sie das Regime in nur zehn Tagen geschlagen. Das zeigt doch, dass sie dazu in der Lage wären. Dass sie uns jetzt mit dem Problem alleine lassen, bevor die Aufgabe erledigt ist, kann ich wie so viele Afghanen einfach nicht begreifen.

Viele Afghanen befürchten, dass die Taliban zurückkehren werden, wenn die internationalen Truppen das Feld räumen. Auch ich mache mir deswegen Sorgen. Einmal habe ich Homayun gefragt, ob unsere Armee ihrem Angriff wohl standhalten könnte. Und er versicherte mir: »Die Soldaten sind bereit zu kämpfen: Solange die Regierung dem Sturm widersteht, werden auch sie nicht wegrennen.« Aber was das angeht, sind meine Landsleute und ich misstrauisch: Schon einmal haben wir nach dem Fortgang der Sowjets erlebt, wie die Regierung stürzte – und das Land in einem Strudel der Gewalt versank.

Hier gibt es sehr viele Gruppen, die mit anderen Gruppierungen eine Rechnung offen haben. Sobald es keinen

Schiedsrichter mehr gibt, werden sie diese begleichen wollen. Dann muss ich mir überlegen, ob es für Malalai und mich nicht doch zu gefährlich wird hierzubleiben. Vielleicht müssen wir doch noch in ein anderes Land fliehen. Manchmal würde ich den Politikern des Westens gerne zurufen: »Wacht auf! Öffnet endlich eure Augen!« Während sie noch über den Frieden palavern, haben die Kämpfe am Hindukusch doch längst wieder begonnen. Ich aber kämpfe nicht mehr von der Luft aus, ich bleibe am Boden. In meiner Fantasie fliege ich jedoch viel weiter als früher, denn heute weiß ich, wohin Träume uns Menschen bringen können.

Epilog

An einem verschneiten Wintertag im Januar 2016 lande ich in Wien. Fast drei Jahre sind seit meiner ersten Begegnung mit Latifa Nabizada vergangen. Auf dem Stephansplatz im Stadtzentrum kommen zwei kleine, dick eingepackte Personen auf mich zu. Ich muss zweimal hinschauen, bevor ich mir sicher bin, dass sie es wirklich sind: Latifa und ihre Tochter Malalai schließen mich in die Arme. Sie beide sind jetzt Flüchtlinge: Wie so viele Menschen aus Afghanistan, dem Irak oder Syrien haben sie in Europa Zuflucht vor der Gewalt in ihrem Heimatland gefunden.

»Wir sind so froh, dass wir hier sind«, sagt die Pilotin, die ich noch nie so strahlend gesehen habe: Sie wirkt um Jahre jünger als zuletzt in Kabul. »Jetzt können wir endlich durchatmen.«

Durch den Schnee stapfen wir zu der kleinen Wohnung im Zentrum von Wien, in der die beiden untergebracht sind. Malalai zettelt eine Schneeballschlacht an. Ihre Mutter macht sofort mit und verwickelt auch mich in den Kampf, bis wir alle voller Schnee sind. Latifa lacht sich kaputt. So kenne ich sie nicht, und mir fällt auf: Ich habe sie noch nie zuvor lachen sehen. Erst langsam wird mir klar, unter welchem Druck sie in Afghanistan unentwegt stand.

»Als ich dich um Hilfe bat, wusste ich wirklich nicht mehr

ein noch aus«, gesteht mir Latifa später, als wir zusammen beim Abendessen sitzen. Sie hat mein afghanisches Lieblingsgericht gekocht: Jujeh-Kebab. Auf ihrem neuen, modernen Herd, sagt sie, gehe das Kochen viel einfacher, wenn man erstmal begriffen habe, wie er funktioniere. Das hat sie offenbar: Sogar afghanisches Fladenbrot kann Latifa mittlerweile backen. Es duftet genauso verführerisch wie das Brot, das sie damals in Kabul frisch aus der Bäckerei holte. Auf einmal sind meine Erinnerungen an unsere gemeinsame Zeit dort wieder sehr präsent. Fast wundere ich mich, dass wir jetzt zum Essen an einem Tisch und nicht wie früher auf dem Boden sitzen.

Latifa reißt ein Stück Brot ab und wickelt damit etwas von dem Huhn ein, das sie auf afghanische Weise gewürzt hat. Die Zutaten sind aus dem Wiener Orient-Supermarkt.

»Nach dem Überfall auf unser Haus dachte ich: So kann es nicht weitergehen. Sie werden Malalai und mich töten«, erzählt sie und betrachtet nachdenklich ihre Tochter. »Mit so einer Last kann eine Mutter nicht leben.«

Ich nicke. Das kann ich gut nachvollziehen. »Was«, frage ich sie, »ist denn damals genau passiert?«

Und sie beginnt zu erzählen.

Es war im Spätsommer 2015. Mein Mann Homayun hatte Spätschicht und musste die Nacht am Flughafen verbringen. Und da ich mich allein im Haus nicht recht wohl fühlte, beschloss ich, zu meinen Eltern zu fahren. Dort konnten die Kinder miteinander spielen, ich würde mit meiner Mutter klönen, und wir konnten die Nacht dort verbringen. Ich schämte mich fast, diese Vorsichtsmaßnahme zu ergreifen, nur weil ich mich fürchtete, die Nacht über allein zu Hause zu sein. Was für ein Angsthase war ich nur nach all den bösen Erfahrungen, die ich im Laufe meines

Lebens gemacht hatte, geworden? Aber ich wähnte mich bei meinen Eltern nun einmal sicherer. Also dachte ich nicht lange nach und folgte meiner inneren Stimme.
Früh am nächsten Morgen weckte mich ein Anruf auf dem Handy. Homayun war am Apparat. Er klang aufgeregt.
»Latifa?«
»Ja, was ist denn?«
Er stieß einen erleichterten Seufzer aus, als er meine Stimme hörte. »Geht es dir gut? Und Malalai?«
»Sie liegt neben mir und schläft.«
»Gut, gut«, sagte Homayun, »dann ist ja alles in Ordnung.« Und ich wusste im selben Moment, dass etwas überhaupt nicht in Ordnung war.
»Was ist passiert?«, fragte ich ihn beunruhigt. »Wo bist du?!«
»Ich bin zu Hause«, antwortete er. »Es scheint ... Es war jemand hier ...«
Mit einem Mal war ich hellwach. Mein Bruder Ashraf bot mir an, mich nach Hause zu begleiten. Malalai wollte ich eigentlich bei meiner Mutter lassen. Aber sie erkannte die Brisanz der Situation und bestand darauf, mit uns zu fahren. Inzwischen ist sie neun Jahre alt – und blitzintelligent: Vor ihr kann ich schon lange nichts mehr verbergen. Außerdem, dachte ich, hatte sie vielleicht ebenso wie ich ein Recht darauf zu erfahren, was bei uns daheim geschehen war.
Das Tor zu unserem Grundstück stand offen, als wir in unsere Straße bogen. Homayun, der erst kürzlich von seiner Nachtschicht gekommen war und noch seine Uniform trug, hantierte an einem der Fenster. Es lag direkt neben der Eingangstür beim Rosenbeet in unserem Garten. Das Glas war zerbrochen. Homayun zeigte mir den Stein, den der oder die Eindringlinge offenbar dazu benutzt hatten,

sich Zutritt zu verschaffen. Es fiel mir nicht schwer nachzuvollziehen, wie sie vorgegangen waren: Sie hatten zuerst das Fenster zerstört, waren ins Haus eingedrungen und hatten dann die Tür von innen geöffnet.

Ich trat in den Flur. Dort herrschte ein heilloses Durcheinander. Auch in den Zimmern lagen Papier, Kleidung, Geschirr und andere Sachen auf dem Boden verstreut; alles war aus den Schränken gerissen worden. Die Eindringlinge hatten systematisch alle unsere Sachen durchsucht. Aber wonach?

Ich ging zu der Kiste, in der Homayun und ich unsere Dienstpistolen und Munition aufbewahrten. Schon von weitem sah ich, dass auch sie aufgebrochen worden war. Zaghaft hob ich den Deckel: Die Kiste war leer. Die Kerle hatten sämtliche Waffen entwendet. Stattdessen fand ich einen Zettel, der offenbar hastig von einem Notizblock abgerissen und mit blauem Kugelschreiber beschrieben worden war. Ich hob ihn auf und las die Worte: »Gott ist groß! Du wirst uns nicht entkommen, Latifa Nabizada!«

Da lief es mir eiskalt über den Rücken. Ich las die Worte wieder und wieder. Sie schrien mich förmlich an. Zitternd faltete ich den Zettel zusammen, um das Geschrei zu beenden. Doch es war bereits zu spät: Die Sätze hatten sich in mein Gehirn eingebrannt. Sie ließen sich nicht mehr verscheuchen. »Du wirst uns nicht entkommen, du wirst uns nicht entkommen!«, tönten sie in meinem Kopf.

Ich war verzweifelt. Bereits einen Monat zuvor hatten Homayun und ich etwas Ähnliches erlebt, als wir mit dem Auto unterwegs waren, weil wir ein militärisches Seminar besuchen wollten. Kurz hinter der Stadtgrenze von Mazar-e-Scharif hatte eine Gruppe von Männern am Straßenrand auf uns gewartet. Die bärtigen Typen winkten uns mit ihren Kalaschnikows und bedeuteten uns, dass wir anhalten sollten. Das taten wir natürlich nicht. Homayun trat sofort aufs Gas. Da eröffneten sie das Feuer. Ich stand wahnsinnige Angst aus. Sieben Schüsse kassierte unser Jeep. Einer ging sogar durch Homayuns Jacke hindurch. Eine andere Kugel erwischte das Hinterrad, sodass wir schon nach wenigen Kilometern nicht mehr richtig weiterfahren konnten. Also parkten wir am Straßenrand und schossen mit unseren eigenen Waffen wie wild in die Luft. Wir wollten unseren Verfolgern signalisieren, dass sie mit Gegenwehr rechnen müssten. Gleichzeitig verständigten wir die Polizei, die glücklicherweise vor ihnen bei uns eintraf. »Sie haben noch mal Glück gehabt«, bemerkten die Beamten, während sie uns halfen, den Wagen notdürftig zu reparieren. Mehr konnten sie nicht für uns tun.

Wer die Männer am Straßenrand waren und was sie genau von uns wollten, weiß ich nicht. Damals habe ich versucht, mir einzureden, dass sie es vielleicht gar nicht speziell auf mich abgesehen hätten. Diesmal aber sah die Sache anders aus: Der Anschlag auf unser Haus galt eindeutig mir. Meine Feinde hatten mich also gefunden. Dass ich seit zwei Jahren nicht mehr aktiv flog, interessierte sie überhaupt nicht. Es gab offenbar trotzdem genügend Gründe, mich zu verdammen. Ja, vielleicht waren es sogar noch mehr als damals: Inzwischen hatte ich zusammen mit Andrea das Buch veröffentlicht, in dem wir meine und Lailumas Geschichte erzählen. Es zirkulierte in den höchsten Kreisen des Landes. Ich selbst hatte es vielen hochrangigen Politikern und auch unserer First Lady, der Frau von Präsident Ashraf Ghani, geschenkt. Dadurch war ich mehr denn je zu einer Ikone in Afghanistan geworden. Viele junge Frauen eiferten mir inzwischen nach und ergriffen Berufe beim Militär. Kein Wunder also, dass die Islamisten mich hassten.

Ich betrachtete das Chaos um mich herum. Es fühlte sich an, als hätten sie nicht nur mein Haus, sondern auch mich selbst verwüstet. Und mir wurde klar, dass wir einfach Glück gehabt hatten: Wäre ich mit Malalai in dieser Nacht zu Hause geblieben, wir wären beide nicht mehr am Leben. Das Schlimmste aber war die Erkenntnis, dass sie jederzeit wiederkommen konnten. Am liebsten hätte ich mich in diesem Moment umgedreht und wäre nie wieder in das Haus zurückgekehrt.

»Warum kommst du mit Malalai nicht eine Weile zu uns?«, schlug mein Bruder Ashraf vor. Dankbar nahm ich die Einladung an. Homayun war ebenfalls einverstanden. Das war zumindest vorläufig eine Lösung. Wie wir uns langfristig schützen sollten, war uns jedoch schleierhaft.

»Kommen die bösen Leute denn wieder?«, fragte mich Malalai später, als wir auf den Stufen des Hauses meiner Eltern saßen und versuchten, uns in der kühlen Abendluft ein wenig zu entspannen. »Kommen sie auch in das Haus von Madarbozorg?«

Ich wusste nicht, was ich dem Kind antworten sollte. Malalai stellte die entscheidende Frage: Würden die Kerle uns auch zum Haus meiner Mutter folgen? Genau darüber zerbrach ich mir selbst gerade den Kopf.

Und ich musste mir eingestehen: Ja, natürlich konnten sie uns auch hierher folgen. In ganz Afghanistan gab es keinen sicheren Ort mehr für uns. Seitdem die internationale Militärkoalition den Großteil ihrer Truppen abgezogen hatte und aus dem Land verschwunden war, hatten sich die Dinge immer weiter zum Schlechteren entwickelt. In vielen Regionen Afghanistans stritten mittlerweile zwei Terrorgruppen um die Vorherrschaft: die Taliban und der sogenannte Islamische Staat.

Was für eine Perspektive blieb dem Land? Den Menschen?

Was sollte ich mir da wüschen? Und wie konnte ich unter diesen Umständen die Sicherheit meiner Tochter gewährleisten? Ganz nüchtern betrachtet, gefährdete ich allein durch meine Anwesenheit alle, die mit mir unter einem Dach lebten: Malalai und Homayun ebenso wie meine Eltern und Geschwister, sollte ich längerfristig bei ihnen bleiben. Schon bekam ich ein schlechtes Gewissen, dass ich überhaupt bei ihnen Zuflucht gesucht hatte. Es war nicht richtig, sie in diese Sache mit hineinzuziehen.

Hinter mir hörte ich die schlurfenden Schritte meiner Mutter, die zu uns in den Hof trat. Sie betrachtete mich mit ihren kleinen, von vielen Fältchen umrandeten Augen. Dann setzte sie sich neben mich und streichelte mit ihren knochigen Fingern meine Hand.

»So kann es nicht weitergehen, Latifa«, sagte sie vorwurfsvoll. »Ich mache mir schreckliche Sorgen. Wenn dir oder Malalai etwas passiert, bringt mich das ins Grab.«

Ich wusste, dass Mutter nicht übertrieb. Sie verkraftete keinen weiteren Schicksalsschlag. »Es tut mir so leid, dass ich dir immer Kummer bereite«, murmelte ich verlegen. Ich wollte nicht, dass sie wegen mir schlaflose Nächte hatte. Und schon gar nicht wollte ich sie und andere in Gefahr bringen. Wie damals, unter der Herrschaft der Taliban, war ich zu einem Sicherheitsproblem für meine Angehörigen geworden, nun bereits zum zweiten Mal in meinem Leben. Am liebsten hätte ich mich in Luft aufgelöst.

»Weißt du noch, als du damals mit Lailuma nach Pakistan gegangen bist?«, fragte mich Mutter – und ich verstand sofort, was sie wirklich meinte. »Es war nicht leicht für euch beide. Aber es war damals trotzdem das Beste …«

»Ja, das stimmt«, gab ich ihr recht.

»Und es war ja auch nur für eine Weile. Bis sich die Lage entspannt hatte. Und jetzt wäre es genauso …« Sie sah mir

erneut in die Augen. »Willst du nicht fliehen, Latifa?«, fragte sie mich ohne Umschweife »Es würde mich beruhigen, wenn ich dich und Malalai außer Landes wüsste.«
»Aber in Pakistan ist die Lage genauso schlimm wie hier«, widersprach ich.
»Dann geht eben irgendwo anders hin, nach Europa oder Amerika.«
»Das ist nicht so einfach, wie du es dir vielleicht vorstellst.«
»Aber du kennst doch Leute im Ausland«, sie blieb beharrlich. »Können die dir nicht helfen?«
Ich dachte eine Weile nach. Auf die Idee, meine ausländischen Freunde um Hilfe zu bitten, war ich bislang nicht gekommen. Schließlich wollte ich niemandem mit meinen Problemen zur Last fallen. Aber angesichts des Schocks, nur knapp einem Lynchkommando entgangen zu sein, schienen mir meine Hemmungen plötzlich unangebracht.
Kurz entschlossen holte ich mein Handy aus der Handtasche und tippte: »Unser Haus ist gestern Nacht von den Taliban überfallen worden. Malalai und ich sind nur am Leben, weil wir nicht zu Hause waren. Wir müssen hier raus. Bitte hilf uns!«
Ich schickte die Nachricht an meine deutsche Co-Autorin Andrea C. Hoffmann; sie fiel mir als Erstes ein. Immerhin hatte Andrea fast einen Monat bei mir und meiner Familie in Kabul verbracht und eine ungefähre Vorstellung davon, unter welch prekären Umständen wir lebten, wie groß die Gefahr für uns war. Vielleicht konnte sie ja über unsere gemeinsame Agentin oder den Verlag, in dem unser Buch erschienen war, etwas ausrichten.
Die Antwort kam sofort: »Liebe Latifa, das sind schlimme Nachrichten. Ich bin sehr besorgt. Leider kann ich dir

nichts versprechen. Aber ich werde alles tun, was in meiner Macht steht, um euch da rauszuholen.«

Ich las die Sätze meiner Mutter vor.

Sie lächelte. »Siehst du, es gibt immer eine Möglichkeit, mein Kind.«

Drei Tage später, ich war gerade dabei, in der Küche Geschirr zu spülen, kam der Anruf aus Deutschland. Mit meinen tropfnassen Händen fingerte ich nach dem Apparat. »Latifa, hast du Passbilder von dir und Malalai«, überfiel mich Andrea, »kannst du die irgendwo einscannen?«

»Ja, natürlich«, stammelte ich. Das kam etwas plötzlich. Hatte meine Freundin etwa tatsächlich eine Möglichkeit gefunden, uns nach Europa zu bringen? Bei dem Gedanken begann mein Herz zu rasen. Kaum wagte ich es, ihr die entscheidende Frage zu stellen. »Was heißt das? Wozu brauchst du die denn?«

Andrea berichtete mir, dass sie zuerst unsere Münchner Literatur-Agentin Christine informiert habe. Die wiederum habe den Droemer-Verlag kontaktiert, der sich bereit erklärte, eine Einladung an mich auszusprechen. Außerdem habe Christine mit allen moglichen Schriftstellerverbänden Kontakt aufgenommen, um zu sondieren, welche Möglichkeiten es für mich gäbe. Und es schien die Aussicht zu bestehen, dass ich eventuell ein Stipendium für verfolgte Autoren in Wien erhalten könne.

Ich lauschte ihren Worten – und konnte kaum glauben, was sie sagte.

»Einen gültigen Reisepass besitzt ihr beide doch hoffentlich, oder?«

»Einen Pass? Da muss ich mal nachsehen. Ich glaube, er ist abgelaufen.«

Am anderen Ende hörte ich Andrea stöhnen. »Du musst dir sofort einen neuen besorgen!«, befahl sie.
Ich versprach ihr, mich gleich am nächsten Tag darum zu kümmern. Außerdem bräuchte ich meine Geburts- und Heiratsurkunde, um das Visum zu beantragen.
»Die Geburtsurkunde von Malalai?«, fragte ich nach.
»Ja. Und deine eigene natürlich.«
Ich lachte. »Aber Andrea! Als ich zur Welt kam, wurden in Afghanistan noch keine Geburtsurkunden ausgestellt.«
Jetzt war auch sie überfragt. »Dann besorg dir halt jetzt eine.«
Als wir auflegten, hatte ich eine ganze Liste von Aufträgen erhalten. Lauter Papierkram, der in meinen Ohren ziemlich kompliziert klang. Trotzdem schöpfte ich leise Hoffnung: Dort in Europa gab es Menschen, die mir helfen wollten. Sie würden mich nicht im Stich lassen.
Gleich am nächsten Tag machte ich mich auf den Weg, um die geforderten Unterlagen herbeizuschaffen. Geburtsurkunden gab es meines Wissens bei der Zivilverwaltung. Dort zeigte ich meinen Ausweis vor. Der Beamte warf einen kritischen Blick auf das Dokument, auf dem als Geburtsjahr 1972 vermerkt war, dann auf mich. So ging das eine Weile hin und her. »Ich glaube dir nicht, dass du erst knapp über vierzig bist«, sagte er schließlich. »Du siehst wesentlich älter aus.«
Was für eine Unverschämtheit! »Aber da steht es doch schwarz auf weiß.«
»Trotzdem. Du siehst älter aus als meine eigene Großmutter. Ich werde dir eine Geburtsurkunde für 1962 ausstellen.«
Ich biss die Zähne zusammen, um nicht ausfallend zu werden. Zehn Jahre älter wollte er mich machen! Und das nur, weil mein Gesicht aufgrund der starken Sonne beim

Fliegen viele Falten bekommen hatte. War das etwa die Quintessenz meiner jahrelangen harten Arbeit? Damit wollte ich mich nicht abfinden. »Wart 's ab. Ich werde es dir beweisen«, kündigte ich an.

Am Nachmittag kehrte ich zurück auf das Amt, diesmal mit meiner Mutter im Schlepp. Der Beamte staunte nicht schlecht, als er uns zusammen sah. Meine Mutter streckte ihm ungefragt ihren Ausweis entgegen. »Das ist meine Tochter Latifa Nabizada«, sagte sie und zeigte auf mich. »Hiermit bezeuge ich, dass ich sie 1972 zur Welt gebracht habe. Haben Sie sonst noch Fragen, mein Herr?«

»Ist ja gut, ist ja gut«, antwortete er einigermaßen beschämt, »das habe ich nie bezweifelt.«

»Können wir dann bitte die Urkunde bekommen?«

»Ja, natürlich.« Unverhofft schnell stellte der Mann mir das Dokument aus.

Doch damit war die Liste meiner Hausaufgaben noch lange nicht abgearbeitet. Als Nächstes machte ich mich auf die Suche nach einer Heiratsurkunde. Homayun und ich waren ja von einem Mullah getraut worden und hatten beide einen Vertrag unterschrieben, der das bezeugte. Die Verwaltungsbeamten betrachteten diesen Vertrag nun jedoch als ungültig. Einzig eine religiose Zeremonie vollzogen zu haben bedeutete in ihren Augen, gar nicht legal verheiratet zu sein. Diese Sicht der Dinge machte Malalai auf einen Schlag zu einem illegitimen Kind. Ich schämte mich zu Tode, als sie mir das ins Gesicht sagten.

»Aber das ist doch nicht wahr«, protestierte ich. »Viele Leute heiraten doch auf diese Weise.«

»Die Zeiten haben sich geändert«, konterten sie und gaben mir zu verstehen, dass es nur einen Weg gebe, um das gültige Dokument beizuschaffen: Ich müsse meinen Mann abermals heiraten.

»Machen Sie Witze?«
Sie zuckten nur mit den Achseln. »Überleg es dir«, sagten sie. »Und vergiss nicht, dass du zur Trauung fünf Zeugen mitbringen musst.«
Zu Hause besprach ich mich mit Homayun, der zuerst einen Lachanfall bekam. Aber dann wurde er wütend. »Natürlich sind wir verheiratet. Was fällt diesen Kerlen eigentlich ein?«
»Am schnellsten lösen wir das Problem, indem wir noch einmal standesamtlich heiraten.«
Er sah mich amüsiert an. Aber dann wurde sein Blick ernst. »Du willst mich erneut heiraten, damit ihr beide mich verlassen könnt, nicht wahr?«, sagte er.
Der Satz traf mich bis ins Mark. Ja, genau so war es, dachte ich. Aber das konnte ich natürlich nicht sagen, da es ihn zu sehr verletzt hätte. Also antwortete ich ausweichend. »Denk an unsere Sicherheit«, beschwor ich Homayun, »denk an Malalais Zukunft.«
Er kämpfte sichtlich mit sich. »Ja, natürlich«, sagte er schließlich zähneknirschend. Homayun liebt seine Tochter sehr. Für Malalai hätte er alles getan.
Einige Tage später fuhren wir zusammen aufs Standesamt. Fünf befreundete Soldaten begleiteten uns. Eigentlich hätte ich ein weißes Kleid tragen sollen. Doch ich kam wie alle anderen in Uniform. Zunächst nahm der Beamte unsere Personalien auf, dann machte er Fotos von uns allen. Er erkundigte sich, ob Homayun und ich einen Standard-Ehevertrag wollten. Doch wir wollten genau dieselben Bedingungen, die bereits in unserem religiösen Dokument hinterlegt waren. »Übernehmen Sie einfach alles von dort«, sagte ich.
»Sehr wohl«, antwortete er. Aber Homayun protestierte plötzlich: Die Summe, die er mir im Falle einer Scheidung

hätte zahlen müssen, erschien ihm auf einmal ungebührlich hoch. Wir diskutierten eine Weile, während alle Anwesenden uns zuhörten. Ich war unglaublich genervt und kam mir vor wie auf dem Bazar.

»Was willst du?«, fauchte ich meinen Mann an, »soll ich dir etwa Rabatt geben, damit du mich nochmal heiratest?«

Er antwortete nicht. Innerlich schmollte er wohl noch immer, weil ich ohne ihn reisen wollte.

»Also gut, dann lassen wir eben einen anderen Betrag aufnehmen«, gab ich nach. Hauptsache, er unterschrieb, dachte ich. Wir einigten uns auf ein Zehntel der ursprünglich vereinbarten Summe. Der Beamte notierte alles und klebte die Passfotos auf das Dokument. Dann unterschrieben alle Anwesenden, und damit war die Zeremonie beendet.

»Herzlichen Glückwunsch«, sagte der Beamte und überreichte uns die Urkunde. Die Soldaten schüttelten Homayun und mir die Hände.

Als wir frisch verheiratet aus dem Amt traten, fühlte sich das irgendwie absurd an. Gemeinsam fuhren wir zurück zur Arbeit. »Danke, dass du das alles mitmachst, Homayun«, sagte ich, kurz bevor wir in die Straße zum Flughafen bogen. »Du bist ein guter Mann.«

»Das klingt wie ein Abschied«, sagte er. Und gewissermaßen war es das auch.

Als ich endlich alle Dokumente zusammenhatte, fuhren Malalai und ich nach Pakistan, um ein Visum für Österreich zu beantragen. Inzwischen hatte ich von meiner Agentin die Nachricht erhalten, dass das Stipendium in Wien bewilligt war. Da Österreich aber keine Botschaft in Afghanistan unterhält, mussten wir in der Botschaft der pakistanischen Hauptstadt Islamabad vorsprechen.

Ich fühlte mich überhaupt nicht wohl dabei. Denn auf

weiten Teilen der Strecke nach Islamabad bestand die Gefahr, von den Taliban oder anderen aufständischen Gruppen überfallen zu werden. Insbesondere in der Nähe der Stadt Dschalalabad, die inzwischen größtenteils vom IS kontrolliert wurde, drohte Gefahr. Trotzdem brachten uns mein Bruder Ashraf und Homayun mit dem Auto dorthin.

In Pakistan ging es dann mit dem Taxi weiter. Ich hatte einen Fahrer aus Islamabad kontaktiert, dem ich vertraute. Trotzdem verspürte ich in Pakistan fast noch mehr Angst als in Afghanistan, da afghanische Militärs hier verhasst waren – und sowohl Homayun als auch ich waren noch immer Soldaten, auch wenn wir für die Fahrt auf unsere Uniform verzichtet hatten. Sowohl bei der Bevölkerung in den grenznahen Stammesgebieten als auch beim Geheimdienst war man jedoch nicht gut auf afghanische Soldaten zu sprechen. Niemand durfte also wissen, dass ich zur Armee gehörte. Sonst hätten sie womöglich kurzen Prozess mit mir gemacht.

In Islamabad nahm ich mir zur Sicherheit ein Hotelzimmer ohne Fenster. Dort in dem fensterlosen Raum kochte ich auch, damit Malalai und ich zum Essen nicht in irgendein Restaurant gehen mussten. Nur, wenn es unbedingt nötig war, wagten wir uns auf die Straße. Zur österreichischen Botschaft begleitete uns Almut, eine deutsche Freundin von Christine, die in Pakistan arbeitet. Sie trug den Beamten unser Anliegen vor und erklärte ihnen die näheren Umstände.

Die zuständige Dame hörte ihr aufmerksam zu. »Gut«, sagte sie dann. »Ich werde Ihre Unterlagen nach Wien schicken und eine Empfehlung aussprechen. Bitte fragen Sie in zehn Tagen wieder nach. Dann sollten wir die Antwort haben.«

»In zehn Tagen?« Ich fiel aus allen Wolken. Sollte ich etwa so lange in Pakistan bleiben? Aus irgendeinem Grund hatte ich gedacht, dass man mir das Visum sofort in den Pass stempeln würde.

Die Österreicherin sah die Enttäuschung auf meinem Gesicht. »Schneller geht es leider nicht«, sagte sie bedauernd. Und dann wollte sie noch etwas klarstellen: »Ich bin in Ihrem Fall zwar sehr optimistisch. Aber eine Garantie, dass das Visum erteilt wird, gibt es natürlich nicht.«

Mit hängendem Kopf liefen Malalai und ich zurück zu unserer Unterkunft. Ich war ratlos. Nur eines wusste ich: Wochenlang in Islamabad auszuharren, kam nicht in Frage. So viel Geld hatte ich auch gar nicht dabei. Aber immerhin reichte es für eine Rückfahrt bis zur Grenze. Dort nahmen uns zum Glück Homayun und Ashraf in Empfang.

Die nächsten Tage, die ich voller Angst wieder in der Militärsiedlung zu Hause wohnte, verbrachte ich in permanenter Anspannung. Ständig erwartete ich den Anruf aus Islamabad. Die Dame von der Botschaft hatte ja versprochen, dass sie mich verständigen wolle, sobald sie eine Antwort habe. Doch fast vier Wochen lang hörte ich überhaupt nichts von ihr.

Dann kam endlich die ersehnte Nachricht: Mein Visum sei bewilligt worden, teilte mir eine Sekretärin der Botschaft mit. Ich könne mir das Visum in Islamabad abholen. Sofort verständigte ich meine Freunde in Deutschland. »Mein Visum ist da!«, schrieb ich Andrea und Christine überglücklich.

»Das ist toll«, antwortete mir meine Agentin ungefähr eine halbe Minute später. »Der Verlag wird gleich einen Flug nach Wien für dich buchen.«

Der Abschied kam dann doch abrupt, trotz des monatelangen Vorlaufs. Als Malalai und ich endlich unsere lang ersehnten Stempel im Pass hatten, beäugten wir sie wie die Kunstwerke eines seltenen Meisters. Tausende, wenn nicht Hunderttausende unserer Landsleute beneideten uns um diese Eintrittskarte nach Europa. Für uns jedoch wurde die Sache nun eigentümlich konkret: Nach unserer Rückkehr blieb uns in Kabul nur ein einziger Tag, um unsere Sachen zu packen und uns zu verabschieden.

Ich muss wohl nicht erwähnen, dass mich meine Mutter und meine Geschwister in diesen Stunden vor unserem Abflug nicht eine einzige Sekunde lang alleine ließen. Sie kamen alle mit in mein Haus in der Militärsiedlung, wo ich unsere Sachen zusammensuchte, brachten mir irgendwelche Süßigkeiten oder Kleider, die ich mitnehmen sollte, schossen mit ihren Handys Erinnerungsfotos und weinten. Ja, sie waren alle aufgelöst: meine Mutter, mein Vater, meine Brüder und Schwestern, die Nichten und Neffen.

Maryam hat einen kleinen Film von diesem letzten Abend gedreht. Darauf sind sie selbst und alle meine Liebsten mit verquollenen Augen zu sehen. Es tut mir sehr weh, dieses Dokument jetzt anzuschauen, wo ich so weit entfernt von ihnen bin. Besonders meine Mutter, die mich ursprünglich ermutigt, ja sogar gedrängt hatte, Afghanistan zu verlassen, weint in der kurzen Sequenz bitterlich. Aber auch Kamerafrau Maryam ist untröstlich: Mit verweinten Augen fordert Maryam ihre beste Freundin Malalai auf, noch ein letztes Mal mit ihr zu spielen, da sie vom nächsten Tag an ja nicht mehr bei ihr sei. Der Vorwurf ist nicht zu überhören. Das kleine Mädchen, das sich am Ende schreiend an mich klammerte, wurde in ihrem Leben schon viel zu oft verlassen. Und auch mir bliebt nichts anderes übrig.

Ich selbst vergoss in diesen letzten Stunden keine Tränen.

Ich funktionierte nur noch. Bis zur letzten Minute war ich damit beschäftigt, Sachen zu erledigen und meine Existenz »abzuwickeln«.
Homayun und ich einigten uns darauf, dass er das Haus vermieten würde, das ja ich von meinem Geld gekauft hatte. Allein wollte er nicht mehr dort wohnen. Genauso gut konnte er, der alleinstehende Mann, von nun an in der Kaserne am Flughafen unterkommen. Gleich nach meiner Abreise würde er nach einem geeigneten Mieter suchen, versprach er mir.
»Vielleicht kommst du ja bald nach«, sagte ich zu ihm, als wir gemeinsam am Abflugschalter standen und den Koffern auf dem Förderband hinterhersahen. Malalai hielt ihren Kuschel-Affen Bobo im Arm.
»Oh ja, Papa, komm doch«, stimmte sie freudig zu.
Er gab ihr einen Kuss auf die Stirn. »Ja, das wäre schön«, sagte er, doch er hörte sich nicht sehr überzeugend an in diesem Moment.
Als wir die Treppe in den ersten Stock hochstiegen, um zum Sicherheits-Check zu kommen, winkte Homayun uns unten in der Schalterhalle hinterher. Dann verloren wir ihn aus den Augen.
Im Flugzeug sackte ich erschöpft in meinem Sitz zusammen. Erst hier fiel die Anspannung der letzten Wochen und Monate von mir ab.

Latifa führt mich in ihrem neuen Zuhause herum. Sie ist sichtlich stolz auf ihre neue Zentralheizung, auf das WC. Selbst der Affe Bobo, der auf Malalais Bett sitzt, scheint sich in der neuen Umgebung wohl zu fühlen.
Nadja und Caroline, zwei Freiwillige, die sich im Auftrag des PEN um die Stipendiaten kümmern, hatten Latifa und Malalai in der Nacht ihrer Ankunft am Flughafen Wien

abgeholt und in diese Wohnung gebracht, erzählt Latifa. Sie zeigten ihr auch, wie das tägliche Leben in Österreich funktioniert. Wie kaufe ich im Supermarkt ein? Wie funktioniert meine Heizung? Wie benutze ich eine Bankkarte? »All diese Dinge musste ich ja erst lernen«, sagt Latifa, die immer auf ihre Selbständigkeit pochte, nun verlegen.

Auch zu den Gesprächen mit den Behörden begleiteten die beiden Frauen die Neuankömmlinge: zum Einwohnermeldeamt, zur Bank, zum Deutschkurs und zu der Grundschule, auf die Malalai seit einigen Wochen geht. »Ohne die beiden wäre ich aufgeschmissen: Sie haben mich an die Hand genommen und mir alles genau erklärt.« Latifa lächelt ein wenig amüsiert über den Gedanken. »Ich hätte mir gar nicht vorstellen können, wie anders das Leben hier ist.«

Mittlerweile haben Mutter und Tochter sich eingelebt. Jeden Morgen bringt Latifa Malalai zur Schule, die nur drei Gehminuten von ihrer Wohnung entfernt liegt. Der Weg dorthin ist völlig ungefährlich – das begeistert Latifa. »In Kabul mussten wir Malalai durch die halbe Stadt fahren – und ich hab jedes Mal Ängste ausgestanden. Und jetzt könnte ich sie sogar alleine losschicken«, sagt sie. Diese Sicherheit, die für uns so selbstverständlich ist, beschreibt sie mir als unglaublichen Luxus.

Auch Malalai fühlt sich in Wien wohl. Besonders gefällt ihr die U-Bahn, die in Windeseile unter den Häusern von Wien hindurchzischt. Und ihre neuen Lehrer, die keinen Stock benutzen, wenn sie mal die richtige Antwort nicht weiß. In ihrem Kinderzimmer steht eine Konstruktion mit einer Batterie und einer Glühlampe, die mit einem Draht verbunden sind. Die hat sie im Sachkunde-Unterricht gebastelt. »Daran kannst du sehen, wie das mit dem Strom funktioniert«, erklärt sie mir.

»Verstehst du denn schon alles, was die Lehrer zu dir sagen?«, frage ich sie verwundert. Mir ist zwar aufgefallen, dass Malalai schon ein paar Worte auf Deutsch sagen kann. Aber dem Unterricht zu folgen, stelle ich mir doch schwierig vor.
Die Neunjährige lächelt verschmitzt. Dann verrät sie mir ihr Geheimnis: »Meine neue Freundin Nahisa hat eine iranische Mutter und spricht Persisch. Sie übersetzt mir alles, was ich nicht verstehe.« Auf diese Weise lernt Malalai die neue Sprache in einem atemberaubenden Tempo.
Auch Latifa drückt täglich die Schulbank; sie besucht einen Deutschkurs. Auf dem Wohnzimmertisch liegen seitenweise Blätter, auf die sie deutsche Vokabeln geschrieben hat. Es sind ihre Hausaufgaben. In spätestens einem Jahr, hat sie sich vorgenommen, will sie perfekt Deutsch sprechen. Dann will sie zum Flughafen gehen, um dort ihre Dienste anzubieten. Nicht als Pilotin, sondern als Fluglehrerin. Davon träumt sie. Denn Latifa will nicht mehr nach Afghanistan zurückkehren. Die erste afghanische Pilotin glaubt, dass es noch Generationen dauern wird, bis ihr Land sich grundlegend verändert. Sie selbst habe vorerst genug dazu beigetragen – und eine Pause verdient.

Dank

Ich bedanke mich aus tiefstem Herzen bei allen Verantwortlichen von »Wien als Zufluchtsstadt im Writers-in-Exile-Netzwerk des Internationalen PEN«, namentlich bei Gerhard Ruiss, Clemens Feigel, Brigitte Rapp und Nadja Grössing.
Mein herzlicher Dank gilt dem Knaur Verlag, Dr. Hans-Peter Übleis und Margit Ketterle.
Andrea C. Hoffmann und Christine Proske, ihr habt für immer einen Platz in meinem Herzen.

MALALA YOUSAFZAI

Ich bin Malala

Das Mädchen, das die Taliban erschießen wollten,
weil es für das Recht auf Bildung kämpft

Malala – Ihr Recht auf Bildung
Ein Kind, ein Lehrer, ein Buch und ein Stift
können die Welt verändern

Als 15-Jährige fällt die Pakistanerin Malala Yousafzai einem brutalen Attentat der Taliban zum Opfer. Sie hatte sich dem Verbot der radikalen Islamisten widersetzt und war weiterhin zur Schule gegangen. Aus nächster Nähe schossen die Terroristen ihr in den Kopf, wie durch ein Wunder überlebte Malala.
Die Kugeln konnten sie nicht zum Schweigen bringen: Mit 16 spricht sie vor den Vereinten Nationen, mit 17 wird sie mit dem Friedensnobelpreis ausgezeichnet. Auf der ganzen Welt setzt sie sich heute für das Recht von Kindern auf Bildung ein. Malalas Mut hat die Welt bewegt – nun wird ihre Geschichte verfilmt.

»Der mutigste Teenager der Welt.«
Bild

Der große internationale Bestseller –
erweitert und aktualisiert

KNAUR